HOMÉOPATHIE
LA MÉDECINE DE MES SEMBLABLES

DU MÊME AUTEUR

Ouvrages destinés au grand public :

• **101 Conseils pour vous soigner par l'homéopathie** (Éditions Hachette et « Livre de Poche »).

• **Guide familial de l'homéopathie** (Éditions Parents/Hachette, « Livre de Poche » et collection Succès).

• **L'homéopathie pour mes enfants** (Éditions Parents/Hachette).

• **Vous ne pouvez plus ignorer l'homéopathie** (Éditions Camugli).

• **L'homéopathie et son avenir** (Éditions Camugli).

• **Vous ne pouvez plus ignorer l'acupuncture** (en collaboration avec le Docteur Auguste Nguyen, Éditions Camugli).

Ouvrages professionnels :

• **Matière médicale homéopathique pour la pratique quotidienne** (Éditions Camugli).

• **Petite encyclopédie homéopathique** (Édité par l'auteur, distribué par Maloine).

Dr ALAIN HORVILLEUR

Président
de l'Organisation Médicale Homéopathique Internationale

HOMÉOPATHIE

LA MÉDECINE
DE MES SEMBLABLES

Collection « ÉQUILIBRE »

LE ROCHER
Jean-Paul BERTRAND
Editeur

ISBN : 2-268-00624-7

Pour Gisèle et Bernard Adéma

SOMMAIRE

INTRODUCTION

Ma question a mis sa vigilance en défaut :
— Buvez-vous du café ?
— Non merci, Docteur. J'en ai déjà pris ce matin.

Pierre — front dégarni, moustache épaisse et blonde, veste droite à carreaux — vient me raconter son asthme. Le diagnostic est évident : début vers quatre ans après une coqueluche, sifflements nocturnes, poitrine immobile, et des bouffées d'angoisse quand la crise est trop forte. Ses paroles mesurées, son élégance, son souci du détail ne trompent pas : Pierre recevra des doses d'Arsenicum album. « Buvez-vous du café ? » était une question technique parmi d'autres. Il a cru à une politesse, et c'est bien.

L'anecdote, qui contient en germe tout l'esprit de l'homéopathie, n'est pas innocente. L'homéopathe, au delà des symptômes proprement dits, étudie la manière de vivre de son patient, veut savoir comment l'individu se démarque de la société. Je me suis fait depuis longtemps une opinion sur la maladie, mais le malade m'étonne encore.

Dans ce livre j'aurai constamment à l'esprit, sans la nommer, la dialectique du malade et de la maladie. « Il n'y a pas de maladie, il n'y a que des malades » : tout le monde sait cela, et la loi de similitude, base fondamentale de l'homéopathie, nous le rappelle constamment. Au delà du simple et nécessaire savoir expérimental, l'homéopathie est une thérapeutique à part entière, efficace — seuls en doutent, médecins ou malades, ceux qui le veulent bien — et en même temps une méthode de connaissance de la nature humaine. L'homéopathie, médecine de la personne, nous montre ce que nous sommes vraiment.

Je connais la même médecine que mes confrères, mais j'ai à ma disposition une possibilité supplémentaire. Je sais, comme eux, faire des diagnostics en tous genres, depuis la banale grippe jusqu'à la « chondro-calcinose articulaire diffuse » (un dépôt de calcium dans les articulations), en passant par l'angiome stellaire, les becs de perroquets, la phlébite fil de fer : la médecine a aussi ses métaphores. S'il ne s'agissait de mal-être il y aurait de quoi rêver. Tous ces mots du vocabulaire médical, au même titre que « névralgie », « appendicite », « leucémie », « névrose d'angoisse », sont mes mots et les leurs. Mon arsenal thérapeutique est cependant plus large puisque je pratique leur médecine — notre médecine — et la mienne.

J'aime l'homéopathie. J'aime aider. J'aime écrire sur l'homéopathie parce que je n'ai rien à cacher, parce que je veux contribuer à la rendre courante,

« médiatisée ». J'écris aussi sur l'homéopathie pour conseiller à distance.

Après vingt ans d'exercice j'essaie de faire le bilan de mon activité, bien que l'heure n'en ait pas encore sonné. Je vais tenter de tout dire. Tout ce que je sais, ce qui m'inquiète, me préoccupe, me rend heureux dans mon exercice quotidien. Ce livre n'est pas destiné à remplacer le médecin homéopathe et l'on aura du mal à s'en servir directement. Car si tout y est dit, rien ne sera acquis par la simple lecture. Il manquera toujours l'expérience de milliers de cas, résolus ou analysés. Ce livre doit être une incitation à chercher un bon homéopathe et non à jouer son rôle.

Je tenterai de ne dire que la vérité, sans masquer les problèmes. Je vais donc raconter la consultation telle que l'homéopathe essaie de l'orienter, et aussi telle que le lecteur la vit, ou se prépare à la vivre. J'irai plus loin. Je lui apprendrai à se reconnaître, sinon à se connaître. J'ai délibérément choisi de me mettre à la place de mes patients, d'imaginer que je suis dans le fauteuil d'en face, au moment où les symptômes parlent, où les confidences deviennent une nécessité. Je me retrouve ainsi face à moi-même : c'est une discipline salutaire qui m'empêche de croire aveuglément à ce que je dis et me permet de retrouver mes bases. Toutes les histoires qu'on va lire sont authentiques. Je ne donne que les prénoms de mes personnages — déontologie oblige — mais je les ai tous rencontrés.

INTERFACE

Ce soir de printemps a bien commencé. Au cours du repas les enfants m'ont donné les nouvelles du jour. Ma femme lit tranquillement le dernier Belletto. Il est neuf heures trente et la sécurité de la nuit m'inspire. Je puis écrire en toute liberté.

L'homéopathie m'intéresse comme un phénomène extérieur. Elle me fascine également : je sens en elle de quoi satisfaire certaines de mes aspirations, tout en ayant beaucoup de questions à lui poser. Mais je ne puis dire que je crois en elle, il serait peu honnête de « croire », d'adhérer sans examen. En revanche, les résultats que j'ai pu constater ont acquis depuis longtemps à mes yeux le rang de preuves.

Vous m'avez demandé, Docteur, mon avis sur le début de votre manuscrit. Il ne s'agit que du chapitre introductif, mais je suis sûr que vous devez continuer. Je me demande pourquoi j'ai accepté d'être votre lecteur privilégié, à quel titre ? Je serai cepen-

11

dant heureux d'assister au développement de vos idées, de voir jusqu'où vous pouvez aller.

Il m'est difficile d'être à la fois juge et partie, mais le moyen de faire autrement ? On peut lire un livre sur les robots sans jamais avoir à en fabriquer un : pour ce qui est de la médecine nous sommes tous, par définition, concernés. Nous aimons les livres de vulgarisation médicale parce que nous y jouons l'un des personnages, trop souvent le héros. J'ai besoin de la médecine pour combattre en moi les virus, les molécules étrangères, certaines douleurs. Elle m'aide à gommer l'angoisse : même créatrice l'angoisse est indésirable.

En tant que journaliste il m'arrive de fréquenter les médecins. Le papier que j'ai donné l'an dernier à *Santé-Magazine* et que j'ai intitulé « L'homéopathie : mythe ou réalité ? » m'a valu une importante correspondance. Je ne suis pas un scientifique, mais je finis par posséder un vernis auquel je tiens. J'essaierai donc de vous aider, dans la mesure où vous croyez vous-même que c'est possible.

Votre cabinet est plutôt accueillant. Au mur un papier de couleur or, imitant le velours, avec de gros motifs de fleurs stylisées, et un portrait de Rimbaud. Côté Bellecour des cases blanches et rouges où s'étagent vos souvenirs de congrès. Côté Perrache un mandala, prière peinte que vous avez rapportée du Népal. Je sais que vous ne l'avez pas sortie en vain de son contexte oriental, que vous en respectez le créateur, sans doute un prêtre. J'imagine parfois que vous avez des liens secrets avec lui.

L'ordinateur Macintosh ne choque pas plus que le mandala. Le fonctionnel a aussi sa vertu et la modernité est peut-être le devoir que vous vous imposez. Sur votre bureau en bois de violette, une écritoire : vous avez besoin de confort et c'est bien.

Je dirai, Docteur, que vous êtes réservé. C'est en tout cas l'impression que vous donnez à vos clients, et qui m'avait frappé lors de notre première rencontre il y a douze ans. En fait vous ne l'êtes pas, je puis en témoigner. Pourquoi ce double aspect de votre personnalité ?

Ceci est une des nombreuses questions que j'aimerais vous poser. Et puis aussi : Comment êtes-vous devenu homéopathe ? Nous avons beaucoup parlé, mais il reste encore des détails que j'ignore. Vous sentez-vous d'abord homéopathe ou médecin ? Devez-vous parfois choisir ? Et vos confrères, que pensent-ils de votre thérapeutique ? Il y a des sujets que vous allez traiter de toute façon, non seulement la consultation comme vous l'annoncez, mais sans doute l'origine des médicaments homéopathiques et la manière dont vous les prescrivez. Donnez-nous aussi la règle du jeu. Il est préférable que le patient la connaisse, il peut ainsi vous aider. Est-ce la règle du jeu en général, ou la règle de votre jeu ?

Je voudrais vous pousser dans vos retranchements. Ecrivez-vous pour progresser ? Ne craignez-vous pas, en expliquant votre médecine, que vos lecteurs ne deviennent des fétichistes du symptôme ? Qui êtes-vous ? Et aussi : Est-ce que le fait que nous nous connaissions depuis longtemps gêne votre diagnostic lorsque je vous consulte ?

13

Décrivez-nous, si vous le voulez bien, les types humains tels que les homéopathes les conçoivent, ou plutôt les voient défiler dans leurs cabinets. Vous m'avez souvent parlé de Monsieur Nux vomica, de Madame Lachesis, de l'enfant Calcarea carbonica. Je sais que pour vous ils ont une réalité concrète. Donnez-les nous, s'il vous plaît.

Je relirai votre manuscrit en progression et vous donnerai au fur et à mesure les sentiments qu'il m'inspire. J'aurai sans doute l'occasion de vous poser encore quelques questions. Cependant je n'écrirai plus avec vous, car ce livre est le vôtre.

Pourquoi cette interface entre l'auteur et le lecteur que je suis pour vous ? Je ne renierai pas le sens informatique du terme : l'interface est ce qui permet à l'ordinateur de communiquer avec ses périphériques. Avez-vous besoin de cette compatibilité ?

Luc PAVILLON.

Votre lettre éclaire mon propos.

Je dois d'abord vous remercier pour le poème manuscrit que vous avez joint à vos commentaires. Je l'ai encadré et accroché dans mon cabinet. Je le relis quand j'ai une petite faim de rêve.

La fleur est la plus haute enfance et le génie n'est rien qui se contente de l'imiter

La fleur exige de l'âme, et la plus belle qui se trouve, si l'on prétend la respirer selon la faveur qu'elle mérite

La fleur, déchirure de l'aube, cette vierge initiée aux couleurs du silence

Je me demande pourquoi vous avez choisi plus particulièrement ce poème. Est-ce parce que « la plus haute enfance », la sincérité, est ce que j'exige de mes patients ? Estimez-vous que ce thème m'aidera dans mon projet ? Vous avez raison : votre imaginaire est sans doute ce qui va me forcer à décrire la réalité de la médecine homéopathique.

Vous pouvez m'aider à donner ici ce que je n'ai pas encore dit, par pudeur ou peur de ne pas être suivi. Au delà de la culture, de la simple attirance pour la médecine, mes lecteurs doivent pouvoir mieux vivre, à travers mes réponses, leur consultation chez l'homéopathe. L'homéopathie conviviale, en quelque sorte. Je vais écrire à votre intention, et en même temps il s'agira d'une lettre ouverte à mes patients.

Je me propose, avant tout, de décrire mon travail quotidien. Bien entendu, je tiendrai compte des questions que vous vous posez encore, que vous me posez sur l'homéopathie, sans en omettre aucune. Intervenez à tout moment. Ceci est un livre interactif, encore un mot du vocabulaire informatique, puisque vous avez donné le ton. J'ai besoin de ce dialogue. J'ai besoin de la compatibilité dont vous parlez, de savoir, autant qu'il est possible, comment vous recevez ce que je dévoile de mon métier, ce que j'affirme de la nature humaine. Vous avez décidé de ne plus écrire avec moi, mais vous restez mon premier lecteur.

Dois-je vous convaincre ? Votre article sur l'homéopathie montre que vous avez franchi le pas essentiel. Vous rapportez en langage de tous les jours les bases de la méthode, les principaux travaux scientifiques ainsi que des témoignages de patients. Le plus frappant est celui de la coiffeuse de Villeurbanne :

— Je suis « anti-médicaments ».

Elle sait qu'elle a pris Natrum muriaticum (le sel de mer) pour guérir ses maux de tête, mais elle ne peut dire quel comprimé allopathique elle avait essayé auparavant. Elle ne se souvient pas du nom, « tellement il est vilain ». Je ne la suivrai pas dans ce domaine trop facile. Cependant, à la seule évocation de « Natrum muriaticum » j'ai l'impression de la connaître.

Qui suis-je, demandez-vous ? Sur le plan personnel je répondrai très brièvement. Je suis quelqu'un qui aime passionnément sa famille, la vie, Moretti, Erik Satie, Carl Orff, Saint-John Perse, les écrevisses à la nage, les solos de violoncelles, la télévision en direct — sans parler des grands classiques, de Molière à Salvador Dali. Quant à ma manière d'exercer la médecine, je dirai qu'elle est tout à fait comparable à celle de mes confrères allopathes. Seuls les faits m'intéressent. La réalité me hante. Ce n'est pas un choix philosophique mais une nécessité de thérapeute. Avec les années et la réflexion, c'est aussi devenu un automatisme et, croyez-moi, ce parti pris est efficace. J'essaie d'ailleurs de l'appliquer dans d'autres domaines que la médecine. Un plat cuisiné est bon quand il flatte mes papilles et non quand il a un nom prestigieux. Un tableau n'est pas admirable parce qu'il est de Renoir, mais parce que sa sensualité, sa présence, me poursuivent longtemps après que j'ai quitté le musée.

Je suis devenu médecin sans le faire exprès. En classe de terminale, à une question de l'inspecteur d'Académie sur ma future profession je répondis : « Tout, sauf médecin ». Comme une litanie, dix camarades avant moi avaient annoncé qu'il se destinaient à la profession médicale. Ne sachant pas ce que je ferais après le baccalauréat, je m'en sortis avec cette pirouette. Je croyais à sa drôlerie. En tout cas je n'avais pas « la vocation », au sens mythique du terme. Quelques mois plus tard je rencontrai chez des amis un médecin du nom de Maurice Enkin. Il sut me montrer les beautés de la médecine, sans m'en cacher, bien sûr, les servitudes. Il avait une personnalité tout à fait hors des normes, comme médecin et comme être humain. Il avait recopié le « Vidal », le livre des médicaments chimiques, à la main, en trois couleurs, en ne laissant sur son gros registre que les médicaments dont il approuvait le principe. Cette force de caractère étonna mes 17 ans et je m'inscrivis à la Faculté de Médecine dans l'espoir de lui ressembler. Il ne lui manquait que de connaître la loi de similitude pour être homéopathe. Il n'a jamais franchi le pas.

17

Je fis ma médecine sans histoire, passai quelques diplômes post-universitaires (Biologie appliquée aux sports, Médecine légale) et m'installai en 1965. J'ai commencé ma vie professionnelle en tant que médecin généraliste. A cette époque je ne connaissais de l'homéopathie que le nom, cependant je ne la critiquais pas quand certains clients en vantaient les mérites. On s'imagine parfois que nous sommes persuadés de l'efficacité de notre méthode avant même de l'étudier. Je peux vous assurer que c'est faux.

C'est mon premier remplaçant qui me mit sur la piste. Après un an de médecine générale, j'étais en partie déçu par mes résultats thérapeutiques. Je savais soigner les grippes et les angines, reconnaître les maladies graves à hospitaliser. S'il n'y avait eu que des problèmes de ce genre je n'aurais pas eu à me plaindre. Or nous voyons couramment en médecine des patients aux troubles mal étiquetés. Tous leurs organes sont sains mais ils présentent des irrégularités de fonctionnement que la médecine chimique contrôle plus ou moins bien. Il me fallait autre chose. Mon remplaçant me parla des cours de l'hôpital Saint-Luc à Lyon, dirigés à l'époque par le Docteur Charles Rousson. Le premier contact avec cet homme peu commun, ancien légionnaire discret (je n'exagère pas), spirituel, doué d'intuition, ayant grande réputation à Lyon (il était même apprécié de ses confrères non homéopathes) fut comme une révélation, en tout cas un nouvel exemple que je désirai suivre. A la fin du premier cours je n'avais aucune certitude quant à l'efficacité de l'homéopathie, mais je reconnaissais l'intérêt de son étude. Si

18

au bout du compte je ne devenais pas homéopathe, j'allais apprendre des principes généraux qui pourraient toujours m'aider à réfléchir. Je décidai d'investir intellectuellement dans l'homéopathie, espérant que je le faisais aussi pour le bien de mes patients. La suite a montré que mon choix était bon.

Après quelques mois d'études ma tête commençait à devenir pleine de symptômes à usage homéopathique, mais je ne pouvais appliquer mes connaissances que dans des cas très simples. Je demandai au Docteur Allouard l'autorisation d'assister à sa consultation de l'hôpital Saint-Luc et très rapidement mes idées se décantèrent. Louis Allouard utilisait le pendule pour établir ses ordonnances. Je ne l'ai pas suivi sur ce point, et je crois que le pendule n'était pour lui, qui connaissait très bien l'homéopathie, qu'un moyen concret de suivre son instinct. J'ai plus tard hérité de sa consultation à l'hôpital.

Je suis donc devenu médecin sans vraiment le vouloir et homéopathe par curiosité. J'ai aussi écrit un peu par hasard. Mon voisin, Guy Camugli, connu de tous les étudiants en médecine, possédait la librairie scientifique la plus complète de Lyon. On lui réclamait souvent des livres sur l'homéopathie. Il était également éditeur et me proposa d'écrire pour lui. Je n'oublie pas que Guy Camugli me fit confiance alors que je n'avais encore rien publié. Ce fut « Vous ne pouvez plus ignorer l'Homéopathie », paru le 8 décembre 1974, le jour des illuminations, la grande fête traditionnelle de Lyon. Nous eûmes un tirage de plus de 15 000 exemplaires. Un rêve pour un débutant et pour un éditeur dit « de province ».

Plus tard Hachette me demanda d'autres livres, que le Livre de Poche reprit.

Mon maître le Docteur Rousson avait lui-même écrit un livre de vulgarisation médicale. Il n'en parlait jamais. Surpris en apprenant ce fait par un client, je me précipite chez Charles Rousson et je lui demande de me dédicacer un exemplaire.

— Mon péché de jeunesse ? Si vous en voulez un, vous n'avez qu'à l'écrire vous-même.

J'oubliai cette repartie. Elle ne me revint en mémoire qu'après avoir effectivement publié.

Et maintenant j'en suis à écrire mon neuvième livre. Je pense être un peu le médecin de mes lecteurs car je sais que beaucoup d'entre eux suivent mes conseils thérapeutiques. Je repousse toujours l'argument selon lequel je les détourne de mes confrères. Je ne fabrique pas de concurrence sauvage puisque mes avis ne se rapportent qu'à la maladie occasionnelle. Il semble au contraire qu'une expérience heureuse arrive à persuader les réticents d'avoir à continuer avec un médecin homéopathe, et à lui demander un traitement de fond. Vertu de l'écrit : on lit la description de symptômes, on hésite, bien sûr, à s'y reconnaître, puis une ligne frappe soudain l'esprit. Presque aussi bien que par l'interrogatoire du médecin homéopathe le diagnostic du médicament est là. Il n'y a aucun danger à se soigner soi-même, dans la mesure où l'on ne retarde pas des soins urgents. Evidemment il y a nécessité de connaître le diagnostic de la maladie à traiter, ce qui est facile dans les cas courants.

J'ai raconté ailleurs comment un enfant en train de mourir fut sauvé par sa mère après la lecture d'un de mes livres. Il était dans le coma après une gravissime piqûre d'abeille. Apis mellifica (l'abeille) le sortit rapidement de son état jugé comme désespéré dans le service où on l'avait admis. Voici d'autres histoires.

Une dame un jour impose à son médecin, homéopathe débutant, la prescription d'Aurum metallicum (l'or). Elle a lu mon « Guide familial de l'homéopathie » et reconnu le cas de son mari. Celui-ci souffre d'une sérieuse dépression mélancolique qui le pousse lentement au suicide. Le médecin est d'accord avec l'indication d'Aurum, auquel il n'avait pas pensé. Le patient fut sauvé et dirige encore aujourd'hui son affaire familiale de papeterie.

Une grand-mère est dans le coma depuis huit jours à la suite d'une attaque. Un membre de sa famille glisse dans sa bouche déformée par la maladie quelques granules d'Opium, après avoir consulté mon livre. La grand-mère reprend conscience, sinon l'usage de ses membres. La famille charge alors le médecin, une de mes consœurs du Puy-en-Velay, de me raconter l'histoire. Marie-Luc s'est acquittée de sa tâche et me voilà une fois de plus persuadé que je dois continuer à publier.

Une dame ressent de l'angoisse et des vertiges depuis 4 mois, cela a commencé au moment où elle a pris sa retraite. Un bilan médical s'est révélé complètement négatif. Elle finit par consulter mon Guide et a l'impression que Phosphorus convient à son cas. Comme elle est pharmacien (une dame qui a son diplôme est un « pharmacien », la femme du pharmacien est une « pharmacienne », ce sont des dames pharmaciens qui me l'affirment), elle vérifie l'ensemble des symptômes de Phosphorus dans une Matière médicale homéopathique. Mon livre lui a permis d'ouvrir un ouvrage technique à la bonne page. Elle reconnaît tous ses symptômes : vertiges en se tournant dans son lit et au moment où elle se lève d'une chaise (« ce n'est pas la chambre qui tourne, cela se passe dans ma tête »), besoin de compagnie, aggravation par les émotions ; hypersensibilité à la lumière, aux odeurs, aux bruits ; elle coupe le son de la télévision, vit dans la semi-obscurité ; elle a la paume des mains très chaude et une sensation de brûlure entre les épaules (deux signes caractéristiques de Phosphorus) ; elle est mal à l'aise avant l'orage, période pendant laquelle elle ressent des douleurs un peu partout. Phosphorus est le seul médicament qui puisse convenir à ce cas. Après deux jours d'aggravation de ses vertiges elle a une très nette amélioration, selon sa propre expression. Elle vient me consulter afin de savoir s'il faut continuer le traitement. Je lui prescris encore quelques doses de Phosphorus par prudence, pour les trois mois à venir.

Mes clients me parlent assez souvent de mes livres. Ils veulent des renseignements complémentaires, la confirmation d'un conseil, un mot d'encouragement. Cela peut donner des situations cocasses :

— Sur votre livre, me dit une cliente, *ils disent* de prendre des petits granules pour le foie...

Elle a fait un rapprochement entre son médecin et le livre, mais pas entre moi et l'auteur. C'est le genre de remarque que je prends au vol, entre deux consultations. Dans un des tiroirs de mon bureau s'entassent ainsi des petits carrés de papiers colorés où sont consignés les incidents de la journée, mes réflexions sur un médicament ou une maladie, les idées à creuser plus tard. J'accumule des notes pour mes livres et articles. Ce n'est pas du temps que je vole à mes patients : je consigne furtivement ce qui me vient à l'esprit afin de l'oublier immédiatement, et de mieux me consacrer à la personne que j'ai en face de moi.

Mes clients me racontent aussi des histoires, comme celle-ci qui mérite d'être connue : pendant la guerre de 39-45 Albert a été interné à Lübeck. C'est là qu'il a connu l'homéopathie, dans des circonstances assez curieuses. L'infirmerie était pauvre en médicaments, mais parmi les quarante médecins prisonniers il y avait un homéopathe. Le camp s'était organisé autour de lui afin de tâcher de résister à la maladie. Par le biais du troc (le café en poudre et le chocolat provenaient des colis envoyés par les familles) et avec la complicité d'un gardien on faisait entrer clandestinement des médicaments homéopathiques. Parmi les prisonniers il y avait, paraît-il, le fils de Léon Blum et celui de Staline, mais ceci est une autre histoire.

J'aimerais garder pour moi et mes proches les détails de ma vie personnelle. Je dois cependant répondre publiquement à une question qu'on me pose souvent :

— Et vous, quand vous êtes malade, comment vous soignez-vous ?

J'ai la chance de posséder une bonne santé, et de n'avoir à traiter que des incidents mineurs. C'est toujours avec l'homéopathie que je me guéris et comme 80 % des médecins je me soigne moi-même. J'ai pris des antibiotiques pour la dernière fois en 1969. J'avais une suppuration sous l'ongle de l'index gauche. Après seulement quatre ans d'expérience je n'arrivais pas à trouver le traitement homéopathique approprié. La suppuration gagnait progressivement la lunule. Le quatrième jour je préférai avoir recours à une méthode radicale.

Généralement je suis hypersensible aux médicaments homéopathiques. Je réagis rapidement à leur action, mais seul le bon médicament, celui qui est choisi en accord avec les règles de l'homéopathie, me guérit vraiment. En voici la preuve :

En 1970, au cours d'un congrès médical, je participai à une excursion aux îles Chosey, au large de Saint-Malo. Le congrès ne portait pas sur l'homéopathie, et je saisis l'occasion pour essayer de convaincre mes confrères. Je distribuai autour de moi des grains de Cocculus indicus, à titre préventif du mal de mer. Je fus le seul à être malade, et mes confrères rirent de moi... tout en bénéficiant eux-mêmes d'une traversée facile. En fait il n'y a là rien d'extraordinaire. En homéopathie il n'existe pas de « spécifique », c'est-à-dire de médicament caractéristique d'une maladie donnée et que l'on pourrait donner à tout le monde.

Cocculus indicus est indiqué quand le mal des transports est aggravé à l'air frais. Or quand je suis en bateau je ne suis bien que sur le pont : Cocculus n'était pas mon médicament. J'eus du mal à expliquer ce fait à certains opposants systématiques.

Je me souviens, en revanche, d'une anecdote où j'ai pu tenir le beau rôle. Au cours d'une conférence devant une centaine d'étudiants à la faculté de médecine de Lyon (le meilleur moyen de progresser en homéopathie est encore de l'enseigner, ce que je fais un peu partout en France et dans le monde), ma voix se mit soudain à dérailler. J'avais comme on dit « un chat dans la gorge », ce qu'en tant que médecin j'appellerai plus noblement « mucosité sur les cordes vocales ». Aucun raclement n'arrivait à m'en débarrasser. Je connaissais le traitement : Arum triphyllum, mais je n'en avais pas sous la main. Bien qu'il ne s'agisse pas d'un médicament d'utilisation quotidienne, je n'hésitai pas à en demander publiquement, et le miracle se produisit. Une jeune femme se lève et je prends quelques granules d'Arum, le gouet à trois feuilles, devant l'assistance impassible. Ma voix se clarifie immédiatement, et je peux continuer à parler. Cet exemple pris sur le vif a autant contribué à convaincre les étudiants que ma conférence, c'est du moins ce qui m'a été rapporté par la suite.

Mes clients me demandent assez souvent des nouvelles de ma santé, courtoisie à laquelle je suis sensible. Evidemment il n'est pas question de répondre autre chose que « Tout va bien », même lorsque j'ai un rhume ou quelques douleurs. C'est mon image de marque qui est en cause, et surtout la crédibilité de la médecine que je représente. Néanmoins, si j'avais une maladie grave je crois que je le dirais, ne serait-ce que pour saluer comme il convient certains clients auxquels je tiens particulièrement. Je ne ferais alors que rendre la politesse, par personnes interposées, à une de mes clientes, Thérèse. Quinze ans après sa mort je me souviens encore de son nom de famille, mais je ne le publie pas, quoique le geste le mériterait. L'amie avec laquelle elle venait toujours et qui a émigré dans la région parisienne la reconnaîtra si elle me lit. Thérèse avait un cancer avancé. Un mois avant de mourir, et sachant bien où elle en était, elle vint en consultation uniquement dans le but de me remercier de mes soins. Depuis ce jour je ne suis plus tout à fait le même avec mes malades.

En tant que journaliste, en tant qu'ami, vous serez le témoin de ce que j'avance ici. Vous écrivez : « Je ne crois pas en l'homéopathie. » Vous avez parfaitement raison et c'est ce qui nous rapproche. Arielle, qui me consulte pour des migraines à répétition, s'exprime ainsi sur ce sujet :
— J'ai fait de l'homéopathie par désespoir, je n'y croyais pas. Dire « j'y crois » c'est la mépriser. En revanche depuis que j'en ai fait l'expérience, j'ai confiance car je vais mieux.
Une autre patiente, venue me voir pour un herpès cornéen, a parlé de mon traitement à son dentiste. Elle lui a posé la question entre deux gorgées d'antiseptique : « Vous y croyez ? » Mon confrère a répondu très sagement :
— Je crois à tout ce qui donne des résultats.

LA CHASSE AU SIMILLIMUM

Premier soleil. Jules vient me montrer ses doigts et la plante de ses pieds, couverts de petits boutons prurigineux, comme des grains transparents sous la peau, et qui le gênent beaucoup pour les travaux des champs. Au premier coup d'œil, comme tout médecin, je peux faire le diagnostic : il s'agit d'une dysidrose, variété d'eczéma qui se voit surtout au printemps et en été.

Jules est simple, naturel. Avec son vieux tricot, à damier noir sur fond orange, son visage carré et rouge, ses cheveux coupés très courts, presque en brosse, il arrive en partie à dissimuler son quintal. « Habituellement c'est un optimiste et un tendre, me dit sa femme, mais en ce moment il devient taciturne. »

C'est l'époque où Jules désherbe sa vigne beaujolaise. A l'abri dans son tracteur vitré, haut sur roues, il pourrait fredonner un petit air d'opéra comme il en a l'habitude quand il est heureux. Mais la démangeaison est trop forte. La cortisone, essayée sur les conseils d'un voisin, n'a rien fait. Ou plutôt si : au moment de l'arrêt le mal a redoublé, et Jules a vite rendu le tube de pommade. Il regrette d'avoir acheté un tracteur vitré et climatisé. Sa machine répond à la loi actuelle, elle permet une meilleure prévention des accidents, mais c'est quand même une mauvaise affaire. S'enfermer quand on est si près de la nature ! On perd l'habitude de lutter contre les intempéries, sans compter que les rayons concentrés du soleil accroissent le besoin de se gratter.

Jules a fini par mettre de la niaule sur son eczéma. La chaleur douce a calmé, au bout d'un moment, l'irritation de ses mains et de ses pieds. « Dommage pour la niaule », dis-je, le nez dans mes livres. Ne connaissant que les effets intérieurs de ce « médicament » c'est la seule remarque raisonnable que je puisse me permettre. En revanche, il y a une méthode radicale pour traiter sa dysidrose. Quelques grains de Rhus venenata, une préparation homéopathique à base de vernis du Japon, et Jules pourra de nouveau chanter l'air du Barbier de Séville lorsqu'il soignera son Gamay.

Ceci n'est pas une recette. Je ne lui donne pas Rhus venenata sur le diagnostic de dysidrose, mais parce que j'ai découvert chez lui les symptômes de ce médicament. Chaque patient a ainsi sa manière propre de faire sa maladie et ceci est la clé de toute prescription. J'ai fait deux diagnostics : celui de la maladie, celui du médicament. Ils ne se déduisent pas automatiquement l'un de l'autre. Même lorsque le nom de l'affection est évident, chaque cas nécessite une enquête particulière. Je sais ce que ces affirmations peuvent avoir de sibyllin pour les nouveaux venus à l'homéopathie. Il va me falloir tout un livre pour les commenter.

L'homéopathie est une médecine synthétique qui exige une approche globale de la souffrance. Deux partenaires collaborent à la mise au point du traitement : le médecin et le patient. Jules m'a décrit ses démangeaisons, leur violence, leur insistance, leur amélioration par la chaleur. C'est ainsi que j'ai pu déterminer la substance capable à la fois de provoquer et de guérir cette association de symptômes.

Préparez votre consultation

Nous allons supposer, Luc Pavillon, que vous venez me consulter. Si vous voulez, comme Jules, retirer le maximum de l'homéopathie, préparez notre entrevue. Observez-vous, sans tomber dans l'inquiétude. Notez vos symptômes avec tous les détails, même ceux qui vous paraissent saugrenus ou sans intérêt, ils sont souvent les plus utiles. Bien entendu apportez votre dossier, s'il existe : radiographies, résultats de laboratoires, anciennes ordonnances. Certains patients croient que l'homéopathe se passe de tout l'acquit de la technique médicale et, dans le doute, laissent leurs documents à la maison. Je ne suis pas un magicien.

Vos maux et vos mots

Je préfère d'abord vous écouter, recueillir le maximum de symptômes sans poser de question. Plus la description est spontanée, avec les tournures qui vous sont propres, plus je suis à même de comprendre.

Racontez-vous, n'expliquez pas. Je suis sensible au choix des mots, non seulement par goût, mais aussi par profession. Ainsi cette dame de 53 ans, fileuse dans un atelier de Rhône-Poulenc. Elle grossit (actuellement 70 kilos pour 1 mètre 60). Il n'y a aucun risque de grossesse, car elle est porteuse d'un fibrome gros comme une orange, et pourtant elle ne veut pas arrêter la pilule :

— Si je ne savais plus craindre... mais je suis tellement sujette... je prends facilement...

Je transcris mot pour mot : on dirait du Céline.

Où je subis un examen

Le motif de la consultation est le premier élément qui m'intéresse. Le diagnostic peut être déjà connu, ou bien il reste à faire. Dans ce cas je vais revêtir successivement deux blouses blanches. Celle du médecin généraliste, qui détermine la maladie, sa forme particulière, évalue l'espoir de guérison. Puis celle de l'homéopathe, avec la ferme intention de trouver la thérapeutique appropriée. Bien sûr ces blouses ne sont que symboliques : en réalité je n'en mets jamais afin surtout de ne pas effrayer les enfants.

De temps en temps j'ai l'impression qu'un patient me fait subir un examen. Il ne livre pas le diagnostic qui lui a été vingt fois confirmé par les spécialistes. Malgré mon insistance il dit que les médecins ne savent pas ce qu'il a, et fait plutôt diversion avec le nom des médicaments qu'il a pris au cours des années. Manifestement il veut savoir si je suis compétent. C'est bien compréhensible, mais inutile, donc peut-être dangereux. Il vaut mieux que je porte toute mon attention sur le diagnostic homéopathique.

Ma réaction à cette situation est variable. Souvent je joue le jeu, pensant qu'il faut avant tout rassurer le patient. Cela se produit quand j'ai rapidement une bonne idée de ce que je vais prescrire : j'ai alors le temps de songer à plaire puisque c'est ce qu'on attend de moi. Je donne mon avis sur la maladie avant de passer à la prescription.

Parfois, au contraire, je m'entends dire :

— Comment voulez-vous que je fasse un diagnostic si mes confrères n'y sont pas arrivés ?

Parlez, je ferai le reste

Je suis un chasseur à l'affût, c'est la surprise de mon patient que je guette. Ce quitte ou double n'est pas un jeu, plutôt un test pour savoir s'il va collaborer, me pousser à le guérir. Fermer mon visage, être intérieurement tendu vers la solution, désemparer : une technique médicale simple et efficace. Je ne nie d'ailleurs pas qu'elle convienne à mon tempérament.

Le plus souvent la maladie est connue, car le patient a « tout essayé » avant de venir chez moi. En cinq minutes, pièces médicales en main, je suis à même de confirmer le diagnostic. Celui qui vient pour la première fois s'imagine alors que la prescription est imminente. En fait la consultation ne fait que commencer.

Pas besoin d'y croire pour guérir par l'homéopathie, cependant il vous faut jouer le jeu des questions-réponses. Je vais vous demander la définition de chaque mot clé. Qu'appelez-vous sinusite (certains confondent la sinusite avec la migraine), dépression, spasme ? J'ai besoin de descriptions précises, et aussi de remarques spontanées. A une question sur le caractère de ses maux de reins un client me répond par une autre question : « Que voulez-vous savoir ? Une douleur est une douleur. » Je ne cherche pas à savoir, mais à entendre. Commencez à parler, vous trouverez bien quelque chose à dire. Ne soyez pas passif. Je m'attends à tout, et à rien en particulier.

N'employez pas de mots scientifiques, une fois peut-être si vous voulez, mais ne les laissez pas vous envahir. Je les trouverai tout seul : « l'arthrose » me cache vos douleurs. Vous vous plaignez d'allergie : qu'est-ce que l'allergie ? J'ai bien une définition, mais est-elle la même que la vôtre ? En revanche si vous me dites : « A chaque fois que je vais dans mon jardin au mois de juin je ressens comme une brûlure dans la poitrine », je sais de quoi il s'agit. Non pas que j'aie éprouvé tous les symptômes rapportés par mes patients, mais j'essaie de me mettre à leur place. Avec des mots comme « sinusite », « arthrose », « allergie » le champ d'investigation est trop large, et surtout sans vie. Ces termes sont faussement précis.

Que ressentez-vous ? Racontez votre vie de tous les jours, donnez-moi votre ordinaire, et j'essaierai d'en tirer le maximum. Expliquez-moi comme Florence, 20 ans : « Je suis tellement sensible aux odeurs que je ne supporte pas de garder dans ma chambre les habits que je viens de quitter après une nuit dans une discothèque. L'odeur du tabac dont ils sont imprégnés m'est insupportable. » Je la soigne pour de l'asthme. Grâce à ce détail je peux découvrir le traitement efficace : Ignatia amara.

Votre subjectivité est mon alliée. Je vous fais préciser ce que vous vivez exactement quand vous évoquez votre maladie, votre famille, vos soucis professionnels, vos vacances. Très important les vacances, encore que vivre pour ses proches et son métier apporte aussi de grandes satisfactions, plus subtiles, plus passionnelles, sans doute plus durables. Ceci bien sûr n'est qu'une remarque de ma part : que vous soyez d'accord ou non vous allez réagir — alors j'aurai une opinion sur la personne que vous êtes. J'irai au delà de votre apparence, et c'est ce qui m'importe. L'interrogatoire est indispensable pour savoir de quelle maladie vous souffrez (s'il y en a une à retenir), voir si l'homéopathie convient à votre cas, mais aussi vous situer. Sans aucun esprit de jugement je dois, dans un but thérapeutique, connaître vos qualités individuelles. Racontez-vous et je saurai peut-être vous guérir.

Je vous observe

Pendant que vous parlez j'étudie la personne que vous êtes, votre habillement, vos gestes, vos mimiques. Votre regard aussi, avec sa mobilité et les battements de vos paupières. L'expression générale de tristesse, d'impatience ou de gaité sont pour moi des auxiliaires précieux. Vous reculez ou vous approchez votre chaise, vous portez la main à votre menton comme pour le soutenir, vous raclez votre gorge, cela me donne une première idée du traitement. Je me concentre aussi sur le son de votre voix, une hésitation, quelques soupirs, un rire retenu. Je note les mots qui reviennent plusieurs fois dans vos commentaires, comme « fatigue », « voiture », « ma mère ». Je cherche les significations cachées, la richesse intérieure.

Certaines personnes ne savent pas se présenter sous leur meilleur jour et il m'arrive de penser :

— Encore une qui est belle et ne s'en doute pas. Ce n'est pas à moi de le lui dire. Si elle avait confiance en elle, elle le saurait.

J'ai besoin d'avoir le patient en face de moi. Il m'est difficile, par exemple, de me faire une opinion sur un enfant qui est encore dans la salle d'attente. Ses parents n'ont pas dit à Jean-Luc, 5 ans, qu'il est un enfant adopté. Ils tiennent à m'en prévenir avant la consultation, pensant que cela peut faciliter mon diagnostic. Je ne suis pas d'accord avec cette manière de cacher la vérité et je le dis. Jean-Luc apprendra un jour ou l'autre par un proche que ses parents naturels l'ont abandonné, se demandera pourquoi ceux qui l'élèvent lui ont caché si longtemps leur absence de

34

lien biologique avec lui. La révélation sera alors brutale et peut-être lourde de conséquences. Après cette remarque préalable, je pose quelques questions rapides sur le motif de la consultation. Jean-Luc est anxieux, dort mal, pleure pour des riens. Mais bien vite je le fais venir dans mon bureau, car j'ai l'impression d'interroger au hasard. Dès qu'il entre je reconnais le regard de Pulsatilla : grands yeux ouverts qui réclament mon intérêt. Je pose encore quelques questions et Pulsatilla se trouve confirmé.

Libre expression

Je sais par profession que l'interrogatoire peut brouiller le cas. L'idéal serait de vous observer, dans votre vie de tous les jours à la recherche de signes et de symptômes. Un jeudi matin, à la fin de ma consultation à l'hôpital Saint-Luc, je suis demandé au service de chirurgie du deuxième étage par une patiente que je ne connais pas. Alexandrine, 50 ans, chemise de nuit élégante, rose et bleue à rayures, confortablement calée sur deux oreillers, vient de subir l'ablation de la vésicule biliaire. L'opération s'est bien déroulée, deux gros cailloux dans un tube de verre posé sur la table de nuit en sont le témoignage. Elle voudrait un traitement pour ne pas avoir de séquelles. A l'interrogatoire les symptômes digestifs évoquent deux médicaments, Sepia et Lycopodium. Je pourrais lui donner les deux, mais dans un premier temps j'essaie d'affiner mon diagnostic. Je pense tout haut, en présence de mes élèves qui sont montés avec moi. C'est ma manière de les aider, de les préparer à leur propre pratique. Cette gymnastique nécessite quelque prudence, afin de ne pas inquiéter le patient tout en disant l'essentiel. A chaque repartie d'Alexandrine, je change d'opinion : « Voilà Sepia », et une minute plus tard : « Comment ai-je pu penser à Sepia ? C'est évidemment un cas de Lycopodium ». Le temps passe, je cherche la question discriminatoire quand la sonnerie du téléphone vient à mon secours.

— Allô, Marguerite ? Raccroche immédiatement. Je suis avec le médecin. Je te rappellerai.

Le ton est vif, sec, sans appel. Jamais une Sepia ne parlerait de cette façon et je prescris Lycopodium à la satisfaction générale. Si j'avais dû poser des questions sur le tempérament d'Alexandrine, j'aurais fini par apprendre qu'elle est autoritaire, mais quels trésors de diplomatie aurais-je dû dépenser ? L'observation en direct est un idéal difficile à atteindre dans le contexte d'un cabinet. Posez-vous la question la prochaine fois que vous consulterez : « Suis-je le même (la même) dans la vie de tous les jours et chez mon médecin ? » Répondez-y à ma place.

Ecoutez également le sens de mes questions. Le mot, dans notre société, est devenu un signal plus qu'un outil. Bien souvent il déclenche une réponse, indépendamment du contexte dans lequel il se situe. On n'attend pas la fin de la question pour partir sur l'idée nouvelle, ce sont les débats télévisés qui nous ont habitués à ce fonctionnement immédiat. Marquer des points, s'exprimer pour la seule raison que le micro est ouvert, sont plus importants que faire avancer la discussion. L'application de ce principe dans mon cabinet ne facilite pas le dialogue. Ne m'en veuillez pas : je dois vous pousser dans vos retranchements, vous obliger à être précis.

On peut se cacher derrière les mots. Si vous dites « Mon rythme cardiaque est accéléré », l'information est médicalement juste mais impersonnelle ; il y manque le vécu, si important pour le diagnotic de l'homéopathe. Je préfère nettement : « J'ai l'impression que mon cœur saute dans ma poitrine, comme une vibration intérieure », qui me donne la réalité de ce que vous ressentez et me fait penser à Tarentula. Les deux expressions sont de la même personne, la première en début de consultation, la deuxième vers la fin.

Je sais comment vous vivez l'interrogatoire. Les questions que je pose obligent le patient à se dévoiler, même lorsqu'il tente inconsciemment d'y résister. Il est venu me montrer son articulation enflée, pourquoi aurait-il à préciser s'il est jaloux, passionné de go ou s'il passe ses loisirs à bricoler au fond de son garage ? C'est alors qu'une repartie du conjoint peut venir à mon secours :

— Mais si, souviens-toi. L'autre jour nous avons rencontré Jean. Tu t'es mis en colère parce qu'il ne t'avait pas rendu la scie à métaux. Avant ta maladie tu n'étais pas comme ça.

Je ne cherche même pas le rapport entre le rhumatisme et l'irritabilité, leur apparition simultanée me suffit. Bryonia ou Nux vomica sont des médicaments qui peuvent m'aider à résoudre cette ambiguité, sans même avoir à prendre parti.

Parfois au contraire les commentaires de l'accompagnant me gênent car ils m'empêchent d'être complètement avec mon malade. Il m'arrive de faire taire l'époux ou la mère, lorsqu'ils sont trop présents dans l'interrogatoire. Personne sauf l'intéressé ne peut dire si une douleur de poitrine est brûlante ou piquante. Le moindre commentaire peut constituer une suggestion et parasiter mon diagnostic. Le patient oublie de parler de son asthme ancien, ou de dire qu'il a été opéré d'un ulcère ? Aucune importance, mon interrogatoire et mon examen sont systématiques et ces faits vont ressortir d'eux-mêmes, au moment où ils me seront le plus utile.

Parlez surtout de ce qui vous préoccupe

Vous devez parler, vous êtes aussi venu pour cela. Mes questions sont bizarres, j'en ai bien conscience, et souvent n'ont « rien à voir » avec la maladie en cours. Vous désorienter un brin ne me déplaît pas, puisque cela sert votre cause. Cherchant à casser le raisonnement, je déroute par nécessité. Jouez le jeu : j'ai peut-être raison d'agir ainsi. Je n'écoute pas seulement vos plaintes mais également les vibrations qu'elles réveillent en vous. Posez-moi des questions, doutez si vous le voulez, mais parlez. Soyons deux.

Le fait que je sois « le médecin de la grande ville », un inconnu très proche, aide certains à s'exprimer plus librement. Ainsi Violette, 55 ans, en robe bleue et cheveux blond cendré, une grande chaîne en or autour du cou, lunettes en forme de papillon, discrête couperose aux joues, me confie ce qui l'obsède :

— Mon corps s'épaissit à cause de l'âge et des petits plats, et cela me rend parfois odieuse avec mon mari. Je ne supporte pas qu'il regarde les filles nues à la télévision. L'autre jour il y avait un reportage sur le « Gai Paris », et les belles poitrines me mettaient mal à l'aise. Malgré moi je lui ai fait la tête. Je vous le dis à vous parce que je vous connais moins. Jamais je ne pourrais avouer ceci à mon généraliste.

Elle me quitte avec une prescription de Hyoscyamus et Natrum muriaticum et l'intention de trouver l'énergie qui lui permettra de résoudre son problème.

« Je m'asseois en miséricorde »

Mon interrogatoire est fait de ruptures. J'essaie de neutraliser vos circuits intellectuels, qui sont à la fois vos mécanismes de défense et le reflet de ce que la société vous a appris sur la maladie. Ce qu'il me faut c'est votre être authentique et pas seulement l'esprit de votre souffrance.

Vous avez raison, quand je consulte je suis plutôt sur la réserve. Il s'agit d'une nécessité technique, le besoin d'être tendu vers ce que vous dites. Je suis un écouteur professionnel. Les mots que vous choisissez pour vous exprimer ont autant d'importance que vos traits tirés par la fatigue, votre attitude lorsqu'elle trahit une certaine angoisse, la moindre tache sur votre peau.

— Je m'asseois en miséricorde, me dit un jour Béatrice, qui présente tous les signes de la sciatique.

Voilà une expression fascinante que je ne connaissais pas et dont je me fais préciser le sens. Pour la patiente il est évident que cela veut dire « au bord de la chaise », « sur le bout des fesses ». C'est la position qu'elle a trouvée instinctivement pour souffrir le moins possible. Je consulte le Robert. Béatrice évoque ainsi une petite saillie de bois fixé sous l'abattant d'une stalle d'église, et qui permet aux moines d'être « assis-debout » pendant les offices. Cette expression est mon alliée. Je suis presque en famille avec ma patiente. Je pressens son origine provinciale, son éducation très classique, un certaine tradition religieuse, tout cela par la manière qu'elle a de s'exprimer. Un mot ne vaut pas un autre, alors que les termes techniques (et il y en a beaucoup en médecine) sont nécessairement réducteurs.

— C'est moi qui ai eu les premières courgettes du quartier.
Très important pour vous, n'est-ce pas, mademoiselle Elise, cette performance locale ? Je vous prends très au sérieux. Donnez-moi aussi des nouvelles de vos sœurs.

Ou encore : « Je suis née pour être dupée » (Annie, 40 ans, la tête ronde, le cheveu court et plat, la face luisante). Toute une vie se perd dans cette phrase. Ma réflexion à haute voix : « Etes-vous résignée ? » Je n'attends pas de réponse. Elle est venue pour tenter sa chance sans trop y croire, pas spécialement pour me faciliter la tâche. Je vais essayer de la sortir, malgré elle, de sa dépression.

La consultation homéopathique est une véritable enquête médicale. Mes questions, qui n'ont pas l'air de toucher à la médecine, sont en permanence à la recherche du symptôme évocateur. Votre gêne, que je respecte, peut aussi me mettre en alerte : « Je vais vous dire... », « C'est peut-être bête, mais... » sont mes embrayeurs favoris. Parlez.

Intimité

Vous pouvez, bien sûr, m'interroger. Que voulez-vous entendre ? Pourquoi vous souffrez ou comment guérir ? Venez-vous pour faire confirmer votre propre diagnostic, vos connaissances médicales ? Ou pour savoir ce que j'ai à vous proposer ? Avec ou sans vous je ferai mon double diagnostic, celui de la maladie, celui du traitement. Avec vous je pourrai aller plus efficacement à l'essentiel.

Certains diront que je dresse de moi (de nous, car mes confrères homéopathes pratiquent de la même façon) un portrait idéal. Ils auront raison. Magie de l'écriture : je peux être paradoxalement moins pudique devant l'écran blanc à reflets bleutés du Macintosh que face à mon patient, et en même temps je suis amené à faire de la consultation une description trop parfaite. La réalité est un peu plus touffue, quotidienne, je le reconnais volontiers. Si je cherche à vous faire partager mon expérience je ne prétends pas vous duper. Je me contente de décrire, et peut-être en même temps de chercher avec vous. Remet-

41

tez-moi à ma juste place, mais surtout essayez de vous situer dans ce que j'ai à vous offrir.

Une présence soutenue de part et d'autre, l'intimité de la consultation, c'est ce que les médecins appellent le « colloque singulier ». Nous devons l'établir sans protocole. Il est nécessaire dans toutes les formes de médecine, mais plus encore dans le domaine de l'homéopathie. Je sais qu'il fonctionne quand j'entends la réflexion : « Cela, je ne l'ai jamais dit à aucun médecin. » Vient alors une confidence qui compte beaucoup pour le patient et qui, souvent, oriente ma décision thérapeutique. Vous allez me voir baisser la tête, écrire tout en continuant à vous écouter. Je consigne tous vos symptômes sur ma fiche d'observation, dans les termes que vous employez.

Si vous regardiez par-dessus mon épaule pendant que j'écoute Bénédicte, 77 ans, les joues pommées, le regard vif, me parler de ses petits malaises, vous pourriez lire : « Me donne son pense-bête pour aller plus vite ». Le terme « pense-bête » est d'elle-même, c'est pourquoi je le note : elle m'a remis la liste de ses plaintes, telle qu'elle l'a préparée à l'avance afin de ne rien oublier, et veut que je la lise. Je n'écris pas « précipitée », ce qui serait réduire ma patiente à ses symptômes, mais « pour aller plus vite », mots exactement employés par elle. Il y a un monde entre ces deux formules, celui de l'interprétation personnelle. A la prochaine consultation, sachant que l'expression est de Bénédicte je ne pourrai m'accuser d'avoir fabriqué les faits, de les avoir orientés dans le sens qui favorise mon diagnostic. Je la soigne pour des fourmillements dans les doigts, la langue, les gencives, et de nombreuses éructations avec « sensation de dilatation de l'estomac ». Un traitement à base d'Argentum nitricum (le nitrate d'argent) et de Carbo vegetabilis (le charbon de bois) va rapidement la débarrasser de ces troubles bénins.

Soyez vrai

Libre à vous de répondre de façon conventionnelle, quand je vous demande ce que vous ressentez par temps de pluie :

— Naturellement, mes rhumatismes sont aggravés par l'humidité.

Il y a peu de chances que j'obtienne ainsi de bons renseignements. « Naturellement », donc c'est logique, tout le monde a ça, tout le monde sait ça. Vous ne vous observez pas, vous essayez de me dire que vous êtes conforme à ce qui est communément admis. Où êtes-vous ? C'est tout juste si je vous aperçois. Cette fausse précision, ce « Naturellement », ne m'intéresse pas. En revanche si, après un temps d'arrêt, vous me livrez le résultat de votre auto-observation, j'aurai du matériel utilisable. Je vous reçois cinq sur cinq quand vous dites :

— C'est épouvantable. On dirait que mes os sont transpercés.

Ceci est vécu, inégalable, et tout le monde peut s'exprimer ainsi. Il suffit d'être sensible et sincère pour pouvoir se soigner par l'homéopathie. Je respecte encore plus vos symptômes quand ils vous appartiennent vraiment.

Comment je résiste à l'angoisse

Je suis disponible. Un jour à la télévision Claire Brétécher se demandait comment les médecins résistent aux angoisses de leurs clients. D'abord ils n'y résistent pas tous. D'où peut-être certaines carrières d'ophtalmologistes, de biologistes, de spécialistes de rééducation fonctionnelle, de médecins techniciens en somme, qui n'ont pas à prendre en charge le quotidien de leurs patients.

De fait, je ne puis répondre que pour moi. On ne résiste pas complètement aux angoisses de l'autre. Pour les comprendre il faut les incorporer, les ressentir, leur allouer une part de son propre espace intérieur — et en même temps ne pas se laisser envahir. Le secret est je crois dans le contrôle de soi. Sentir les angoisses, les comparer aux siennes, s'apitoyer un instant puis tout rejeter en bloc quand le diagnostic est fait. Un peu comme dans un programme d'ordinateur. Les données entrées au clavier sont comparées aux données conservées en mémoire. L'instruction finale est ici « Return », retourner au programme principal, oublier le sous-programme.

Ce que j'attends de vous

C'est certain, je crois en vous. J'accepte toujours ce que vous me dites au premier degré. Je prends l'attention. Sachez que je suis disponible, même si je parais distant. Vous le savez maintenant, c'est à la fois ma technique et ma nature.

Je suis sensible à l'agressivité, sans doute un peu trop. Il m'arrive d'en voir où l'on n'en met pas. Ainsi cette repartie de Sylviane, une brune au regard inquiet, à qui je demande :

— Votre profession ?

— Mère de famille.

Ma question était neutre, quasi administrative ; un peu médicale aussi car le métier donne parfois des indications sur la maladie, et même sur le traitement. « Profession : Mère de famille », la réponse est venue avec une nuance de reproche dans la voix. Je ne m'excuserai pas. Comme tout le monde je sais que prendre soin du ménage et des enfants est un devoir, une corvée ou un plaisir, selon la sensibilité de chacune. Que la femme qui travaille tout en s'occupant de son foyer vers le soir et en fin de semaine a une double activité. Je le répète : je procédais à une simple recherche de renseignements. Alors pourquoi cette pique ? Parce qu'on lui a posé cent fois la question et que seul le travail rémunéré est valorisant dans notre société ? Elle aurait pu se contenter d'un : « Je n'ai pas de profession rémunérée ». L'agressivité de Sylviane est réductrice, vis à vis d'elle-même, de sa famille, des femmes qui se réalisent dans la confection d'un cassoulet, s'expriment par la décoration, le choix d'une nouvelle moquette pour la chambre des enfants. Où est cachée, dans sa réponse la dimension généreuse ? Aucun salaire ne peut libérer son entourage de la dette d'amour accumulée au fil des années.

Sa réponse a failli me blesser, mais j'ai préféré la soigner plutôt que d'entamer une discussion sans fin. Je m'en suis sorti en mettant, sur sa fiche, des guillemets à « Mère de famille ». A tout prendre j'avais là un premier élément de diagnostic.

Tout ce que je devine de vous

Je cherche plus à constater qu'à comprendre. Cette attitude peut être déroutante pour celui ou celle qui me consulte, mais la compréhension empêche l'intuition. Je le sais, et j'en abuse dans l'intérêt général. Je pose des questions tous azimuts, même sur des choses qui n'ont rien à voir avec la maladie actuelle. Il me faut analyser l'individu dans son entier. J'emploie des mots neutres qui vous font parler : « Comment réagissez-vous aux odeurs ? » Je ne dis pas « Est-ce que vous sentez bien les odeurs ? » Ni « Vous rendent-elles malade ? » Vous pourriez répondre par oui ou non. Mon langage est ouvert. C'est à vous de donner toute précision utile.

Une réplique que je n'ai jamais entendue, mais qui ne m'étonnera pas si un jour elle vient :
— « Comment êtes-vous le matin au réveil ? »
— « Toute nue... »
Ce n'est pas un phantasme, ou en tout cas pas seulement : l'ambiguïté de mes questions peut m'attirer ce genre de réponse, comparable à l'anecdote « Buvez-vous du café ? » La manière dont je tourne mes phrases laisse au patient toute possibilité de répondre selon ce qu'il a compris, ou voulu

comprendre. Je ne pose pas des questions qui enferment. « Comment êtes-vous le matin au réveil ? » : Je m'attends à n'importe quel type de réponse. Non seulement « Toute nue », ce qui est une boutade sans avenir, mais encore : « Bien réveillée », « Je marche au radar », « Je mets mon réveil une demi-heure avant l'heure à laquelle je dois me lever », « J'ai peur des événements de la journée qui commence ». Toutes ces formulations je les ai un jour ou l'autre recueillies.

Reste encore, pour m'aider, tout le non-dit de la consultation. Nous le vivons ensemble sans le savoir, ou plutôt en omettant de nous en souvenir. J'y puise mes dernières munitions : il me faut à la fois être efficace et nous regarder en train de réussir ce pari.

Je ne quitte pas mon patient avant d'avoir été avec lui aussi loin que possible dans la confidence. Pendant que vous répondez je cherche le traitement quelque part en moi, et pas seulement dans mon intellect. Ce voyage intérieur, où je vous retrouve, nécessite que vous adhériez au projet. Respectez mon silence, c'est le vôtre. On dit que l'intuition est féminine : essayez d'expliquer cela à un homéopathe, à un artiste, pourquoi pas à un boursier ou à un ministre : ils ne vous croiront pas forcément.

Psychothérapie ou nécessité ?

Pourquoi toutes ces questions ? Pour vous aider à décrire ce que vous ressentez. Pour faire ou confirmer le diagnostic de la maladie, et surtout le diagnostic thérapeutique, le nom du médicament que je vais vous donner.

La raison principale en est la loi de similitude, ou loi des semblables, intangible, universelle et qui préside à tout traitement homéopathique efficace. Les homéopathes ne constituent pas une secte s'imposant des règles révélées. Je dis « intangible » parce que l'expérience pratique montre que si on ne respecte pas la loi de similitude les médicaments préparés pour l'usage homéopathique ne donnent pas de résultat.

Contrairement à ce qu'on croit souvent, la loi de similitude n'a rien à voir avec « le mal par le mal ». Le mal par le mal ce serait une bonne dose de microbes pour guérir une angine. Nous ne donnons pas le mal, mais quelque chose qui se comporte comme lui. Une substance dont le pouvoir réactif a le même profil que celui de la maladie, sans être la maladie elle-même : la nuance est importante. Le médicament ne donne pas la maladie qu'il est censé combattre, mais une série de symptômes qui ressemble à cette maladie.

La loi de similitude peut se formuler ainsi : toute substance capable de provoquer des symptômes chez un individu sain fait disparaître ces mêmes symptômes chez le patient. Telle est la règle que les homéopathes appliquent depuis deux cents ans. Ils ne l'ont pas inventée, mais découverte en observant la nature humaine et en expérimentant sur elle. Une même substance peut rendre malade ou guérir.

L'ensemble des symptômes

L'homéopathie est une médecine synthétique, une approche globale de l'être dans sa souffrance, qui traite en même temps le malade et sa maladie. Un symptôme isolé n'a pas de valeur au moment de la prescription car il correspond à un trop grand nombre de médicaments. Si nous voulons trouver la véritable solution thérapeutique nous devons recueillir l'ensemble des symptômes du cas que nous étudions. Presque toutes les substances, lors de leur expérimentation sur des personnes en bonne santé, ont donné un mal de tête, des nausées ou un essoufflement. Il est donc impossible de sélectionner celle qui convient en partant de renseignements aussi vagues. Si l'on prend un symptôme précis, il reste encore des incertitudes. Seize médicaments, par exemple, peuvent convenir pour l'oppression respiratoire quand le malade est couché. Un seul est le bon, il faut, pour le mettre en évidence, faire appel aux autres symptômes apparus en même temps que l'oppression. Le bon médicament, à redécouvrir à chaque fois, impossible à prescrire par habitude, est donc celui qui correspond au profil pathologique du sujet étudié. Il se nomme le « simillimum ». Ce mot latin signifie que le médecin prescrit le médicament « le plus semblable » à l'ensemble des symptômes recueillis, celui qui, plus que les autres, couvre le cas, selon l'expression consacrée. Croyez-moi, la chasse au simillimum vaut bien n'importe quel safari-photo.

La sélection se fait sans idée préconçue, mais dans un état d'alerte permanente. Je recherche avant tout les symptômes les plus frappants, les plus inattendus pour le cas considéré : ils ne peuvent être conventionnels, ils doivent appartenir en propre à mon patient et non à la maladie dont il souffre. Ceux qui m'intéressent le plus sont les symptômes concomitants du symptôme principal, du motif de la consultation. Même si je ne comprends pas pourquoi un sujet a mal à l'épaule droite la veille de chaque crise de colique hépatique, je sais que j'ai là une caractéristique de sa souffrance, un point de repère pour trouver le traitement approprié. Pourquoi à l'épaule droite et pas ailleurs ? Parler de « douleur projetée », faire appel à l'explication neurologique, n'y changera rien. Je ne peux répondre que par le nom d'un médicament homéopathique, en l'occurence Chelidonium majus, la grande chélidoine.

Je ne cherche pas n'importe quel type de symptôme. Le symptôme qui m'intéresse doit vous appartenir en propre, et non à votre famille, à votre région, à votre profession. Le fait de manger gras chez un charcutier n'a aucune valeur, c'est une habitude acquise. En revanche, si vous me dites : « Ma mère enlevait le gras du jambon mais je le reprenais quand elle avait le dos tourné », si je vous vois écarquiller les yeux à cette évocation, je sais que je tiens un fait qui vous est propre. Je pense immédiatement à Sulfur, Nux vomica, Nitricum acidum, et je cherche à obtenir d'autres caractéristiques afin de déterminer lequel de ces trois médicaments est le « simillimum ».

Nous avons ainsi à notre disposition une somme

importante de symptômes, dont certains sont très curieux. L'enfant qui saute sur place avec un besoin pressant d'uriner s'il ne peut se soulager immédiatement évoque Petroselinum (le persil) ; la sensation d'os de verre, comme s'ils allaient se casser, au cours d'une crise rhumatismale : Thuya occidentalis (l'arbre de vie) ; la toux aggravée par les pommes de terre : Alumina (l'oxyde d'aluminium). Autant de symptômes recueillis à la fois pendant les expérimentations sur des personnes en bonne santé et au cours de l'interrogatoire de certains patients. Nous ne les avons pas inventés. Aussi surprenants qu'ils soient ils existent, et sont très utiles pour orienter nos prescriptions.

« Quand vous me posez des questions on dirait que vous avez tout ressenti », me dit une cliente. C'est un peu vrai, par personnes interposées. A l'opposé une autre me donne un coup de griffe :
— Est-ce que l'homéopathie soigne les cors aux pieds ?
Je traite son fils Alexandre pour des rhino-pharyngites à répétition. Il va mieux depuis qu'il a commencé mon traitement. Elle sait ce que vaut l'homéopathie et cette agressivité est purement gratuite, à son propre usage. Elle explique en partie les crises de l'enfant.

Je préfère l'humour sincère de Luis Rego qui épingla un jour mon « Guide familial de l'homéopathie » pendant dix minutes au cours de l'émission de radio « Le tribunal des flagrants délires ». Après avoir égrené tout un chapelet de symptômes :

— Depuis que j'ai ce Guide je peux tomber malade quand je veux : on y trouve tout, comme à la Samaritaine. J'ai d'ailleurs prescrit la première ordonnance à ma chatte. Une pilule de tout, trois fois par jour...

Plus sérieusement il arrive qu'on me demande pourquoi, dans mon « Guide », on trouve en général un médicament par symptôme, ce qui est contraire aux principes de l'homéopathie. Il s'agit en fait d'un procédé de présentation. Il y a bien un médicament par symptôme mais sur des lignes successives on peut retrouver le même médicament indiqué plusieurs fois. Ainsi lorsque le patient a un ensemble de symptômes correspondant au même médicament il retombe automatiquement sur lui. Si l'on étudie par exemple la pesanteur après les repas à la rubrique « Digestion difficile », on peut lire (page 90 de l'édition originale) :

• en cas de sensation d'estomac trop plein avec langue blanche, comme si la peau du lait était étalée dessus,

ANTIMONIUM CRUDUM 9 CH.

• de sensation de pierre à l'estomac,

BRYONIA 9 CH.

• si les aliments restent plusieurs heures dans l'estomac,

LYCOPODIUM 9 CH.

• en cas de ballonnement après les repas,

LYCOPODIUM 9 CH.

• de besoin de faire une longue sieste (une courte sieste aggrave la situation),

LYCOPODIUM 9 CH.

• de besoin de faire une courte sieste, qui fait du bien,

NUX VOMICA 9 CH.

• en cas de sensation d'estomac trop plein, avec langue chargée dans sa partie postérieure,

NUX VOMICA 9 CH.

Pour les deux premiers médicaments, j'ai donné le symptôme le plus caractéristique ; pour les deux suivants, leur nom revient deux ou trois fois, mais certains patients ont souvent l'association des symptômes mentionnés et sélectionnent automatiquement la substance correspondant à ce qu'ils éprouvent. S'ils hésitent ils peuvent toujours associer plusieurs médicaments, comme l'indique la formule qu'on peut lire en tête de la rubrique : « Les médicaments seront pris à raison de trois granules trois fois par jour du ou des médicaments retenus, avant ou après les repas, selon les cas. » Il s'agit donc d'un artifice typographique destiné à simplifier l'auto-médication, mais qui cherche à respecter indirectement, autant qu'il est possible dans un ouvrage destiné au grand public, l'esprit de l'homéopathie.

L'ensemble des symptômes : cet impératif me pousse à vous interroger de la tête aux pieds, aucun organe ne sera oublié. Votre ancienne opération de l'appendicite n'a rien à voir avec vos troubles thyroïdiens ? En apparence non, mais après tout je n'en sais rien, et vous non plus. Notons toujours. Il n'y a pas de symptôme insignifiant. Mentionnez tout ce qui vous vient à l'esprit, même si cela paraît ridicule, intime, jamais dit. Plus je m'éloigne de votre thyroïde, plus j'ai de chances de trouver le médicament qui lui convient.

Evitez seulement les idées abstraites, les explications. Donnez les détails de votre vie, je généraliserai moi-même. J'aime les phrases qui commencent par : « Ainsi, l'autre jour... ». Si vous ajoutez : « ...j'étais au volant de ma voiture, j'ai voulu me retourner pour voir si je pouvais déboîter. J'ai entendu un grand craquement et depuis j'ai mal au cou tous les matins au réveil », alors je connais le traitement qu'il vous faut (Nux vomica). Si au contraire vous me dites : « Je viens vous voir parce que j'ai une arthrose du cou », cela ne me donne aucune idée de ce que je pourrais vous prescrire.

Je suis friand de modalités, c'est-à-dire des circonstances qui influencent vos symptômes, les modifient (en aggravation ou en amélioration). Une modalité peut être passagère, mais alors elle doit posséder un caractère répétitif. Exemple : vous êtes sujet aux crises de colique hépatique. Quand la crise est là vous mettez instinctivement la main sur la région hépato-vésiculaire parce que la pression vous soulage. Bien sûr cette impression est fugitive, mais répondez bien à ma question. Ne me dites pas : « La pression avec la main ne me fait rien », si elle soulage ne serait-ce qu'un instant. Vous me faites perdre, vous nous faites perdre, un précieux renseignement. Soyez sensible à ce qui se passe en vous.

Le tour complet

Il me faut donc à chaque fois vous interroger dans les moindres détails, faire le tour complet de vos symptômes. L'interrogatoire est un art délicat que le médecin homéopathe perfectionne pendant toute sa vie.

Je réunis un groupe d'étude, une fois par mois, dans ma salle à manger. Nous étudions les cas réussis et ceux pour lesquels nous avons des difficultés. Mes élèves veulent savoir ce que je prescrirais à leur place, en tout cas dans quelle direction il faut chercher. Je leur donne des indications du mieux que je peux, mais je le fais en fonction des symptômes qu'ils ont eux-mêmes relevés. Si j'avais le patient en face de moi j'en sélectionnerais peut-être d'autres. Ils en sont conscients et lorsque nous faisons le tour de table chacun essaie d'apporter le meilleur de lui-même. Dorothée, Gilles, Michel, Myriam, Nicole, Pierre-Georges, Philippe, Sylviane et quelques autres y parviennent en général, ce qui nous fait tous progresser. En les évoquant je n'oublie pas ceux qui les ont précédés, parmi lesquels Charles-André, qui est lui-même devenu un maître.

Hahnemann

Nous devons la découverte de la loi de similitude à Christian-Samuel Hahnemann. Né en 1755 à Meissen, la ville de la porcelaine de Saxe, il fut nommé Docteur en Médecine par la faculté de

Leipzig en 1779. Déçu par la thérapeutique de son époque il renonça à pratiquer après huit ans d'exercice, et se mit à vivre de traductions d'ouvrages médicaux. Un jour de 1790, il est en train de traduire une célèbre Matière médicale, celle de l'Ecossais William Cullen. Il en est à l'article sur la poudre de quinquina, connue depuis 150 ans pour son efficacité dans les cas de fièvre, et qui a été envoyée en Europe par les pères jésuites du Pérou. Hahnemann ne comprend pas toutes les explications données par l'auteur. Il a l'idée, alors qu'il est en bonne santé, d'essayer la poudre sur lui-même. Il en prend de fortes doses pendant plusieurs jours. Il se met alors à développer une fièvre « intermittente », ressemblant au paludisme, et dont toutes les caractéristiques sont celles que l'écorce de quinquina est censée combattre. Il note : « Le quinquina qui détruit la fièvre provoque, chez le sujet sain, les apparences de la fièvre. » Depuis toujours Hahnemann est persuadé qu'on trouve dans la nature de quoi réaliser une prompte guérison des maladies. Il sent qu'il est en présence d'une loi générale, et se demande si ce qui est vrai pour la poudre de quinquina ne peut l'être pour d'autres préparations. Il expérimente, sur lui-même et sa famille, des médicaments déjà connus à son époque, comme l'ipeca et la belladone, note les symptômes qu'ils produisent chez la personne en bonne santé et les essaie ensuite sur des patients. Il peut dès lors affirmer que toute substance susceptible de provoquer un ensemble particulier de symptômes chez un individu sain est capable de guérir ce même ensemble chez le malade. Il formule ainsi sa pensée : « Similia similibus curentur », « Que les semblables soient guéris par les semblables », et se remet à pratiquer la médecine.

Les débuts sont difficiles. Hahnemann change souvent de lieu d'exercice à cause de problèmes pécuniaires, mais avec les années sa réputation grandit. En 1810, soit vingt ans après sa découverte, il publie son « Organon de l'art de guérir ». En 1834, alors qu'il est âgé de 80 ans, une jeune Française de 30 ans, Mélanie d'Hervilly, vient le consulter à Kœthen où il a été bien accueilli par le Prince Ferdinand. Mélanie l'épouse en janvier 1835, malgré la grande différence d'âge, et le persuade de venir finir ses jours en France, seul pays où, d'après elle, il pourra connaître le triomphe. Honoré de Balzac a parlé de lui dans « Ursule Mirouët », un roman écrit en 1842 mais dont l'action se situe en 1829 et où il fait dire à Hahnemann : « Si l'homéopathie arrive à Paris, elle est sauvée. »

Au cours des sept ans qui lui restaient à vivre Hahnemann eut trois domiciles à Paris, dont un rue des Saints-Pères, exactement en face de l'actuelle faculté de Médecine. Il connut le succès médical et intellectuel escompté. Les patients, très nombreux, faisaient la queue dans sa montée d'escalier. Il mourut le 2 juillet 1843 à l'âge de 88 ans.

Hahnemann est enterré au Père-Lachaise. Sur son monument de marbre rose, à colonnes, on peut voir un buste en bronze par David d'Angers. Le visage est déterminé, volontaire. Au premier coup d'œil le médecin homéopathe sait qu'Hahnemann était un Lycopodium. Le matin où je lui ai rendu visite un bouquet d'iris d'eau, dans un vase, tranchait sur la grisaille de l'automne et les feuilles sèches : le père de l'homéopathie n'est pas oublié.

Il mérite d'ailleurs cette permanence du souvenir. Hippocrate (460-361 avant J.-C.) avait déjà écrit que les semblables peuvent guérir les semblables, mais sans en dégager une loi générale. Paracelse (1493-1541) avait également approché le phénomène, sur un mode initiatique. C'est Hahnemann qui en fit l'étude systématique et raisonnée, et nous a transmis la technique et l'art d'utiliser la similitude pour combattre la maladie.

Un traitement symptomatique ?

Si le diagnostic thérapeutique se fait à partir des symptômes, le traitement n'en est pas pour autant symptomatique. Les médecins entendent par cette expression l'application de médicaments qui combattent directement les symptômes, donc l'aboutissement de la maladie, sans toucher à sa cause. Il s'agit d'un pis-aller, quand il n'y a pas moyen de faire autrement. Avec l'homéopathie il n'est pas question de cela. Les symptômes recueillis servent à remonter au nom de la substance capable de s'attaquer directement à la cause. C'est là toute la subtilité de la loi de similitude.

L'objectivité de la subjectivité

Tout ce que nous vivons est subjectif, mais si nous arrivons à prendre un peu de recul par rapport à nous-mêmes, nous pouvons essayer de décrire nos sensations. Si vous me dites que vous avez des brûlures d'estomac, je choisirai Arsenicum album, Lycopodium clavatum, Nux vomica ou Phosphorus pour vous guérir. En revanche si vos douleurs sont à type de tiraillement j'aurai plutôt tendance à prescrire Argentum nitricum. Le débat est important : rien de ce que vous déclarez ne saurait être de valeur égale.

Afin de déterminer le simillimum je dois être certain que vous employez le mot juste, et donc vous pousser dans vos retranchements, car c'est votre subjectivité qui permet d'appliquer la loi de similitude. Je veux être sûr que vous me la donnez de la manière la plus authentique. C'est pourquoi j'ai tendance à poser des questions qui se recoupent. Je n'hésite pas à demander plusieurs fois la même chose, à paraître en phase de doute, c'est le meilleur moyen d'obtenir de vous des réponses spontanées et sincères, sans faux-fuyants. Tout est bon pour vous aider à vous livrer. Cette maïeutique, clef d'une homéopathie efficace, me permet d'approcher ce qu'on peut nommer l'objectivité de la subjectivité.

J'ai besoin de connaître votre histoire personnelle, et je la prends toujours au premier degré. Dans votre propre intérêt je me méfie de vos descriptions subjectives mais je vous crois par principe lorsque vous me racontez les détails de votre vie. Si vous me dites que vous n'avez pas d'aventure extra-conjugale, que votre métier vous empêche de déjeuner à midi, pourquoi devrais-je penser le contraire ? Je me mêle de l'intimité biologique et affective de mes patients, pas des points de repère proprement matériels, encore que je suis plus à même d'être efficace si je les connais. Je dirai seulement, en me plaçant sur un plan thérapeutique, que celui qui me cache la vérité se la cache à lui-même.

Je refuse les explications. Quand j'entends : « A chaque fois que je mange du gras j'ai mal à la tête », je sais que vous êtes naturel, que vous vous êtes observé. Il s'agit d'une sorte de constatation statistique, donc personnelle. Si vous dites : « J'ai mal à la tête *parce que* je mange du gras », vous répétez peut-être ce que tout le monde dit couramment.

Je n'aime pas les mots scientifiques, du moins dans vos propos. Ils ne m'apprennent rien. Si vous avez un érythème (une rougeur sur la peau) je m'en apercevrai, mais personne ne sait comme vous si cela brûle, si l'application d'eau soulage ou aggrave la sensation. N'utilisez pas spécialement les termes à consonance médicale. Collez aux faits, même et surtout s'ils sont subjectifs.

Pensez aussi à raconter ce qui va de soi. Certains patients oublient, par exemple, de parler de leurs maux de tête tant ils y sont habitués. Mon interrogatoire, aussi systématique que possible, finira par aborder ce point, mais pour des détails moins évidents il est bon que vous me donniez spontanément les informations les plus variées.

60

Cerveau droit, cerveau gauche

Utilisez pour vous exprimer votre cerveau droit. L'hémisphère gauche de votre cerveau est logique, rationnel, apte aux mathématiques. Il fonctionne de manière séquentielle, contrôlée, analytique, cartésienne. C'est un intellectuel. Il vous donne l'esprit de géométrie selon Pascal.

Votre hémisphère droit est un artiste. Intuitif, créatif, il a une approche globale, synthétique, des phénomènes qui vous entourent. Il aime les symboles. Il vous donne l'esprit de finesse.

Cette topologie du cerveau, propagée par certaines écoles, est pour moi métaphorique, plus qu'anatomique ou physiologique. Il s'agit d'une allégorie qui facilite la compréhension des phénomènes de création et de communication. La section du corps calleux (le pont entre les deux hémisphères du cerveau) sur des épileptiques a montré que le cerveau gauche donne des descriptions verbales, est capable d'abstraction, tandis que le cerveau droit est responsable de la perception de l'espace, de la reconnaissance des formes, des fonctions non verbales (il reconnaît les objets mais ne sait pas dire leur nom). Tout le reste relève pour l'instant de l'hypothèse. La dichotomie cerveau gauche/cerveau droit, cerveau de la raison/cerveau de la sensibilité, est une théorie récente, largement spéculative, une extrapolation qui n'a pas encore été démontrée de manière scientifique. Elle considère qu'actuellement l'hémisphère gauche est prédominant et qu'il nous faut, pour une vie plus riche, réunir les deux moitiés de notre être en une seule entité active. Il s'agit d'une description très utile pour appréhender notre comportement, et je lui donne ici la valeur symbolique qu'elle mérite.

Servez-vous de votre cerveau droit pour analyser vos sensations, pour répondre aux questions du médecin homéopathe, et non de votre cerveau gauche qui aime les mots savants, impersonnels, et les explications. Décrivez ce que vous éprouvez. Laissez votre culture médicale dans la salle d'attente. Parlez de ce que vous ressentez en termes simples. Jouez le jeu. Je ne vous l'impose pas. Je vous livre seulement mon expérience et celle de mes confrères.

« Au moment où je sens monter la violence je peux donner l'apparence de quelqu'un de mou. » Voilà une réflexion dont je vais pouvoir tirer profit. Je l'ai notée au vol pendant une consultation avec Mathieu, un bon gros Staphysagria de 40 ans, à l'air décidé, aux yeux enfoncés dans leur orbite. Il est contremaître dans une entreprise de mécanique et se trouve parfois en désaccord avec les ordres qu'il doit transmettre à l'atelier ou les revendications que ses camarades le chargent de faire remonter jusqu'au directeur général. Il a appris, par profession, à trop bien se contrôler. En une phrase, c'est presque toute sa vie professionnelle qui vient de s'exprimer. Son eczéma n'a rien d'étonnant dans ce contexte de tension plus ou moins permanente et Staphysagria couvre l'aspect mental et physique de son état.

A l'opposé « Je suis nerveux » ne veut rien dire pour moi, en tout cas rien de significatif, et sûrement pas la même chose que pour vous. Répondez sans trop réfléchir. « Quand ça ne va pas j'ai une boule dans la gorge, des difficultés à respirer, l'envie d'être méchante », me dit Sabine. Elle ne me l'a pas avoué d'emblée. Il a fallu quelques détours, des minutes de patience, mais cette fois mon cerveau (mon hémisphère droit pour être précis) fonctionne à plein régime. Je vais continuer l'interrogatoire, mais je peux déjà écrire Ignatia amara dans un coin de sa fiche d'observation.

Les Américains répondent mieux que les Français aux questions de l'homéopathe. Ils sont plus naïfs mais plus pragmatiques que nous : la qualité et le défaut vont dans le même sens d'une grande facilité à l'expression spontanée. J'ai eu l'occasion de passer quinze jours à Poway, près de San Diego (Californie) dans le cabinet d'une de mes consœurs, Jacquelyn. Je consultais avec elle pour l'aider à se perfectionner en homéopathie. J'ai aussi aidé Patricia à Ann Arbor (Michigan), Richard et Rebecca à New York. Je donne également des cours à New York avec mon ami Ronald. Nous interrogeons régulièrement des patients devant les élèves.

Avant de répondre, l'Américain moyen marque un temps d'arrêt ; on sent qu'il analyse la question posée, puis il dit « OK » (sous entendu : « J'ai bien perçu le message »), enfin il donne les explications souhaitées. Le Français, plus vif, réfléchit en même temps qu'il parle. Soumis à l'influence de son cerveau gauche, il se demande pourquoi je lui pose telle ou telle question. Pendant qu'il met en doute le bien-fondé de ma demande il oublie d'y répondre.

Facilitez-moi la tâche, il y a suffisamment de pièges dans lequels je dois éviter de tomber. Je me souviens ainsi de Bénédicte, une personne âgée aux sourcils jaunes, qui venait me montrer sa conjonctivite. J'ai failli chercher dans mes livres si un médicament a donné expérimentalement des sourcils jaunes, après tout les signes les plus inattendus sont mes amis. Elle m'en a vite empêché : mal réveillée elle avait mis de la poudre sur ses sourcils en se préparant pour venir me voir.

La consultation est un dialogue permanent. Donnez votre avis, ne cachez rien, surtout pas vos maladresses, même si je m'efforce de voiler les miennes. Si vous ne parlez pas, je devrai vous guérir malgré vous, mais ce sera plus difficile. Ensemble faisons apparaître vos symptômes, dégageons-les, sans les interpréter, sans les tirer vers nos idées préconçues, de l'ensemble des phénomènes naturels dans lesquels ils sont en friche. Cette démarche est la seule qui puisse nous faire avancer.

Diagnostic tous azimuts

L'interrogatoire a donné des renseignements de tous ordres. Il est trop tôt pour que j'aie une opinion définitive sur votre cas, mais je formule déjà des hypothèses thérapeutiques. Je note ces premières idées sur votre fiche afin de mieux les oublier pour l'instant. Je les reprendrai au moment de rédiger l'ordonnance.

Passez dans la salle d'examen. Pendant que vous vous déshabillez, il m'arrive de me mettre à la fenêtre. Indifférence, désinvolture ? Seulement le besoin d'être un instant moi-même, avant un nouvel effort. Je regarde mes contemporains longer le mur de la poste centrale, « la grande poste », comme on dit à Lyon. Plus que les traits ou les particularités vestimentaires, ce sont les démarches que j'étudie, les attitudes. Cette dame un peu forte s'avance avec dédain, comme si elle était importante. Cette autre a un parapluie alors qu'il fait beau : elle ne veut pas montrer qu'elle a besoin d'une canne, mais je remarque sa légère boiterie. Un enfant compte en sautillant les blocs de pierres sur la bordure du trottoir.

Allongez-vous. Comme tout médecin je vais procéder à une investigation détaillée, que nous appelons dans notre jargon « examen clinique ». D'après l'étymologie grecque, c'est l'art d'examiner le malade couché. Il permet le diagnostic de la maladie et, en homéopathie, un petit peu plus. Je ne me contente pas d'évaluer la tension, d'écouter les bruits de votre cœur, de palper et percuter votre foie et tous les organes abdominaux, de chercher vos réflexes. Je regarde également l'état de vos ongles (sont-ils cassants, ondulés, avec des taches blanches, mous ?), de vos conjonctives, de votre langue, de vos cheveux. Les verrues m'intéressent ainsi que les cicatrices d'opération ou d'accident, les taches sur la peau, les petites anomalies de naissance. Sous prétexte de trouver des symptômes physiques, j'essaie encore de vous faire parler : toute une vie peut se cacher derrière une cicatrice. L'odeur de votre corps va parfois me donner l'idée du traitement. Bien sûr, avant la consultation, vous n'avez pas lavé vos cheveux s'ils sont gras, vous n'avez pas mis de pommade sur vos lésions de peau. Vous êtes vous-même.

Quand le médecin palpe le ventre il est normal que le patient signale toute douleur provoquée, même si elle est minime. Huit malades sur dix intellectualisent la question, ne paraissent pas vivre l'examen. Si je pose ma main sur votre estomac, ce n'est pas seulement pour que vous me signaliez l'endroit habituellement douloureux. Je veux connaître le point sensible en ce moment même, quand mes doigts réunis et bien à plat explorent superficiellement ou plus en profondeur l'organe dont vous vous plaignez. Les deux zones ne se recoupent pas obligatoirement.

Je pratique souvent le « palper-rouler », une méthode empruntée aux kinésithérapeutes, et qui consiste à pincer la peau tout en déplaçant progressivement le pli ainsi obtenu. Cette technique peut déclencher une douleur dont vous ignoriez la présence en vous, fugitive mais très utile pour le diagnostic. Il s'agit d'une projection à la peau des organes internes en souffrance. Répondez aussi objectivement que possible. Parlez de votre douleur « actuelle ».

Tous les moyens d'en savoir plus

Je suis aussi un technicien. Les radiographies, les examens de laboratoire (prises de sang, analyses d'urines, etc.), l'échographie, les explorations internes à l'aide d'instruments en fibre de verre, me sont parfois nécessaires. Je consulte tous les comptes rendus que vous avez pu m'apporter et, s'il le faut, je demande un nouveau bilan, ou une consultation chez le spécialiste. Certains clients repoussent l'idée d'aller voir un spécialiste, sous prétexte qu'ils refusent par avance toute allopathie. Il ne s'agit pas d'aller chez lui pour avoir un traitement, mais son avis sur la maladie en cours. Je fais de l'homéopathie en accord avec les règles du diagnostic habituel.

Le temps de la synthèse

Je vous ai interrogé, ausculté, palpé, observé, et même « coupé en tranches » à l'aide d'examens divers. Je vous rends à vous-même et commence à envisager pour votre cas les possibilités de la thérapeutique homéopathique. Une fois encore je vous préviens : « L'homéopathie, c'est compliqué. »

— C'est rassurant que ça le soit, me répond cette chère Emma, une vieille cliente à l'accent de Strasbourg.

A 85 ans, toutes facultés intactes, son avis est certainement autorisé.

Compliqué au point de nécessiter, avant toute décision, quelques recherches complémentaires. Il n'y a pratiquement pas de cas où je peux faire un diagnostic médicamenteux sans aide extérieure. J'ai besoin de vérifier certains renseignements pour confirmer l'idée que j'ai de vous.

Quelles sont mes banques de données ? Il y a d'abord la Matière médicale, où l'on trouve les divers symptômes provoqués chez l'individu sain par les substances à usage homéopathique. La première Matière médicale fut publiée par Hahnemann. Depuis son époque il y en a eu beaucoup d'autres, sans doute quelques centaines. Les premières étaient des recueils aussi neutres que possible des sensations et symptômes décrits par les expérimentateurs. Puis les homéopathes se sont mis à y ajouter leur propre expérience, d'après les remarques qu'ils ont pu faire sur leurs patients. Chaque Matière médicale a sa particularité. Je choisis le moment venu, dans le petit bibus qui se trouve derrière mon fauteuil tournant, celle qui va me donner le détail nécessaire.

J'en ai personnellement écrit deux. L'une, la « Matière Médicale Homéopathique pour la Pratique Quotidienne » est une présentation, qui m'est propre, des symptômes classiques en homéopathie. L'autre est un résumé de tout ce qui est essentiel pour une prescription efficace. Elle figure dans la « Petite Encyclopédie Homéopathique », un ouvrage d'initiation et de perfectionnement destiné aux professions de santé. J'ai composé ce livre sur un ordinateur compatible avec la photocomposeuse de l'imprimeur, si bien qu'il n'y a pas eu de nouvelle saisie du texte, une bonne méthode pour éviter les coquilles. J'en ai choisi la présentation (avec l'aide d'un typographe), le papier, la couverture toilée couleur cyclamen. Je le commercialise aussi bien que je peux, en tant qu'auteur-éditeur. J'aurais sans doute trouvé un éditeur, mais j'ai voulu rester maître de ma production. L'expérience, difficile mais inoubliable, a réussi : il y a donc peu de chance que je la recommence avec un autre livre. A chacun son métier.

J'utilise aussi des Répertoires, qui sont des Matières médicales à l'envers. Au lieu de chercher sous le nom d'un médicament les symptômes qui lui appartiennent, j'étudie, pour un symptôme donné, les divers médicaments qui peuvent convenir.

Le dernier venu dans la panoplie de l'homéopathe est l'ordinateur. Je ne m'en sers pas pour tenir le dossier informatisé de mes clients. Je continue à écrire mes commentaires à la main sur des fiches blanches que je range dans de vieux tiroirs. Il existe des logiciels destinés aux cabinets médicaux, mais ils paraissent apporter plus de servitude que de confort. Je donne évidemment un avis non autorisé puisque je n'en utilise pas. A première vue ils posent de sérieux problèmes de sécurité : il faut recopier chaque soir les disquettes ou le disque dur, conserver une copie-papier pour les jours de panne d'électricité, donc sauvegarder en permanence les documents. Ici l'informatique n'est pas un avantage mais un gadget pour initiés. Son seul intérêt est d'offrir la possibilité de faire des statistiques sur les cas traités.

Par contre l'ordinateur est un esclave fidèle quand vient le moment du diagnostic thérapeutique. Il donne un pouvoir supplémentaire sur la maladie. L'homéopathie, née à la fin du XVIIIᵉ siècle, était faite pour l'ordinateur. Un des premiers à avoir pris conscience de ce fait est mon ami Robert, médecin homéopathe à Clermont-Ferrand. Un jour de 1980 (à peu près l'équivalent de l'ère secondaire en ce qui concerne l'informatique), je vis chez lui un ordinateur Apple *II*. Et je l'entendis parler de RAM, de ROM, d'enregistrements, de répertoire informatisé. Je le connaissais suffisamment pour savoir qu'il ne pouvait avoir pris une mauvaise piste, même si je ne comprenais pas toutes ses explications. Il apprit la technique des ordinateurs, le langage Pascal (pour que son travail puisse être lu par tous les microordinateurs), l'anglais. Il entra, avec toute sa famille, des données à n'en plus finir. Un jour nous pûmes faire ensemble des diagnostics étonnants.

J'ai toujours à portée de la main les deux disquettes d'Homéorep, son logiciel. Je m'en sers à chaque fois que le cas n'est pas clair. Au début je faisais le contraire : j'utilisais Homéorep quand j'étais sûr du traitement. Cela me permettait d'évaluer la technique informatique, de voir si elle était fiable.

Elle l'était. Elle l'est à chaque fois que j'entre dans mon Macintosh les bonnes données, c'est-à-dire les symptômes appartenant en propre à mon patient. Ainsi l'ordinateur, doué d'une grande capacité de mémoire et d'une vitesse étonnante (environ deux mille informations simples sont traitées par seconde) est un auxiliaire précieux, aussi efficace qu'un boulier chinois, et beaucoup plus rapide.

Il ne s'agit pas de lui faire une confiance aveugle, d'autant plus qu'il fonctionne seulement comme un cerveau gauche. L'homéopathe débutant doit se servir du logiciel homéopathique avec prudence, ne pas négliger l'étude de la Matière médicale et s'assurer que, lorsqu'il entre un cas au clavier, l'ordinateur ne lui cache pas le patient. C'est un objet et non un personnage, une machine aveugle et bête. Elle libère la créativité de l'homéopathe déjà confirmé, le pousse sur le chemin de l'ascèse, car la nécessité d'être efficace l'oblige à choisir en permanence l'essentiel.

Un jour des médecins de Sarlat m'ont proposé d'écrire un logiciel avec eux. La partie informatique était prête. J'avais seulement pour tâche d'introduire mes propres données. J'ai d'abord hésité, par amitié pour Robert. Et puis je me suis dit que deux approches valaient mieux qu'une. Il me suffisait de réaliser une présentation complètement différente de la sienne. Et maintenant nous avons « Aidehoméo » qui plaît à mes confrères, surtout les jeunes. Il est conçu selon les principes de l'intelligence artificielle, c'est-à-dire qu'il fait non seulement des comparaisons, des calculs de pondération, mais suggère aussi un contre-interrogatoire du patient. Je m'en sers rarement en clientèle, car il est le reflet de mes propres connaissances. Cependant je l'étudie aussi souvent que possible pour vérifier son efficacité, et je n'ai pas de surprise désagréable.

Le Mac est disposé dans mon cabinet de telle sorte que le client puisse voir l'écran. Je fais devant lui du « DAO », du diagnostic assisté par ordinateur, sans jamais oublier qu'il s'agit, en fin de compte, de traiter un malade. Je ne fais pas de l'informatique pour le plaisir, en tout cas pas en première intention. La modernité n'est pas une religion, elle permet seulement une meilleure conquête, et aussi un meilleur partage, du savoir. L'esprit humain reste le maître. Le jeu intellectuel n'est qu'un « plus » : je ne le refuse pas mais je fais volontairement semblant de l'oublier.

Homéorep[1] est basé sur le répertoire de Bœnninghausen (1785-1864). Bœnninghausen était un botaniste hollandais, également agronome, et docteur en droit. En 1827 il tomba gravement malade et s'apprêtait à mourir car l'allopathie ne pouvait rien pour lui, quand un de ses amis médecins le sauva en le soignant par l'homéopathie. Il se mit alors à étudier et à appliquer la méthode. Etabli à Münster, en Westphalie, il obtint de telles guérisons que le roi Frédéric-Guillaume l'autorisa à pratiquer librement la médecine. Son Répertoire est très connu dans les milieux homéopathiques, mais peu utilisé car d'application trop difficile. Il faut entre deux et trois heures pour faire un cas. Bœnninghausen nous demande en effet de reconstituer les symptômes à partir de leurs éléments de base (un peu l'équivalent de ce qu'on appelle en informatique la concaténation). Une douleur constrictive de l'abdomen, provoquée par l'absorption de gras, améliorée quand le sujet s'allonge sur son lit, relâche sa ceinture et appuie sur la région douloureuse, se retrouvera en prenant les rubriques « intérieur de l'abdomen » (133 médicaments possibles), « constriction intérieure » (126 médicaments), aggravation par le gras (40), amélioration en desserrant les vêtements (24),

---

(1) HOMEOREP. Docteur Robert Bachelerie, 22 place de Jaude - 63 000 Clermont-Ferrand.

amélioration quand on est allongé (104), amélioration par la pression externe (86). La comparaison de ces rubriques reconstruit le cas et permet d'éliminer les médicaments qui ne le « couvrent » pas complètement. Presque des mathématiques : le diagnostic du médicament homéopathique est la recherche d'un sous-ensemble. Avec Homéorep il m'a fallu moins de deux minutes pour trouver que six médicaments peuvent convenir. Une manœuvre supplémentaire et je sais instantanément que deux d'entre eux, Bryonia alba et Nux Vomica sont mis en avant par l'ordinateur comme étant les plus marqués pour le cas. Il ne me reste plus qu'à examiner mon patient pour choisir entre les deux. Il se trouve qu'il refuse absolument de bouger au moment des douleurs, ce qui est une modalité caractéristique de Bryonia.

Il n'est pas étonnant pour les homéopathes qu'un livre du XIXᵉ siècle trouve encore une application pratique aujourd'hui, ceci est même très caractéristique de l'homéopathie. Nous nous adressons aux possibilités réactives de l'être humain, lesquelles n'ont aucune raison de changer au cours du temps. Les principes généraux restent les mêmes, seule la méthode d'approche a pu s'affiner.

Comment je prends ma décision

Je ne me fie qu'en partie aux éléments de diagnostic que me proposent les livres et les logiciels. Si je veux être à peu près sûr de mon choix, j'ai besoin d'un supplément de réalisation directe, et c'est le moment où il vaut mieux ne pas me parler. J'ai mon propre rythme intérieur, le casser est votre risque. Certains clients ont tant de questions à poser que je dois leur répondre et réfléchir en même temps. Je fais donc fonctionner mes deux cerveaux. Tout se passe comme dans un ordinateur central sur lequel sont branchés plusieurs terminaux : les utilisateurs croient travailler simultanément, alors que la machine n'assure qu'une fonction simple à la fois, mais à une rapidité telle qu'elle donne l'impression d'être multi-tâches. Mon intellect décide, une fraction de milli-seconde plus tard ma sensibilité lui indique s'il est sur la bonne voie, pour finir je réponds, s'il le faut, à mon interlocuteur.

En homéopathie rien n'est codifié de manière absolue. Les symptômes, pris comme un ensemble significatif, sont nos maîtres et nous passons un examen à chaque nouveau client. Une libre voix intérieure me souffle que Bryonia alba (le navet du diable) est indiqué, que l'état de mon malade « colle » bien à ce médicament. Quelque chose de plus que la simple connaissance de la Matière médicale, une sensation, des centaines de cas antérieurs de Bryonia, sont avec moi pour dire que je tiens le simillimum. Mon hémisphère droit a parlé. Tous les moyens sont bons lorsqu'il s'agit de prendre une décision aussi sérieuse que de traiter un patient.

Une prescription différente

Une demi-heure ou trois quarts d'heure ont passé depuis le début de la consultation, et j'ai le sentiment d'avoir fait le tour des plaintes de mon patient. J'écrivais autrefois mon ordonnance au stylo à bille. Avant même d'y jeter un coup d'œil certains clients partaient du principe qu'ils n'allaient pas pouvoir me relire, tellement il est conventionnel de dire que les médecins écrivent mal. Avec mon Mac je leur ai ôté cet argument. Un exemple : Eric, 20 ans, est venu me consulter mais ne sait pas trop pourquoi (ou fait semblant) : « Je suis là parce que mes parents ont pris rendez-vous pour moi. » Coiffé en brosse, plutôt sur la réserve, il attend que je mène l'entretien, ce qui après tout est mon rôle. Je laisse le silence s'alourdir, sans trop, juste le temps de lui donner envie de répondre à ma prochaine question. Il a une chemise avec de grosses fraises, une ceinture de cow-boy sur un jean serré. Il est venu me voir pour de vagues maux de gorge (je vais vite me rendre compte qu'ils sont d'origine nerveuse) et des verrues planes du front. Le pronostic est très favorable. Malgré son apparence désinvolte, Eric a besoin qu'on l'écoute et ma recherche de symptômes caractéristiques est un bon prétexte pour établir la communication. Une demi-heure plus tard je tape son ordonnance. Il est tout de suite en phase avec l'ordinateur, me pose quelques questions techniques auxquelles je réponds volontiers. Je lui explique que j'aime remettre une ordonnance à la présentation impeccable, avec même quelques effets typographiques, sans que ce soit mon but principal. Il admet qu'une ordonnance facile à lire est pratique pour le pharmacien, mieux suivie par le patient, et que seul l'ordinateur permet ce résultat. Sans doute pour me faire plaisir il ajoute cette petite phrase : « Je me demande si ceux qui ont une belle écriture sont vraiment des médecins. » Revenez, monsieur Flaubert, les idées reçues vous réclament.

— N'avez-vous pas mal aux yeux à toujours regarder votre écran ? me demande Marie-Catherine, une gentille secrétaire de 54 ans.
— Non. Voyez vous-même, il est dans une position où les reflets sont impossibles. De plus je fais varier la luminosité en fonction de l'éclairage extérieur.
— Le mien a aussi cette possibilité, et pourtant il me donne mal à la tête. Il est vrai que vous avez un travail intéressant.
Elle met en cause son appareil de traitement de texte, c'est sa manière de se plaindre de la vie. Jamais les ordinateurs ne peuvent créer de trouble de vision, par contre ils révèlent les défauts latents.

Crépitement de l'imprimante : mon texte apparaît en caractères New York 12, avec le nom des médicaments en gras. Je me demande si je ne vais pas finir par oublier ma propre écriture. Dernière concession à la civilisation du stylo, je continue cependant de signer.
— Vous ne m'avez pas donné ma consulte (terme lyonnais pour « ordonnance »), me dit une personne âgée au moment de me quitter.
Elle a un symptôme très particulier et qui la gêne

beaucoup : elle ne peut aller seule dans le centre ville. Sa fille l'attend au volant d'une voiture, en double file devant mon immeuble.

— Regardez, l'ordonnance est pliée avec la feuille de sécurité sociale.

— C'est vrai ! J'avais cru que c'était un imprimé. Vous devez donner des milliers de signatures. Heureusement que votre profession ne se borne pas à ça !

Incident mineur. Je le note car il me fera me souvenir de cette personne. Et je songe aux pays où la médecine est avant tout administrative.

Il n'y pas d'ordonnance-type en homéopathie. On pourrait croire que les sujets ayant la même maladie présentent des symptômes identiques, et vont tous recevoir le même médicament. Ceci n'est pas systématiquement vrai. Certaines séries de signes se retrouvent d'un patient à l'autre, ce sont les signes objectifs, qui permettent le diagnostic de la maladie. Exemple : une éruption lisse et rouge accompagnée de fièvre élevée et de taches blanches à l'intérieur de la bouche fait penser à la rougeole. A ce stade du raisonnement médical l'homéopathe ne peut pas déterminer le traitement. Il lui faut encore les symptômes particuliers à chaque malade. Un enfant qui a très soif, les yeux brillants, les lèvres rouges, aura des préparations de Belladona pour sa rougeole. Un autre qui n'a pas soif, avec une éruption plutôt rosée et pâle, recevra Pulsatilla. C'est ce que nous appelons l'individualisation des cas : nous donnons à chacun, par nécessité, le médicament capable de provoquer les troubles qu'il présente, avec leur expression particulière et originale.

Hors de cette règle il n'y a pas d'efficacité. Ma fille Simone avait quatre ans et se trouvait ce jour-là sur mes genoux. Au moment où elle ouvre la bouche pour me parler elle est saisie d'un accès de toux et expectore un peu de mucus qui m'arrive sur la figure. Dans les jours qui suivent le tableau se complète, la coqueluche de Simone ne fait aucun doute. Devant ses symptômes très précis : toux incessante et rapide comme une mitraillade, figure rouge, mucus abondant, je lui prescris Corallium rubrum, un médicament à base de corail rouge.

Je me mets à tousser à mon tour. Je n'ai pas eu la coqueluche dans l'enfance, et voilà qu'à plus de trente ans j'en suis victime, quelques jours après ma fille. Le microbe est forcément le même puisque Simone, sans même sans rendre compte, m'a littéralement craché à la figure. Cependant je développe des symptômes différents : toux, nausées à la fin de la quinte, hypersalivation, chatouillement au niveau de la bifurcation trachéale. Je guéris avec Ipeca, une racine brésilienne. Un même microbe : deux médicaments, les individualités ont réagi chacune à leur manière. Toute l'homéopathie est dans cette histoire.

— Alors pourquoi trouve-t-on vos livres dans les supermarchés ? m'ont demandé les étudiants en pharmacie auxquels je la racontais. Vous y donnez la même recommandation pour tout le monde.

D'abord mes conseils sont pour des cas superficiels où il y a moins de différence d'une personne à l'autre. Et aussi je dirai qu'il y a un certain degré d'individualisation dans mes livres, sous forme de diverses propositions qui se suivent ligne après ligne, parmi lesquelles le lecteur retient celle qui convient à son cas.

Ces noms latins

Les noms latins des médicaments homéopathiques intriguent parfois. Serais-je quelque Diafoirus ? Je n'ai pas le bonnet pointu mais je le mérite peut-être ? « Je suis prêt à assumer », comme on dit depuis une certaine conférence de presse du général de Gaulle (juin 1958). Les noms latins des médicaments sont utiles dans les rencontres internationales, ils permettent de se comprendre entre médecins de différents pays. Ils viennent du fait que depuis l'époque d'Hahnemann nous utilisons les mêmes médicaments. De son temps les médecins allopathes employaient eux aussi des noms latins. Pour eux est venu depuis le temps des médicaments de synthèse, des noms génériques ou commerciaux. Nous avons gardé les noms latins parce qu'il n'y a pas eu de solution de continuité d'une génération à l'autre.

Les trois règnes

Les médicaments homéopathiques viennent des trois règnes de la nature. Les plantes abondent : Pulsatilla nigricans, la gentille coquelourde, dont la tête est si pesante qu'elle penche un peu vers la terre et dont les aigrettes oscillent dans le vent. Ignatia, la fève de St-Ignace, qui nous vient des Philippines et rappelle l'implantation des Jésuites dans cette région

79

du globe. Lycopodium clavatum, ou « pied de loup »
dont nous employons les spores. Jusqu'à leur expérimentation par Hahnemann les spores de cette
plante étaient considérées comme inertes.

L'homéopathe utilise aussi les animaux, la plupart
du temps leur corps entier, comme Cantharis, la
mouche de Milan. Le marquis Donatien de Sade en
donnait aux filles, à titre d'aphrodisiaque, dans des
bonbons anisés, ce qui fut pour lui le début d'une
longue série de péripéties (fuite à l'étranger, arresta-
tions, évasions). D'autres animaux nous servent sous
forme d'extraits. C'est le cas de Lachesis mutus que
nous utilisons depuis 1828, date de son expérimentation par Hering. Il s'agit du venin d'un serpent qu'on
trouve en Amérique du Sud (Nicaragua, Equateur,
bassin amazonien). Son nom est celui d'une des trois
Parques, celle qui décidait de la longueur de la vie.

L'histoire de Constantin Hering, une des grandes
figures de l'homéopathie, mérite d'être contée. Né en
Saxe le 1er janvier 1800, il fit ses études de médecine
à Dresde, puis à Leipzig. Son maître le professeur
Robbi le chargea d'écrire un ouvrage contre l'homéopathie. Hering eut l'idée saugrenue, et qu'on ne
lui demandait surtout pas, d'étudier l'homéopathie
avant de la critiquer. Il se rendit donc auprès de
Hahnemann, lut tous les livres parus à l'époque sur
l'homéopathie, essaya les médicaments et, à sa surprise, obtint des résultats positifs. Un jour il se blessa
au cours d'une dissection, ce qui était toujours
mortel à l'époque, et fut sauvé par l'homéopathie.

Il se mit donc à pratiquer la nouvelle médecine, ce
qui lui valut d'être exclu de la Société de Pathologie.

Plus tard il séjourna en Guyane hollandaise, à Paramaribo. C'est là qu'il expérimenta le venin du serpent Lachesis mutus (muta pour les puristes de l'herpétologie). Il en recueillit 10 gouttes sur du sucre de lait, qu'il tritura pendant une heure. De la poussière très fine s'échappa de la préparation et Hering en inhala malgré lui. Il ressentit un grattement dans la gorge et au niveau du cou une douleur qui augmentait à la pression. Quelques heures plus tard il eut le pressentiment d'un grand malheur. Vers le soir « disposition tout à fait inaccoutumée à une jalousie qui tenait presque du délire, et aussi folle qu'insurmontable. Etat de somnolence avec loquacité. Vive chaleur à la paume des mains et à la plante des pieds ». Ce sont les principaux symptômes de Lachesis, et nous les utilisons encore pour nos diagnostics. Hering garda toute sa vie de cette expérience une difficulté à supporter les cols cassés.

Plus tard (1833) il se fixa aux Etats-Unis, à Philadelphie, où il pratiqua l'homéopathie pendant 47 ans et fonda divers collèges et instituts homéopathiques. Il est le père de l'homéopathie américaine. Il nous a laissé une Matière médicale en 10 volumes encore consultée de nos jours. Je l'utilise souvent pour mes recherches personnelles.

Les homéopathes se servent aussi des minéraux : parmi les plus couramment prescrits (lorsque les patients ont les symptômes correspondants) : Sulfur, le soufre ; Calcarea carbonica, la couche moyenne de la coquille d'huître ; Graphites, la mine de plomb. Contrairement à une croyance encore largement répandue, l'homéopathie est donc loin d'être une

« médecine par les plantes ». Il ne faut pas confondre homéopathie et phytothérapie. Celle-ci n'est d'ailleurs rassurante que par l'origine de ses médicaments. La digitale, la belladone, par exemple, doivent être maniées avec précaution : la phytothérapie est de l'allopathie faite avec des plantes.

Les biothérapiques

En dehors de ces catégories de médicaments tirés des trois règnes de la nature, nous utilisons assez souvent des biothérapiques, qui sont des « médicaments préparés à l'avance et obtenus à partir de produits d'origine microbienne, non chimiquement définis, de sécrétions ou d'excrétions pathologiques ou non, de tissus animaux ou végétaux et d'allergènes ». Il s'agit de substances d'origine pathologique ou responsables de pathologie, préparées comme les autres médicaments homéopathiques. L'homéopathe prescrit ainsi un médicament censé contenir l'agent qui a provoqué la maladie : microbe, vaccin, sérum, tissu organique.

Les biothérapiques sont très utiles, à titre complémentaire des autres médicaments. Une dilution de colibacille ne représente pas le traitement exclusif d'une infection urinaire due à ce microbe. Elle aide à mieux s'en débarrasser. En effet seule la loi de similitude, au sens strict, permet une efficacité maximale. Colibacillinum représente une préparation homéopathique de l'agent causal de la maladie, et non une substance correspondant à l'ensemble des symptômes du cas. Elle « couvre » la maladie, mais pas le malade.

Les isothérapiques

Assez proches des biothérapiques par l'esprit, les isothérapiques sont également des préparations de l'agent causal de la maladie. Il s'agit de produits particuliers à chaque malade (alors que les biothérapiques sont les mêmes pour tout le monde) et préparés à partir des souches qu'il fournit. On peut faire des prélèvements sur lui (auto-isothérapiques) : sang, urine, excrétion muqueuse, etc ; ou faire préparer un médicament à partir de produits extérieurs au malade, mais lui ayant causé des troubles (hétéro-isothérapiques) : peinture, craie, poil d'animal, poussière de sa maison, etc. Comme les biothérapiques ils représentent un traitement adjuvant[1].

Ainsi avons-nous à notre disposition de nombreux médicaments. Les laboratoires homéopathiques préparent environ 3 000 substances, dont 1 000 sont

(1) Un bon exemple d'isothérapique est le traitement anti-tabac. Remettre au phamacien une cigarette, un cigare ou un peu de tabac à pipe de la marque utilisée régulièrement. Demander des tubes d'ISOTHERAPIQUE 9 CH. Prendre trois granules à chaque envie de fumer. Cette méthode est très efficace sauf lorsque les personnes abandonnent les granules pour continuer à fumer. Noter également qu'on ne grossit pas si l'on ne mange pas plus qu'auparavant. L'embonpoint vient d'une recherche de satisfaction orale compensatoire. Il ne faut s'engager dans le projet anti-tabac que si l'on sait se motiver.

fréquemment utilisées, 300 d'entre elles étant de prescription courante.

De deux mots...

Médicament ou remède ? Les deux mots ne sont pas équivalents : une substance est un médicament lorsqu'elle est à la disposition du médecin dans un but thérapeutique. Si on parle de remède on infère qu'elle va guérir le patient. Il y a entre ces deux mots une différence d'usage, mais non de nature : un médicament est destiné à devenir un remède, malgré le caractère vieillot de ce mot. Soyons modestes si possible et parlons, en ce qui concerne la pratique homéopathique, de médicament.

Tous ces « CH »

Pourquoi tous ces « CH » sur l'ordonnance ? Les médicaments homéopathiques sont préparés sur le mode de l'infinitésimal : « CH » indique la Centésimale Hahnemannienne que le pharmacien doit délivrer. Avec la « 1 CH », le médicament est dilué au centième ; « 2 CH » est une dilution au centième de la 1 CH, c'est-à-dire au dix millième ; 3 CH correspond à une dilution au centième de la 2 CH, soit à un millionième (10^{-6}). On utilise couramment en homéopathie des dilutions 9 CH (10^{-18}), 15 CH (10^{-30}), 30 CH (10^{-60}). Je dois faire un effort pour retrouver mon étonnement devant ces chiffres : les préparations auxquelles ils correspondent sont actives, je le constate quotidiennement depuis vingt ans.

Un professeur de physique, venu me voir pour une bronchite traînante, me dit à la fin de sa consultation :
— Il n'y a plus rien dans une 9 CH, c'est scientifiquement prouvé.
Si l'on ne peut, dans l'état actuel de nos connaissances, retrouver de molécules dans la neuvième centésimale d'Hepar sulfuris calcareum (le foie de soufre calcaire) que je viens de lui prescrire, cela ne veut pas dire que la préparation est vide. Ce « Il n'y a plus rien » perd toute signification lorsqu'on admet l'efficacité de l'homéopathie. Je ne fais pas partie de ceux qui veulent que les médicaments homéopathiques aient une action désincarnée, ésotérique, quasi divine. Ils renferment un principe actif que nous ne connaissons pas encore. « Scientifiquement prouvé » ? La science est orgueilleuse. Le professeur est venu me voir malgré sa réserve intellectuelle, et sa bronchite a guéri rapidement.

La préparation du médicament homéopathique ne comporte pas seulement une série de dilutions. Entre chacune des dilutions au centième, on secoue le flacon contenant le mélange à l'aide d'un appareil automatique. C'est ce que nous appelons la dynamisation. Elle sert à homogénéiser le produit, et aussi à augmenter sa puissance d'action. Si on omet ce temps le médicament n'agit pas.
La dynamisation se fait dans une enceinte à flux laminaire. Il s'agit d'une grande hotte de verre dans

laquelle on a fait un vide poussé. Ainsi, au moment où l'on agite le flacon aucune molécule de l'air ambiant ne peut s'inclure dans le produit en préparation. Lorsqu'on visite un laboratoire homéopathique on est intrigué par la manipulation de toute une série de petits flacons dans l'enceinte à flux laminaire. C'est le temps fort de la visite.

Comment le médecin choisit la dynamisation

La loi de similitude m'a permis de sélectionner la substance à prescrire. C'est elle également qui me dicte le numéro de la dynamisation : plus la similitude est nette, plus il me faut « monter ». Si, par l'interrogatoire et l'examen de mon patient, je pense tenir le bon médicament, je donne une 9 CH ; sinon une 5 CH a ma préférence. On ne peut pas dire qu'une 9 CH soit « plus forte » qu'une 5 CH, elle a seulement une action plus profonde et plus durable, mais il faut pour la donner avoir déterminé avec certitude le médicament approprié, le simillimum. Il n'est pas question de faire des calculs plus ou moins mathématiques avec l'homéopathie : certaines personnes croient que trois granules d'une 4 CH équivalent à une dose du même médicament en 12 CH. « Trois fois quatre douze » n'a pas cours chez l'homéopathe.

Après la loi de similitude, la nature de la maladie est le second critère de choix de la dynamisation. Pour une maladie lésionnelle, terre à terre, organique, une basse dynamisation (4 ou 5 CH) s'impose.

Si la maladie est fonctionnelle (les organes travaillent mal sans être le siège d'une quelconque lésion), ou psychique, une haute dynamisation (15 ou 30 CH) sera préférable.

Lorsqu'il veut avoir une action brève et superficielle le médecin prescrit des médicaments dilués et dynamisés sur le mode décimal, caractérisés sur l'ordonnance par l'abréviation « DH » (Décimale Hahnemannienne). On les utilise plus rarement que les CH, sauf en Allemagne où ils sont traditionnels.

Inoffensif ?

Le médicament homéopathique est sans toxicité, c'est pourquoi sa posologie est la même du nourrisson au vieillard. De plus, lorsqu'un enfant avale par jeu le contenu d'un tube de médicament homéopathique, il ne se passe rien de fâcheux. A partir de la 3 CH il n'y a même pas besoin de téléphoner au médecin ou au centre anti-poison (en dessous, il vaut mieux le faire par précaution).

Certains demandent alors quelle peut être l'efficacité d'un médicament réputé inoffensif. Ils disent que sans effet secondaire il n'y a pas d'action possible, c'est du moins ainsi qu'on raisonne en allopathie. Les opposants croient l'argument imparable. Lorsque je donne une conférence, il y a toujours quelqu'un dans l'assistance pour poser cette question. J'ai une réponse directe à fournir, et qui est à l'avantage de l'homéopathie. Le médicament homéopathique n'est pas inoffensif au moment de son expérimentation. La substance de base est toxique (ou sub-toxique), puisqu'elle provoque des symptômes sur l'homme sain.

Nous considérons ces symptômes comme « réactionnels », c'est-à-dire provoqués par la présence de la substance en question (par exemple le phosphore à dose sub-toxique, non mortelle) dans l'organisme humain. C'est le mode infinitésimal de préparation qui enlève à la substance de base toute agressivité, en lui conservant sa puissance d'action. Certains ne peuvent croire qu'un médicament aussi dilué puisse avoir un rôle dans l'organisme. La réponse est qu'il agit par sa présence et non par sa masse. C'est une sorte de catalyseur, d'agent de liaison entre l'organisme et ses possibilités de lutte. Mieux : plus le médicament est dilué (plus le CH est élevé) plus il est actif. Mes clients ne manquent pas de me poser des questions sur ce point particulier, lorsqu'ils constatent, au cours de leur deuxième consultation, que je leur donne le même médicament en augmentant sa déconcentration. Je reconnais qu'il y a de quoi frapper l'imagination. Certains sont sceptiques, mais se voient obligés de s'incliner devant l'amélioration qu'ils constatent.

Un ou plusieurs médicaments ?

Combien vais-je inscrire de médicaments sur l'ordonnance ? Certains homéopathes sont unicistes, d'autres pluralistes. Les premiers ne donnent qu'un médicament, les seconds plusieurs. Ils appartiennent à des écoles différentes, celle qui prédomine en France étant l'école pluraliste. Personnellement j'enseigne à mes élèves qu'il faut s'adapter aux circonstances : si on le peut on ne donne qu'un médicament, ce qui permet de contrôler à la fois le traitement et ses propres connaissances. Mais souvent la maladie est difficile à cerner et la prescription de deux ou trois médicaments permet d'assurer le résultat. Le pluralisme doit être raisonné et raisonnable, et le nombre de médicaments inversement proportionnel à la compréhension qu'on a du cas à traiter. D'ailleurs les unicistes ne donnent qu'un médicament à la fois, mais ont besoin de plusieurs médicaments successifs pour arriver à guérir leurs patients.

Certains médecins, et la plupart des guérisseurs, conseillent des traitements où figurent de nombreuses substances (plusieurs dizaines à mélanger dans des flacons). Paraphrasant un vieil adage, ils semblent dire : « Prenez-les tous, Dieu y reconnaîtra les siens. » Ce complexisme est un aveu d'impuissance. Il s'agit d'une mauvaise allopathie pratiquée avec des médicaments homéopathiques.

Le commentaire de l'ordonnance

La consultation n'est pas encore terminée. Il me reste à faire le commentaire de l'ordonnance. Le « comment taire » dirons certains. Je crois, par ce livre prouver que le contraire est possible.

Vous voulez d'abord savoir de quoi vous souffrez.

Ce souci est légitime et la plupart du temps le diagnostic est simple à faire, cependant il arrive qu'il n'y ait pas de réponse précise. J'explique si je peux, comme je peux. Si je ne dis rien c'est par pudeur, pas la mienne : pour respecter la vôtre. Si je parle c'est pour dire la vérité, pour traquer (et non truquer) la maladie. De toute manière je ne réponds pas intellectuellement aux questions, je n'essaie pas d'expliquer à tout prix. Et cependant je crois en vous. Si vous dites que vous êtes malade, c'est que vous l'êtes et je vais trouver un traitement.

En homéopathie on peut soigner quelqu'un sans savoir de quoi il souffre. Il y a toujours des symptômes, donc des possibilités de secourir l'organisme qui les a produits. Il n'y a pas de malade imaginaire. Il y a, tout au plus, des maladies imaginaires, mais l'homéopathe a quand même la possibilité de les traiter. On préfère établir un diagnostic de la maladie. S'il s'avère impossible, la loi de similitude permet quand même de trouver le diagnostic du médicament. Bien plus que le nom de votre maladie, c'est son traitement que je vous explique. Quand vous êtes souffrant vous avez surtout une maladie d'Argentum nitricum, de Pulsatilla, ou d'Ignatia amara. Si en même temps je suis à même d'établir que vous avez un ulcère d'estomac, un gros rhume, une dépression nerveuse — ou rien — je le ferai. Si je ne peux vous ranger sous une étiquette précise, je dirai : « Je ne connais pas le nom de votre maladie. » Ne croyez pas à de l'humilité de ma part, j'ai le même ego que n'importe qui. Si j'agis ainsi, c'est parce que la sincérité est aussi une arme thérapeutique. J'ajouterai cependant : « Prenez Argentum nitricum, Pulsatilla, ou Ignatia. » Vous guérirez si mon diagnostic thérapeutique est correct.

« Pourquoi m'avez-vous prescrit Nux vomica ? » Question simple, mais la réponse n'est pas toujours facile à donner. La seule qui soit vraiment honnête : « Pour l'ensemble de vos symptômes », est trop évasive. Le patient pourrait la considérer comme une fuite. Il aimera plus volontiers : « Pour votre gastrite, votre constipation et vos hémorroïdes ». L'association est, si je puis dire, naturelle. Mais si la personne a reçu « Nux » parce qu'elle souffre d'éternuements à répétition, de douleurs lombaires et de nausées après les repas, elle aura peut-être du mal à accepter qu'un même médicament puisse couvrir cet ensemble a priori disparate. Et cependant ces trois troubles ont été observés ensemble chez les sujets qui ont expérimenté Nux vomica.

Certains clients ne me croient pas quand je dis :
— Vos rhumatismes, rien de grave. Les radiographies sont rassurantes. Un petit traitement suffira à vous guérir.
— Je ne sais pas...
Cette réponse trahit le doute. Sur l'homéopathie, ma compétence, mes dons de persuasion. Je fais un petit effort et je souris tout de même à mon patient. Je ne prétends pas tout savoir mais j'ai moins de chance que lui de me tromper.

L'homéopathie est difficile à expliquer. Elle échappe aux normes convenues, aux raisonnements conventionnels, ce qui peut apparaître à certains comme une faiblesse. Pour moi c'est une force car elle donne au médecin de plus larges possibilités thérapeutiques et au malade, sans qu'il sache d'emblée pourquoi, un espoir différent.

Les conseils annexes

Venons-en à des recommandations susceptibles d'aider le traitement. Faut-il faire un régime ? Personnellement je n'en conseille que pour certaines maladies où il est indispensable, comme l'hypertension artérielle, la défaillance cardiaque, la colite, l'ulcère gastro-duodénal. Dans les autres circonstances je réponds par une phrase qui est devenue presque un rituel pour moi : « Le meilleur régime est celui que vous établissez vous-même. » Observez-vous. Pourquoi vous interdirais-je les tomates si elles passent bien, ou les carottes, ou la confiture de rhubarbe si vous l'aimez, si vous la supportez facilement. Elle vous rappelle vos vacances à la campagne chez votre grand-mère ? Prenez-en. Ce n'est pas de la démagogie, tout au plus du sens pratique.

Il y a cependant des circonstances, spécifiques à la consultation homéopathique, dans lesquelles le régime est indiqué. Je sais par exemple que le sujet de Pulsatilla ne supporte pas le gras, que celui de Lycopodium digère mal les huîtres. J'aurai alors tendance à interdire ces aliments, d'une manière « éclairée » par la loi de similitude. A l'opposé les « crises de foie » de Sepia sont améliorées par du jus de citron dans un peu d'eau chaude. Le nom du médicament à prescrire est le meilleur guide pour certains conseils diététiques.

Même chose pour les règles d'hygiène : le climat approprié pour les vacances peut être déterminé d'après le traitement. Les sujets de Natrum muriaticum sont aggravés au bord de la mer (surtout par un séjour prolongé), j'ai donc tendance à la leur interdire. Les sujets de Pulsatilla vont mieux au grand air. Les Sepia ont besoin d'exercice. Une fois de plus c'est la loi de similitude qui permet d'être affirmatif et d'individualiser les cas.

Spécial soleil

A propos des vacances, il y a cependant un conseil que l'on peut donner à tout le monde, celui d'être prudent avec l'exposition au soleil. Me voici à contre-courant, refusant l'équation universelle : vacances = mer + soleil. Comme tout le monde j'aime le soleil. J'ai du plaisir à me promener au bord du lac de la Tête d'or, quand le soleil printanier me fait oublier l'agitation du centre ville — à découvrir le Taj-Mahal en plein midi, brillant de tout l'éclat de ses pierres semi-précieuses sous le soleil d'Agra — à admettre le soleil comme symbole du père dans les dessins d'enfants. Je reconnais que le soleil est indispensable, et je me sens souvent en accord avec lui. Il est notre source de chaleur et de lumière, notre provision d'énergie. Au delà de tout lyrisme, le soleil est notre vie.

Malheureusement, dans notre société, le soleil devient peu à peu un prétexte, un gadget. Le bronzage est un signe extérieur de jeunesse, de santé, permettant d'afficher un statut social (« Voyez comme j'ai les moyens de faire ce qu'il faut pour bronzer. ») Beaucoup de gens s'exposent au soleil tout en paraissant se moquer de lui. Plus qu'au plaisir sensuel, et surtout actuel, d'être presque nus au soleil, ils songent à la rentrée, aux concours de bronzages qu'ils vont pouvoir faire avec les amis et collègues de travail. C'est du moins l'impression qu'ils donnent, allongés sans rien faire sur une plage trop peuplée. Pour certains le best-seller de l'été n'est pas le nouveau Sulitzer, mais le soleil. Le culte du soleil est partout : on bronze à New York sur le toit d'un gratte-ciel à l'heure du déjeuner, on prend un bain de soleil sur la moindre plage de la Côte-d'Azur pour mieux ressembler à tout le monde. S'il le faut on avale du soleil-mensonge (les produits à base de carotène), on s'expose aux effets anonymes d'un appareil à ultra-violets. On joue, à tout prix, le jeu de la satiété de consommation.

Si ce n'était dangereux je n'en parlerais pas, mais tout dans la vie est agression ou thérapeutique, et le soleil n'échappe pas à cette règle. Le bronzage est une réaction de la peau qui cherche à se protéger contre les rayons les plus durs. Notre organisme sait que le soleil peut être nocif, tous les médecins, homéopathes ou non, le disent, et cependant on refuse de nous entendre. Le soleil vieillit prématurément le corps. Il est, sans appel, responsable de la recrudescence actuelle des cancers de la peau.

Les conseils sont simples[1] : bronzer légèrement afin de mieux profiter de la plage, d'être en contact avec la nature, de pouvoir rapidement faire autre chose que de bronzer. Eviter toute exposition intempestive qui dessèche la peau, la fripe comme une pomme oubliée. Prendre le soleil, mais le rendre.

Le « sirop pour la toux »

On me demande souvent au moment de me quitter un médicament pour des événements circonstanciels, comme par exemple :

— Pouvez-vous me marquer un sirop pour la toux ? J'en aurai certainement besoin cet hiver.

Est-ce que « sirop » est synonyme de « traitement de la toux » ? Les médicaments homéopathiques

(1) Voici quelques conseils destinés à ceux qui ont des ennuis au soleil :
Traitement préventif
En cas d'allergie habituelle au soleil, on peut prendre :
- NATRUM MURIATICUM 12 CH, une dose par semaine en commençant un mois avant la saison chaude, et en continuant jusqu'au début de l'automne.
Traitement curatif
Simple coup de soleil :
- BELLADONA 9 CH, trois granules trois fois par jour, jusqu'à amélioration, si la peau est rouge et douloureuse,
- CANTHARIS 9 CH, trois granules trois fois par jour, jusqu'à amélioration, en cas de brûlure avec cloques.
Urticaire ou eczéma solaire :
- APIS MELLIFICA 9 CH, trois granules trois fois par jour, jusqu'à amélioration.
Insolation avec malaise :
- GLONOINUM 9 CH, trois granules toutes les demi-heures, jusqu'à amélioration. On peut glisser sans danger les granules dans la bouche d'une personne inconsciente.

simples, à condition d'être soigneusement sélectionnés d'après la loi de similitude, agiront aussi bien qu'un sirop. Pour choisir il me faut imaginer la future toux de mon client. Sera-ce la toux aggravée par le mouvement de Bryonia ? La toux dès qu'on s'allonge de Drosera ? L'aggravation en mangeant ou en buvant de Spongia ? La toux sèche de Bryonia ? La toux grasse le jour, sèche la nuit de Pulsatilla ? La toux par quinte, avec reprise inspiratoire de Drosera ? Ou une autre toux ?

Il m'arrive alors de reprendre une vieille formule que m'a transmise un pharmacien homéopathe aujourd'hui à la retraite, Maurice Lévy, et que tous les Lyonnais passionnés d'homéopathie ont connu. Il s'agit d'un mélange de médicaments homéopathiques avec de la phytothérapie. Elle est efficace et sans danger. Je l'ai mise une fois pour toutes dans la mémoire de mon ordinateur. Je l'appelle de temps à autre, quand le temps manque pour une sélection individualisée[1].

Et les cures ?

La question des cures thermales se pose parfois. Elles représentent pour moi un complément, et non le traitement principal de l'affection en cours. Je n'en prescris que si nous sommes en difficulté.

Honoraires

La fin de la consultation est proche. C'est quelquefois le moment où vous lâchez une information de première importance, comme :
— Cela fait dix ans que j'éternue tous les matins au réveil...

Vous y êtes tellement habitué que vous n'y avez pas songé plus tôt. Votre fiche est encore à ma portée et je prends une dernière note. Vous ne me verrez pas obligatoirement refaire mon ordonnance. Si je viens de vous prescrire Nux vomica par exemple, je n'ai rien à changer. Sans le savoir vous venez seulement de confirmer ma prescription. Cette toilette matinale du nez de l'allergique est un symptôme caractéristique de la noix vomique. Si au contraire le symptôme n'est pas couvert par mon ordonnance, je la modifie aisément. Le Macintosh ne proteste jamais.

---

(1) Prendre une cuillerée à soupe trois fois par jour du mélange :

⎡ ANTIMONIUM TARTARICUM ⎤
⎢ BELLADONA ⎥
⎢ BRYONIA ALBA ⎥
⎢ DROSERA ROTUNDIFOLIA ⎥
⎢ EUPATORIUM PERFOLIATUM ⎬ 4 CH aa qsp 20 gouttes
⎢ MERCURIUS SOLUBILIS ⎥
⎢ PULSATILLA ⎥
⎢ SPONGIA ⎦
⎢ SIROP DE COQUELICOT 60 g.
⎣ SIROP DE TOLU 40 g.

Ne pas donner aux enfants en-dessous de 30 mois.
Le tolu provient de l'incision d'un arbre (Myrospermum toluiferum) qui croît dans la région de Tolu (Pérou) et donne un suc utilisé classiquement contre le catarrhe bronchique.

Vous êtes sur le point de partir. Restent encore la formalité de la feuille de Sécurité sociale et le règlement. Les honoraires des homéopathes représentent généralement deux à quatre fois le tarif conventionnel de base, ce qui est proportionnel au temps passé avec le patient.

Chez le pharmacien

L'ordonnance est maintenant entre les mains de votre pharmacien. Sauf exception, il n'a pas en rayon l'ensemble des produits qui vous sont nécessaires, mais la livraison va lui en être faite en moins de douze heures. Les grands laboratoires ont des succursales dans toutes les régions et leur système de distribution est rapide. Bonne nouvelle : l'ordonnance est trois fois moins chère que l'ordonnance allopathique.

Les formes typiques en homéopathie sont les globules et les granules. Les doses de globules sont à prendre de manière espacée, par exemple chaque dimanche (jour où l'on y pense facilement), tout le tube en une seule fois. Les granules sont à répéter, à raison de trois ou cinq à la fois, au rythme indiqué par le prescripteur, généralement plusieurs fois par jour.

On me demande parfois si les petites boules blanches à base de sucre n'ont pas d'inconvénient pour les dents. Le sucre qui sert de support au produit actif est un mélange de 85 % de saccharose (le sucre que nous mettons dans notre café) et de 15 % de lactose (la poudre blanche du pâtissier). La quantité est minime : 15 centigrammes pour trois granules, 1 gramme pour une dose de globules. Ainsi le diabétique peut-il suivre un traitement homéopathique sans entorse à son régime. On peut également se considérer comme à jeun si l'on a pris une dose de globules le matin d'une intervention chirurgicale. Quant aux dents de nos enfants, à qui nous donnons quelques granules à sucer au moment du coucher, elles ne sont pas menacées par une quantité aussi infime.

Les gouttes sont parfois prescrites en homéopathie. Elles contiennent de l'alcool à 30 degrés, et ne conviennent donc pas aux enfants en bas âge. Elles sont particulièrement utilisées quand le médecin veut faire du « drainage ». Il s'agit pour lui de prescrire un mélange de produits préparant les organes à l'action des autres médicaments : gouttes pour le foie, la peau, les reins, l'estomac, etc.

Les autres formes galéniques (dans la pharmacie moderne on rend encore cet hommage indirect à Galien, ce médecin du IIe siècle dont la doctrine dite « humoriste » pesa pendant près de quinze cents ans sur l'anatomie, la physiologie et la pathologie) sont possibles. Sur demande, le laboratoire prépare des solutés buvables, injectables, des suppositoires, des pommades.

Avant de quitter votre pharmacien vous allez sans doute lui poser des questions, principalement celle-ci : « A quoi sert chacun des médicaments que le médecin vient de me prescrire ? » Ne soyez pas étonné de sa réponse prudente, même (et surtout) s'il connaît bien l'homéopathie. Il sait qu'un même médicament a de nombreuses indications. Il ne peut en quelques minutes refaire tout l'interrogatoire, et vous indiquera seulement, tubes à l'appui, comment suivre votre ordonnance. Il ajoutera quelques orientations thérapeutiques, et un encouragement à bien faire votre traitement.

Manière de prendre les médicaments

Depuis l'origine de l'homéopathie les médecins recommandent de ne pas toucher les médicaments avec les doigts. Ceci nous vient d'une époque où la préparation des granules et des globules n'était pas aussi technique qu'aujourd'hui. Les médecins pensaient que le principe actif pouvait rester à la périphérie. De nos jours les granules et les globules sont fabriqués de façon très homogène et imprégnés jusqu'au cœur. Nous continuons cependant à recommander de ne pas les toucher : avoir de la considération pour le médicament est aussi une manière de se respecter soi-même, en quelque sorte c'est le début du traitement.

Le bouchon creux du tube permet de compter facilement les granules et de les porter directement à la bouche. Tout le contenu du petit tube de globules est à prendre en une fois. Mettez directement granules ou globules sous la langue et laissez-les fondre lentement. L'absorption par la muqueuse sub-linguale est la meilleure voie de pénétration du médicament homéopathique. Elle est suffisante dans la plupart des cas.

Pour en finir avec la menthe

On dit couramment qu'il ne faut pas prendre de menthe en même temps qu'un traitement homéopathique. Je l'ai moi-même écrit dans mes autres livres, mais cette fois-ci j'ai envie d'aller un peu plus loin, car les homéopathes ne sont plus d'accord avec cette recommandation qui était autrefois absolue. Des expériences de laboratoire ont été faites sur ce sujet et rien ne permet d'affirmer que la menthe antidote le traitement homéopathique. Alors pourquoi ai-je continué jusqu'ici à propager cette idée ? Parce que je pensais ne pas être crédible en disant le contraire, tellement cette interdiction est entrée dans les mœurs. Si l'homéopathe ne la formule pas, certains clients le lui reprochent. Il ne semble pas que la menthe soit capable d'antidoter le traitement homéopathique mais, laissant une petite part au doute, je demande seulement qu'on s'abstienne d'en consommer juste avant de prendre des granules ou une dose. Certains pensent qu'un mois de traitement pourrait être compromis par une gorgée de sirop à la menthe bue à quatre heures de l'après-midi, loin de tout médicament. Il n'en est rien.

Le camphre est en revanche à éviter. Il y en a dans les gouttes pour le nez, certains révulsifs et le phar-

101

macien est le mieux placé pour donner un conseil à ce sujet.

L'aggravation médicamenteuse

Au début d'un traitement il y a souvent des effets secondaires. Le symptôme principal augmente, ou bien le patient ressent de la fatigue, un peu d'énervement. Malgré les apparences, il faut considérer cette aggravation passagère comme un signe positif. L'organisme montre ainsi qu'il a reçu le message thérapeutique.

J'avertis en général de cette recrudescence possible, sans trop insister. Je suis pris entre deux risques : prévenir et voir chez quelques personnes des réactions qu'elles n'auraient pas eu autrement ; ne pas prévenir et en rebuter d'autres, qui pourraient abandonner leur traitement au moment même où il commence à agir. Je choisis habituellement d'annoncer l'éventualité d'une aggravation passagère, c'est finalement le moindre inconvénient.

Quelques jours après la consultation certains clients m'appellent malgré tout. Sauf urgence, je réponds le matin, pendant les heures de bureau : je suis plus « frais », je passe plus facilement du patient que j'ai devant moi au problème qui fait irruption par téléphone. D'instinct je mets le récepteur contre mon oreille gauche, et je me demande si ce n'est pas pour que l'intonation de la voix, la manière de formuler la demande soient ainsi plus expressives et qu'un maximum d'informations aillent directement à mon cerveau droit (les voies sont croisées à ce niveau). Ma réponse est simple, et suffit le plus souvent à rassurer mon interlocuteur :

— Ce que vous ressentez est dû au traitement homéopathique et c'est un très bon signe. Dans quelques jours vous serez mieux qu'avant.

Parfois la douleur, l'angoisse, ou la démangeaison sont fortes et l'on me fait remarquer que ce n'est pas moi qui souffre. Je ne peux prendre sur moi toutes les misères du monde, je n'y résisterais pas. Je n'ai d'ailleurs pas de vocation christique. De plus je n'ai pas choisi délibérément de vous faire subir cette aggravation. Surtout continuez bien le traitement, je puis vous assurer que vous êtes sur la bonne voie.

— Les homéopathes savent éviter les situations d'échec, retourner l'aggravation à leur profit...

C'est Juliette qui me répond ainsi un jour de déprime. Le temps est gris entre Rhône et Saône et je ne lui en veux pas. Un coup d'œil sur sa fiche pour m'assurer que son traitement est au point. Cette tendance à la critique va bien avec Arsenicum album que je lui ai prescrit la semaine dernière. Je fais tout pour la rassurer, mais je la sens réticente. Il faut qu'elle me croie à l'autre bout du fil, pour elle c'est un quitte ou double avec la vie. L'homéopathie est sa chance. Finalement l'ordre tombe, laconique :

— Continuez. Vous allez guérir. Même si vous ne me croyez pas faites mon traitement.

Décidément le temps est maussade, mais jamais je ne doute de l'être humain. C'est ce qui m'aide à tenir.

L'observance thérapeutique

Guérir est une trahison : celle des symptômes auxquels vous tenez peut-être. Suivez mes conseils mais, en même temps, ne soyez pas passif devant la maladie. Refusez-la, c'est un moyen supplémentaire de la combattre. Il ne suffit pas que le traitement soit bien déterminé. Changez quelque chose dans votre vie, adhérez au projet, et votre vie changera. C'est justement l'efficacité de l'homéopathie qui m'a appris ce secret.

Parfois j'ai l'impression d'être trop directif envers le patient. J'aimerais réconforter, expliquer, et être suivi simplement parce que de nous deux, je suis celui qui a le plus de connaissances médicales. Je sais faire accepter ce que je sais, ce que je crois, mais je voudrais être suivi sans avoir à donner d'ordre. En quelque sorte m'imposer naturellement, sans avoir l'air d'y attacher de l'importance. Ce n'est pas toujours possible et j'en prends mon parti.

Loin de moi, loin des médecins en général, l'idée de confisquer la médecine, du moins à leur seul profit. Le pouvoir que nous avons sur le patient c'est celui que nous méritons par nos études, notre expérience, notre compétence ; c'est celui qu'on nous reconnaît implicitement lorsqu'on nous fait confiance. Croyez-moi il n'est pas usurpé. Si vous vous méfiez de nous c'est vous que vous trahissez. Si vous nous suivez, vous aidez l'ensemble de ceux qui souffrent. Aussi, quand je réfléchis sur mon art, j'en arrive toujours à la conclusion que je dois continuer.

UN ESPOIR POUR CHACUN

Quelle médecine ?

L'homéopathie est une médecine de l'être dans sa totalité, efficace, et sans danger. Elle ignore les effets secondaires. Il faut donc la préférer, à chaque fois que c'est possible, aux autres systèmes de traitement.

Fin 1966. Je suis appelé à domicile pour une angine. Gorge rouge avec des points blancs, chez une dame de 45 ans : ni la malade, ni la maladie ne posent de problème. Je prescris un antibiotique, ce que je fais communément à l'époque. Lorsque je lui remets son ordonnance, la patiente me prie d'aller dans la chambre voisine voir sa fille qui a, elle aussi, une angine. La jeune fille m'accueille avec un péremptoire « Surtout pas d'antibiotique » auquel je me garde, pour l'instant, de répondre. J'interroge soigneusement, j'examine, je réfléchis. J'ai nettement l'impression de tenir le simillimum, Mercurius solubilis. Alors je me révèle : « Je peux vous soigner par l'homéopathie. » J'omets de dire que je fais de l'homéopathie depuis seulement trois mois, que jusqu'ici je ne l'ai utilisée, à titre expérimental, que sur les membres de ma famille. La fille est réjouie de la bonne nouvelle, accepte mon ordonnance, ma première véritable ordonnance d'homéopathie, et je me retire quelque peu surpris de m'être lancé à l'improviste. Trois jours plus tard, nouvelle demande de la même famille. Entre Saint-Rambert, où j'ai mon cabinet à l'époque et la Duchère, où je me rends, la route tourne et monte de façon plutôt sèche. Il faut être attentif même, et surtout, lorsqu'on connaît bien le trajet. Les accidents y sont nombreux et graves. Je conduis avec prudence mais je ne puis m'empêcher de penser à ce qui m'attend. La mère est certainement guérie et va me reprocher d'avoir mal soigné sa fille. Le spectre du rhumatisme me guette, la néphrite est déjà installée. Je me souviens encore de ma surprise : la fille vient de partir pour le collège, ses symptômes ont disparu en 48 heures. La mère, malgré les antibiotiques (les méchantes langues diront « à cause » des antibiotiques) a un phlegmon de la gorge. Il me faudra de la cortisone pour rattraper le cas.

Loin de moi l'idée de triompher. Les antibiotiques ont sauvé beaucoup de personnes, ils en sauveront encore. A partir de ce jour-là cependant je me mis à étudier l'homéopathie avec beaucoup de conviction.

Comment choisir son homéopathe

— Vous avez débarrassé ma cousine de ses bouffées de chaleur. Je suis sûre que vous allez en faire
autant pour moi.

La réflexion est flatteuse. Gilberte a eu raison de
demander un rendez-vous, bien qu'elle soit victime
d'une illusion d'optique. Si elle avait interrogé une
centaine de mes clients, si plus des deux tiers
s'étaient déclarés satisfaits ou guéris elle aurait pu,
en bonne statistique, m'accorder sa confiance. Une
seule personne lui a dit du bien de moi, cela ne veut
pas dire que je réussis tous les cas. Je vais quand
même la soigner.

Elle ajoute qu'elle vient aussi parce que j'écris des
livres : encore une erreur. Cela prouve que j'aime
l'homéopathie, mais certainement pas que je suis
efficace. Pour elle comme pour chacun de mes
clients, toutes les demi-heures ou tous les trois quarts
d'heure, il faut absolument que je sois un bon
homéopathe, et elle n'en a pas la preuve. Elle continue :

— Il y a des homéopathes qui pratiquent leur
médecine de façon empirique et d'autres qui la
connaissent. Quand mes bouffées de chaleur arrivent, je ne sais plus où me mettre. Lorsque mes
petits-enfants sont là, je suis malheureuse car je ne
peux pas m'occuper d'eux. Ils débarquent la semaine
prochaine. Il faut que je sois en forme. Vous avez
longuement étudié l'homéopathie. Guérissez-moi.

Gilberte m'entraîne sur des chemins de traverse.
Elle parle de tout et de rien, me pose des questions
sur son état et sur l'homéopathie, me raconte sa vie

quotidienne. Il n'est pas question de l'arrêter. Je me contente de répondre mentalement à ses questions. Elle a raison : les écoles d'homéopathie sont de plus en plus nombreuses. Certaines ne sont pas purement hahnemanniennes, on y enseigne l'homéopathie parmi d'autres thérapeutiques. Je connais la loi de similitude, quelques milliers de symptômes, quelques centaines de médicaments. J'ai débarrassé sa cousine d'un trouble identique au sien, mais je dois à nouveau chercher pour elle une solution originale. Chaque consultation est un défi. « Etre Hahnemann ou rien... » et prétendre guérir, c'est le lot de chaque homéopathe. Heureusement, la loi des « 20-80 » s'applique aussi chez nous : 20 % des médicaments servent à traiter 80 % des patients. Quand les symptômes sont bien connus, le diagnostic est à notre portée, sinon nous faisons pour le mieux. Le législateur a prévu cette situation délicate : le médecin a une obligation de moyens, et non de résultat.

Retour à la consultation :

— Racontez-moi votre ménopause. Il y a sûrement un traitement pour vous dans mon arsenal thérapeutique. Vous n'aurez pas besoin d'hormones.

— Docteur, je veux avoir mes règles le plus longtemps possible. Je lis beaucoup de livres sur la ménopause. Je suis à un âge plafond.

— Quelle expression ! Ainsi vous pensez que l'âge est une menace ? D'abord l'âge n'est pas une question d'aspect physique mais de sentiment. Ce que je dis est banal mais je suis obligé de le répéter à votre intention. Vous avez peur du sevrage hormonal ?

Je fais aussi un peu de démagogie. Elle suivra mieux mes conseils si je la flatte :

— Votre corps se transforme, mais j'espère que votre cœur a l'intention de rester jeune. Occupez-vous le plus possible de vos petits-enfants. Et dites-vous que le meilleur moyen de passer le cap de la cinquantaine est de ne pas vous mentir à vous-même.

Sans hormones de synthèse, je vais pouvoir aider Gilberte. Lachesis est son médicament. Elle en prendra une dose par semaine pendant quelques mois.

L'allopathie

Mes clients ne savent jamais comment nommer la médecine exercée par leur généraliste : médecine officielle, classique, normale, chimique, « médecine autrement », pour certains « LA médecine ». Aucun terme n'est satisfaisant, ni aisé à manier. Le plus neutre est « allopathie », terme créé par Hahnemann lui-même. Allos veut dire « autre » en grec, et non « contraire », comme on le croit souvent. L'allopathie, c'est « l'autre médecine » et non la médecine des contraires (par opposition à « homéopathie », médecine des semblables).

Dans les cas où on hésite, pourquoi ne pas commencer par consulter un homéopathe ? S'il refuse, ou en cas d'échec, il sera toujours temps de recourir à l'allopathie. Actuellement on fait le contraire et c'est dommage. A mon sens l'allopathie est de mise à chaque fois que l'homéopathie est dépassée et spécialement pour les personnes qui souffrent de maladies lésionnelles. Elle est indispensable en cas d'insuffisance cardiaque, de méningite, de tuberculose, d'épilepsie. C'est un formidable pis-aller. Lorsque le traitement allopathique est préférable je n'abandonne pas pour autant toute idée d'homéopathie. J'ajoute un traitement pour aider à supporter les effets secondaires des médicaments chimiques. Il faut savoir adopter la thérapeutique la plus efficace au bon moment. Gardons l'allopathie pour ce qu'elle sait faire mieux qu'aucune autre, parer au plus pressé, « faire la part du feu », vous sauver.

L'allopathie est aussi une béquille qui permet de passer les caps difficiles : la crise d'asthme, l'angoisse aiguë, l'accès de spasmophilie. Le minimum d'allopathie (raisonnée et raisonnable) : un comprimé de sédatif, un médicament contre la douleur, peuvent être utiles en cas d'urgence. Il ne faut pas cependant y recourir systématiquement, sous peine de voir l'organisme devenir dépendant. En outre les personnes régulièrement soignées par l'homéopathie réagissent bien à une dose minimale d'allopathie. L'idéal est donc d'avoir un généraliste homéopathe, qui traite ses patients avec la médecine de Hahnemann mais sait aussi appliquer la chimie quand il le faut[1].

(1) On peut comparer ce problème à celui de l'apprentissage de la lecture. Faut-il employer la méthode globale ou le traditionnel « B.A.BA » ? L'enfant qui saura véritablement lire, qui saura se débrouiller seul en cas de difficulté, est celui à qui l'on aura appris les deux méthodes. Même chose pour l'étude des langues : la technique audio-visuelle, par son approche synthétique (cerveau droit), ressemble à l'immersion totale d'un enfant qui apprend sa langue natale ;

Un nourrisson angoissé

Au début de ma pratique je suis consulté pour un enfant de trois mois avec une fièvre à plus de 40°. Régis a le nez bouché. Sa peau est sèche malgré la fièvre. Il a le regard anxieux, s'agite, pleure sans cesse. Si un homéopathe me lit, il a déjà fait le diagnostic : Aconitum napellus, une plante éminemment dangereuse, sauf en 30 CH — dont je recommande trois doses, une toutes les 12 heures. Dès le premier tube Régis guérit ; la fièvre tombe aussi vite qu'elle est apparue. C'est si spectaculaire que le père me téléphone pour me remercier. Je suis évidemment satisfait, mais j'ai une question à poser :

— Vous êtes visiteur médical. Vous devez par profession amener les médecins à prescrire*** (un célèbre sirop d'antibiotique au goût de banane). N'allez-vous pas être moins convaincant ?

La réponse est instantanée. Il a manifestement réfléchi au problème :

— Je suis bien obligé de parler à vos confrères de ce qui les intéresse, de leur fournir des armes dans leur propre domaine. Je continuerai à donner des informations scientifiques sur mon sirop pour enfants.

cependant un peu de grammaire, des notions de vocabulaire et de syntaxe (cerveau gauche) permettent d'analyser correctement les phrases difficiles.

« Obligé »

Une réflexion cent fois entendue et qui me laisse toujours rêveur : « J'ai été *obligé* de prendre des antibiotiques. » Vous n'êtes jamais obligé, sauf circonstances exceptionnellement graves. Si vous voyez un médecin allopathe, il vous soignera avec les moyens qu'il connaît, c'est même son devoir, vous aurez donc des antibiotiques dès qu'il détectera une infection un peu sérieuse. Si vous voulez qu'il en soit autrement consultez un homéopathe ou un généraliste à orientation homéopathique. Bien sûr nous ne sommes pas encore assez nombreux. C'est un reproche qu'on nous fait assez souvent : « Vous nous vantez les mérites de l'homéopathie, vous nous demandez de la défendre, et nous ne trouvons pas de médecin homéopathe susceptible de nous traiter en cas de maladie aiguë. » Il est vrai que l'homéopathie est victime de son succès. Dans quelques années le problème sera réglé puisque de plus en plus de jeunes médecins viennent à nous. En attendant il vous faut vous battre si vous désirez avoir recours à l'homéopathie, chercher un médecin susceptible de vous recevoir rapidement et qui ait en même temps suffisamment d'expérience. Personnellement j'envoie les urgences à mes élèves. Il y a ainsi une dizaine de médecins installés depuis moins longtemps que moi et qui acceptent de recevoir mes clients. L'entente entre nous est bonne. Chacun a sa personnalité, son expérience propre, mais dans l'ensemble nous formons une équipe homogène et nos ordonnances se complètent.

Le mélange thérapeutique

Une de mes clientes, Geneviève, se battait depuis dix ans contre une dépression nerveuse. Son mari l'avait abandonnée, et elle s'était retrouvée en clinique psychiatrique à plusieurs reprises pour des cures de sommeil, qui avaient représenté pour elle la mise en veilleuse de ses problèmes plus qu'un véritable traitement. Au moment de sa consultation, elle souffrait d'une sorte de dépersonnalisation. Sa parole était lourde, et elle se déplaçait avec lenteur. Je notai surtout son regard éteint, sans savoir s'il s'agissait de l'effet de la maladie ou du traitement. Ne nous faisons pas d'illusion : les antidépresseurs et les tranquillisants ne guérissent pas. Ils remontent l'humeur, calment le gros de l'angoisse — à ce titre ils peuvent être indispensables dans les moments difficiles — mais en profondeur la personne souffre malgré tout, peut-être sans le savoir. L'entourage, à commencer par le médecin, se sent rassuré car la déprime est moins spectaculaire. Au bout de dix ans d'allopathie, toujours aussi désemparée, Geneviève comprit qu'il lui fallait autre chose. Sa démarche auprès de moi était le résultat d'un long effort pour s'en sortir, voir clair en elle-même au delà des médicaments. J'ai retenu son expression :

— Les anti-dépresseurs ne sont que des cache-misère.

Et c'est vrai, encore faut-il en avoir conscience, accepter de s'en débarrasser, trouver en soi la force de se battre. Un jour quelqu'un vous conseille d'essayer l'homéopathie : y croire ou ne pas y croire, la question a des effets inattendus, presque pervers.

L'essayer, ne pas laisser passer sa chance, serait plus juste. Ne dites pas : « On ne nous informe pas sur l'homéopathie. » Ce « on » c'est vous qui ne cherchez pas vraiment à savoir. Quelqu'un demandait un jour à Cocteau : « Il y a le feu dans votre maison. Vous ne pouvez emporter qu'une seule chose à laquelle vous tenez particulièrement. Emportez-vous le chat ou votre tableau préféré ? » J'emporte le feu, répondit Cocteau. Il était certainement, comme tout poète, en phase avec son cerveau droit. Il savait que la chance est l'invisible présence qui fait semblant de vous donner l'essentiel lorsque vous l'avez déjà en vous. La chance passe à la portée de chacun. Certains savent la prendre à bras le corps. D'autres hésitent ou refusent de la voir. Dans le cas de Geneviève les médicaments chimiques l'empêchaient d'exister, donc de réagir. Et voilà qu'une lumière s'était progressivement faite en elle. Elle venait chercher la guérison. Six mois plus tard elle souriait de nouveau, s'exprimait sans lourdeur de pensée, pleurait seulement pour les choses vraiment tristes.

Un autre cas où l'allopathie est apparemment efficace, mais constitue de fait une fausse sécurité, est celui de nombreux patients hypertendus. Quand l'hypertension artérielle est organique, qu'il y a une sclérose (un durcissement) des artères le traitement chimique est justifié. Dans les cas les plus fréquents la tension est d'origine nerveuse, et il vaut mieux agir par une voie douce. Le médecin trouve un petit 16/7 un jour où vous êtes particulièrement crispé. Il décide, à juste titre, de vous surveiller. Il sait que l'hypertension nerveuse peut faire le lit, après quelques années d'évolution, de l'hypertension organique. Il vous soigne donc. Si c'est par l'allopathie il y a là un inconvénient majeur : à chaque fois que le médecin va vouloir arrêter le traitement la tension remontera. Vous serez devenu dépendant. Si la tension artérielle est nerveuse on ne doit pas prendre d'anti-hypertenseurs, même par pieuse intention, sous peine de voir la maladie devenir définitive. Il faut toujours avoir présente à l'esprit la notion de variation tensionnelle : une tension élevée le jour de la consultation ne veut rien dire. Elle doit le rester à plusieurs reprises, et dans des circonstances diverses, pour être considérée comme pathologique. C'est seulement la notion de stabilité du chiffre anormal qui représente un danger. Dans les cas nerveux habituels l'homéopathie est préférable. Vous recevrez un médicament qui couvrira votre tendance à l'anxiété et à l'hypertension. Ceci est efficace, à bas bruit, et un jour le traitement pourra être arrêté. L'aventure de l'hypertension artérielle, primitivement d'origine nerveuse, de la fausse hypertension qui finit par en devenir une vraie, est malheureusement très fréquente.

Mérites comparés

On peut facilement mettre l'allopathie et l'homéopathie en contradiction. Chacune à ses indications préférentielles et sa théorie particulière. L'allopathie, médecine analytique, fait appel au cerveau gauche du médecin et s'adresse avant tout aux lésions.

L'homéopathie, médecine synthétique, met en jeu le cerveau droit et soigne principalement les fonctions. Les médecins des deux disciplines peuvent donc avoir des points de vue différents, et les patients se retrouvent dans des situations paradoxales lorsqu'ils tentent de comparer les conseils qui leur sont donnés.

Amandine a 6 ans. Elle vient me voir pour des otites et des rhino-pharyngites à répétition. Le cas est simple. Au cours de la consultation ses parents me demandent ce que je pense de la vaccination anti-tuberculeuse. Elle risque d'empêcher l'action de mon traitement, ou au moins de provoquer des rechutes de « rhino », et je conseille l'abstention. Or la mère d'Amandine a eu une tuberculose pulmonaire il y a quelques années et le pédiatre veut absolument que l'enfant soit vaccinée. Cette opposition entre médecins est mal acceptée. Quel avis vont-ils suivre ?

Connaissant les deux systèmes thérapeutiques je sais que l'homéopathie est suffisante. Elle permettra de fortifier l'organisme d'Amandine, l'aidera à se défendre contre les microbes, y compris celui de la tuberculose. Je ne lui fais prendre aucun risque. Mon confrère allopathe a également raisonné de façon sincère. Ignorant tout de la médecine des semblables il a fait une recommandation conforme aux possibilités de l'allopathie. Les deux attitudes ont leur propre logique. Ayant exposé mes arguments je ne veux certainement pas contraindre les parents. A eux de choisir.

Amandine est revenue me voir six mois plus tard pour faire le point. Elle a suivi mon traitement, n'a pas été vaccinée. Son nez et ses oreilles sont restés silencieux. Au bout d'un an, coup de théâtre. Sa mère me téléphone, inquiète : le pédiatre lui a fait peur et a imposé le vaccin Rubéole-Oreillons-Rougeole. Cinq jours plus tard l'enfant a eu de la fièvre, mal aux yeux et au cou, avec une gorge rouge, alors qu'elle n'avait rien eu de tout l'hiver. Le médecin a prescrit un antibiotique et tout est rentré dans l'ordre. Préoccupé seulement de l'avenir d'Amandine j'évite de triompher. Elle a un très joli prénom, un sourire de fée, et un avenir simple sur le plan médical car sa mère m'assure que cette fois elle a compris.

Une bombe à retardement

Je prescris très peu d'allopathie, parce qu'en général on ne vient pas me voir pour cela. Malgré tout, s'il le faut je laisse les médicaments chimiques indispensables, en les ajoutant à la fin de mon ordonnance, ou, le plus souvent, en renvoyant le patient à son médecin traitant. Mes prescriptions ne comportent pas plus de 5 % de médicaments d'origine synthétique. J'ai surtout une manière indirecte de faire de l'allopathie, en refusant les cas qui ne sont pas pour ma discipline.

Il arrive aussi que certains patients viennent me consulter pour une simple confirmation de leur traitement allopathique. Ils partent du fait que l'allopathie prescrite par un homéopathe doit vraiment être indispensable.

— Si c'est vous qui me le dites, je prendrai les médicaments chimiques.

En miroir je sais que d'autres personnes arrêtent leur traitement homéopathique parce qu'un allopathe les en a dissuadés. Les arguments ne sont pas toujours scientifiques. Témoin cet appel téléphonique angoissé que je reçus un jour d'une mère de famille :

— Docteur, j'ai montré l'ordonnance d'Emmanuel au généraliste de notre quartier. Il dit que Hyoscyamus 9 CH peut le rendre impuissant.

La jusquiame noire (Hyoscyamus) est une plante très dangereuse, mais ne saurait être toxique en dilution infinitésimale, et même sans bien connaître l'homéopathie le médecin ne pouvait ignorer le fait. Je soignais Emmanuel, deux ans, pour un état d'agitation anxieuse justiciable de ce médicament. J'insistai : aucun danger ne pouvait venir de ma prescription, la mère avait suffisamment de notion d'homéopathie pour le comprendre. Elle me fit confiance, mais que se serait-il passé si je n'avais pas pu la rassurer ? Aurait-elle dû attendre quinze ou vingt ans pour savoir si elle n'avait pas commis une erreur ? Mon confrère avait posé une bombe à retardement. Cette attitude n'engage que lui et non l'ensemble du corps médical, il n'empêche qu'elle est significative d'un certain climat passionnel qui se développe parfois autour de l'homéopathie.

Dire ou ne pas dire ?

Une question annexe, mais qui ne manque pas d'intérêt. Vous êtes venu chez moi pour un traitement homéopathique : allez-vous dire à votre généraliste que je vous soigne ? Faites-le sans hésiter. Beaucoup de gens prennent de l'homéopathie sans en informer leur médecin. Comment voulez-vous, dans ces conditions, que mon confrère prenne l'homéopathie au sérieux ? Je sais bien que vous avez peur de sa réaction, en particulier qu'il ne devienne moins motivé à votre égard. Dites la vérité, c'est presque une position politique. Vous rendez service à l'homéopathie et aux autres patients.

Si vous avez peur de vexer votre médecin vous pouvez procéder en deux temps. Commencez par lui demander son avis sur l'homéopathie. S'il l'approuve ou est neutre, dites-lui carrément que vous consultez un homéopathe. S'il hausse les épaules, murmure quelque chose à propos du charlatanisme ou des faux espoirs déçus, attendez une meilleure occasion.

Ceci me rappelle une histoire. Je ne l'ai racontée jusqu'ici que dans les milieux médicaux, car elle n'est pas à la gloire des confrères impliqués, mais dans ce livre j'ai décidé de tout dire.

1975. Je reçois Patrick, un jeune homme de 17 ans. Dès que j'ouvre la porte de la salle d'attente le diagnostic me paraît évident : Phosphorus. Je ne sais pas encore de quoi il souffre mais j'ai déjà une idée du traitement, ce qui est un cas relativement courant en homéopathie. Patrick est hémophile, donc malade depuis son plus jeune âge. Il estime avoir trop vu de médecins, et est littéralement traîné chez moi par sa mère. Son aspect physique est très parlant : grand, élancé, plutôt maigre, il a une poitrine étroite. L'étage nasal de sa figure est très développé. Je note Phosphorus dans un coin de ma fiche et je passe à l'interrogatoire. Tous les symptômes du médicament sont présents, et confirment ma première impression. L'hémophilie est elle-même un argument supplémentaire en faveur de Phosphorus qui est un des grands médicaments du terrain (nous disons « de la diathèse ») hémorragique. Je lui prescris donc Phosphorus 12 CH, une dose par semaine. Il prend une première dose, se révolte contre ses parents et la médecine, et se met à refuser tout traitement, même aussi « anodin » que l'homéopathie. Six mois plus tard arrive une lettre de l'hôpital où il est suivi. On ne l'a pas vu depuis longtemps et le médecin lui demande de venir subir quelques examens de routine. Il accepte. Sa mère profite de l'occasion pour lui faire prendre une deuxième dose de Phosphorus. A l'hôpital les médecins sont surpris des résultats de laboratoire : son facteur VIII (un des éléments facilitant la coagulation sanguine) est revenu à un taux normal, alors qu'il a toujours été en déficit. La mère triomphe. « C'est grâce à l'homéopathie », affirme-t-elle, mais les médecins ne sont pas d'accord. Pour eux Patrick présente une hémophilie d'un genre nouveau : le premier cas mondial d'hémophilie intermittente. Mieux vaut pour eux un diagnostic inédit que la reconnaissance de l'efficacité de l'homéopathie.

Depuis 1975, Patrick a subi trois interventions chirurgicales : une appendicectomie, et l'ablation d'un ménisque à chaque genou. Toutes les fois l'anesthésiste a institué une surveillance étroite, et n'a jamais retrouvé de signe d'hémophilie. Je n'ai pas revu Patrick, mais sa mère me consulte de temps à autre. Plus encore que moi elle est persuadée de l'efficacité de mon traitement. Comme c'est le seul cas d'hémophilie que j'ai eu à traiter je n'en tirerai aucune conclusion.

L'allopathie-placebo

— Je ne pourrais pas vivre sans mon *** (un produit en « um »), me dit Sylvaine.

Elle en prend depuis l'époque où ses parents avaient des ennuis de santé, il y a vingt ans. L'homéopathie l'a débarrassée de son hypertension artérielle et de ses bouffées de chaleur, mais si elle n'avale pas son tranquillisant au coucher, elle sent un manque et ne peut s'endormir. Je respecte cette dépendance.

Un autre homéopathe lui a dit :

— Si vous ne supprimez pas votre comprimé de ***um quotidien ce n'est pas la peine de revenir me voir.

Elle a donc changé de médecin. Je ne suis pas puriste, estimant que l'intérêt de ma patiente passe avant la saine (la sainte ?) théorie. Bien entendu je n'ai rien dit à l'homéopathe en question qui se trouve être mon ami.

121

Homéopathie et spécialité

Apparemment il y a antinomie entre l'exercice de l'homéopathie et celui d'une spécialité. Certes il existe des homéopathes ophtalmologistes, psychiatres, gynécologues, dermatologues, mais ils ne peuvent se cantonner dans leur domaine propre, donner un médicament pour un organe précis sans savoir ce qui se passe dans le reste du corps. Un dermatologue, par exemple, s'intéressera aux rhumes de son patient. Il doit, pour le guérir, tenir compte aussi bien de la tendance aux rhumes que de la maladie de peau et sortir ainsi du champ de sa spécialité. On peut alors se demander s'il est toujours spécialiste de la peau. Les pédiatres posent moins de problèmes puisqu'ils ne sont pas spécialistes d'un organe mais d'un type de personne. Ils peuvent appliquer l'homéopathie dans toute son étendue, tout en restant spécialistes des enfants.

Quand un avis s'impose et que je ne connais pas d'homéopathe dans la discipline considérée, j'ai recours au spécialiste de médecine classique. Mon patient devra subir les examens nécessaires, puis me rapporter le diagnostic. Quant au traitement nous verrons ensemble s'il lui faut prendre le traitement du spécialiste, le mien, ou les deux.

Opérer ?

La chirurgie est parfois indispensable. Je n'aime pas qu'on me dise : « Je viens vous voir parce que vous êtes contre les opérations. » Ceci est faux : je les évite à chaque fois que possible, ce qui n'est pas la même chose. La chirurgie qui sauve, répare, fait l'échange-standard a mon approbation et celle de mes confrères homéopathes.

Il arrive que la décision chirurgicale soit à prendre en fonction de critères personnels plutôt que proprement médicaux. Catherine, une infirmière noire de trente ans, veut avoir un enfant. On vient de lui découvrir un fibrome gros comme une orange, et il n'y a pratiquement pas de chance, peut-être une sur vingt, que mon seul traitement puisse le faire disparaître. Sauf énorme fibrome comprimant les organes du petit bassin, je recommande habituellement l'abstention opératoire, me contentant de combattre les symptômes. Il n'en est pas question ici, en raison du légitime désir de grossesse. Il n'y a en médecine que des cas particuliers, Catherine aura droit à sa « myomectomie ».

Quelquefois un patient me met devant le fait accompli :
— Je viens vous voir pour que vous me prépariez à l'opération que je dois subir. Le chirurgien va m'enlever les varices le mois prochain.
L'opération elle-même n'est pas remise en cause par mon client et je m'abstiens de tout commentaire, me contentant de lui prescrire un traitement préven-

tif des complications[1]. Je ne pense pas que l'intervention soit bonne. Elle aura un effet sur le plan esthétique, mais ne fera que déplacer les troubles circulatoires. On peut me reprocher cette attitude qui consiste à ne rien dire, à adopter le profil bas, comme si j'avais peur de prendre position. En fait il s'agit d'une prudence du second degré : si j'interdis l'opération et que le patient décide de passer outre il sera dans des conditions défavorables pour la subir. Je n'ai pas envie de lui fournir un sujet de crainte. Par contre, si la conversation prend un tour favorable, je n'hésiterai pas à lui préciser ma position.

Les autres médecines naturelles

Il faudrait trouver un vocable entièrement neuf pour désigner l'ensemble des médecines « naturelles », « douces », « différentes », « alternatives », « parallèles ». Les mots qu'on emploie actuellement sont trop marginalisants, voire approximatifs — ou encore ils ont une connotation agressive vis-à-vis de la thérapeutique classique. Le terme retenu devrait

(1) Voici une ordonnance-type pour la préparation d'une intervention :
— ARNICA MONTANA 12 CH (1, 4, 7, 10, 13)
— GELSEMIUM SEMPERVIRENS 12 CH (2, 5, 8, 11, 14)
— NUX VOMICA 12 CH (3, 6, 9, 12, 15)
Une dose chaque jour dans l'ordre des numéros de 1 à 15 en commençant 8 jours avant l'intervention et en continuant 8 jours après. Supprimer pendant ce temps-là le traitement homéopathique habituel. On peut se considérer comme à jeun même si l'on prend une dose le jour de l'intervention, car on n'aura absorbé qu'un gramme de médicament.

rappeler que toutes ces médecines respectent la physiologie, s'adressent à l'être humain dans sa totalité, utilisent le cerveau droit du médecin qui doit approcher son patient de manière synthétique. On pourrait parler de « médecines biotiques », mais les oreilles sont toujours heurtées par un néologisme et j'accepte volontiers cette critique. Aux USA on parle de « holistic medicine », dérivé de « whole », le tout. Nous pourrions nous aussi parler de « médecine holistique », quoique le franglais soit toujours une démission. Je préférerais un mot existant déjà dans la langue française, mais qui serait utilisé dans une acception nouvelle, c'est la méthode la plus efficace. Je propose « médecines ontologiques ». L'ontologie, en philosophie, est l'étude de l'être en soi, elle représente donc la pensée implicite de tout ce qui respecte les principes naturels. Les philosophes n'aimeront pas ce détournement d'un terme qui appartient en propre à leur vocabulaire, et cependant, à ma connaissance, il n'y en a pas de meilleur. Je n'ai évidemment pas la prétention d'être suivi, mais je lance l'idée. Quelqu'un la reprendra peut-être, et la perfectionnera, car la langue est un matériau comme un autre, qu'il nous faut modeler à notre image.

En tout cas l'homéopathie a la faveur du public et est au premier rang de ces médecines. Avril 1986, gare de Lyon. Je saute du TGV dans un taxi : « A la porte de Versailles, au Salon des Médecines douces. Faites vite, je donne une conférence dans trente minutes.» Dans un surprenant raccourci le chauffeur me demande tandis qu'il lance son moteur :

— Que pensez-vous de Colocynthis ? Vous êtes certainement médecin homéopathe ?

— Je ne peux rien dire globalement. Cela dépend des symptômes ...

Il prend Colocynthis depuis quelques jours pour des douleurs abdominales d'origine nerveuse, mais il ne ressent aucune amélioration. Le pharmacien qui lui a donné ce conseil l'avait prévenu : seul un homéopathe, par un interrogatoire minutieux, peut déterminer le traitement nécessaire. Sa question me fait plaisir car il associe spontanément les « médecines douces » et l'homéopathie, certainement l'une des plus représentatives d'entre elles.

— S'il vous plaît, donnez-moi votre avis.

Un coup d'œil dans le rétroviseur : il a le teint congestif, l'air décidé, une vraie « tête de Nux vomica » en somme. Sa conduite est plutôt nerveuse, ce qui va bien avec mes constatations. Il insiste encore un peu et je me sens obligé de compléter l'interrogatoire. Chez lui tout est Nux, ses colères, sa somnolence après les repas, sa tendance congestive. J'avais déjà en 76 fait une séance d'acupuncture en plein vol, entre Rome et Athènes. Voilà que je donne une consultation d'homéopathie dans un taxi parisien. Un feu rouge lui permet de noter le traitement. Une fois au Parc des expositions j'arrive à régler la course mais il refuse tout pourboire. Dans les minutes qui suivent je débuterai la conférence en racontant cette anecdote car mon sujet est « Le médecin homéopathe face au caractère de son patient ».

J'utilise surtout l'homéopathie. Les autres médecines ontologiques sont pour moi des adjuvants :

acupuncture, oligo-éléments, manipulations verté-
brales, massages de type Mézières. Je connais bien
l'acupuncture que j'ai beaucoup pratiquée[1], et dont
l'efficacité est universellement reconnue. C'est seulement par manque de temps que je l'ai mise un peu
de côté. J'aime la résonance philosophique et poéti-
que qu'elle a, jusque sur la peau du patient.

Quant à la phytothérapie, elle est plus proche de
l'allopathie que de l'homéopathie.
— Qui a de la sauge dans son jardin n'a pas
besoin de médecin, m'apprend une de mes clientes.
Je ne proteste pas. Tandis qu'elle parle de la
tradition populaire je lui prescris un traitement pour
ses rhumatismes. Il serait trop long de lui expliquer
que la thérapeutique par les plantes se fait à dose
pondérale, qu'elle a un effet direct sur les symptômes. L'essentiel, pour moi, est de continuer.

L'analogie et la similitude

Il existe également des thérapeutiques qui ressemblent à de l'homéopathie sans en être véritablement.
Basées sur l'analogie et non sur la similitude, elles
font partie des médecines ontologiques, mais pas de
l'homéopathie en tant que telle.
L'analogie est une simple ressemblance entre deux
objets. Il y a analogie entre notre cerveau et une

(1) Mon maître le Docteur Auguste Nguyen et moi avons d'ailleurs
écrit un livre sur ce sujet : « Vous ne pouvez plus ignorer l'acupuncture ». Ed. Camugli, 1975.

demi-noix, le soleil et une pièce d'or, la tête du roi Louis-Philippe et une poire (en tout cas pour Daumier). Nous nous servons de l'analogie dans le langage courant sans même y penser : « bouche de métro », « pied de la montagne », « col de l'utérus », « flore intestinale », autant de métaphores mortes, de références analogiques. Les symboles, allégories, paraboles, sont des analogies.

La similitude est un cas particulier de l'analogie. Elle se trouve établie lorsqu'on étudie, chez l'individu en bonne santé, l'ensemble des symptômes provoqués expérimentalement par une substance donnée. Chaque mot compte. Pour qu'il y ait similitude on doit avoir procédé à une expérimentation, alors que l'analogie existe dès qu'elle est repérée par l'esprit. Une simple ressemblance n'est pas suffisante pour parler d'homéopathie. Or il existe des méthodes thérapeutiques faisant appel à la ressemblance, préparées dans les mêmes laboratoires que les substances véritablement homéopathiques, et selon le même mode de dilution. Ce sont l'organothérapie, la gemmothérapie, la lithothérapie déchélatrice.

L'organothérapie consiste à prescrire une préparation, prélevée chez l'animal, de l'organe qui est le siège de la maladie : estomac pour une gastrite, artère pour une hypertension.

La gemmothérapie est la prescription de bourgeons de végétaux, d'après leur effet biologique, sans tenir compte des autres symptômes qu'ils sont susceptibles de provoquer expérimentalement. Il s'agit en outre d'une constatation chez l'animal.

La lithothérapie déchélatrice est la prescription de

certaines roches d'après leur localisation dans la nature, la planète étant comparée à un gigantesque embryon au stade primitif.

Ces thérapeutiques seraient de l'homéopathie si on avait expérimenté les substances correspondantes, ce qui n'est pas le cas. Elles se rapprochent de la doctrine des signatures qui remonte à Paracelse. Pour lui les médicaments sont « signifiés » par la nature, on les reconnaît à certains signes qu'elle nous donne. La grande chélidoine a un suc jaune, elle est donc indiquée dans les troubles biliaires « puisque » la bile fraîche est jaune. La fleur de l'euphraise porte des marques qui ressemblent à des yeux, d'où son utilisation dans les troubles oculaires et son nom populaire de « casse-lunettes ». La fleur de la bourse à pasteur est en forme d'utérus, « donc » elle est bonne pour les troubles gynécologiques. Les exemples que je viens de prendre recoupent l'expérimentation homéopathique, mais il s'agit d'un hasard et non de constatations qu'on pourrait systématiser.

Ce type de raisonnement permet tous les dérapages : pourquoi pas le haricot dans l'inflammation des reins, le pissenlit dans l'énurésie, les plumes du rouge-gorge en cas d'angine ? Ces remarques ne concernent nullement l'efficacité de thérapeutiques que je ne prescris pas. La similitude est plus difficile à appliquer que l'analogie, mais sans me plaindre, sans me disperser, je veux aller aussi loin que possible dans la médecine que j'ai choisie.

Pour les jeunes

Tout le monde peut être soigné par l'homéopathie. Les enfants répondent vite au traitement, tant préventif que curatif, car leur organisme est encore neuf. Ils prennent avec plaisir « les petits grains blancs » qui ont un goût plutôt sucré.

J'adore les consultations avec les enfants. Je suis heureux lorsqu'ils me tutoyent, me prêtent leurs jouets, ou posent des questions sur les mots difficiles. Je leur demande le nom de leur animal familier, la couleur des cheveux de leur maîtresse, ou comment va leur camarade favori. Pour peu qu'on les laisse s'exprimer on s'aperçoit qu'ils ont déjà, vers cinq ou six ans, des élans amoureux, et veulent tout savoir sur la maladie, la mort, ou Dieu. Contrairement à ce nous pouvons penser (parce que nous avons oublié nos propres mystères) la précocité n'existe pas.

Certains sont un peu turbulents, touchent à mes chevaux du bonheur, ou mettent un coin de rideau dans la bouche. Si leurs parents les laissent faire, il m'arrive d'élever la voix, mais ce n'est jamais gratuit : la manière qu'ils ont de réagir à la fermeté est aussi un élément de diagnostic.

Nicolas, 3 ans et demi, vient me voir pour des otites à répétition et une bronchite asthmatiforme d'apparition récente. Pendant que je prends des notes il me réclame de la musique. Sa mère sourit, affirmant que je n'ai pas de magnétophone dans mon cabinet. Or Macintosh sait faire de la musique, grâce à un logiciel spécialisé. Je mets en sourdine « Three blind mice » (Trois petites souris aveugles), un air pour enfant, et je peux tranquillement établir mon traitement : Lycopodium clavatum, Kalium bichromicum, Arsenicum album. Au bout de six mois Nicolas revient, guéri : « Je n'en croyais pas mes yeux ni *ses* oreilles », me dit sa mère, qui est médecin. L'enfant réclame à nouveau un air de musique. Cette fois, je fais jouer la Gymnopédie N° 1 de Satie. La ligne mélodique est simple. Elle convient à nos deux tempéraments, et la consultation continue dans une ambiance feutrée.

Pour le médecin le simillimum est assez facile à déterminer chez l'enfant car les parents connaissent bien son développement moteur, affectif et intellectuel. Ils l'ont observé pendant la fièvre, dans ses jeux, à table. Ils savent dire facilement si les « rhinos » ont commencé à la mise à l'école, ou l'insomnie après un séjour au bord de la mer. Une recommandation, cependant : répondez en fonction de lui, de son comportement, et non de vous, de vos propres aspirations. L'enfant-symptôme ça existe, c'est même très banal. La moindre douleur, le plus petit bobo peuvent être prétexte à plainte ou inquiétude, et même à consultations répétées. Parfois j'ai envie de dire à certaines mères de ne plus m'amener leur enfant, que tout va bien, mais je me retiens, car je connais d'avance la réponse :
— Ce n'est pas vous qui le voyez souffrir.
Je préfère en parler dans ce livre, plus neutre, plus indirect. Peut-être l'une d'entre elles se reconnaîtra. Enfant-symptôme, enfant captif.
Jusqu'ici l'éducation a privilégié le cerveau gauche. Aidez votre enfant à développer son cerveau

droit, à sentir, à entendre, à voir les couleurs et les formes, à s'exprimer avec des mots pleins. Donnez-lui envie de créer, d'appréhender les phénomènes de façon globale. La véritable éducation associe cerveau gauche et cerveau droit.

Apprenez-lui à s'observer, sans en faire un maniaque du symptôme, il saura dialoguer plus tard avec son médecin. Il en aura besoin quand il sera autonome. Pourquoi n'enseignerait-on pas à l'école, parmi d'autres éléments pratiques, les principes généraux de l'homéopathie ? Ceci est à peine une boutade. L'école devrait être un lieu de préparation à la vie et pas seulement à la culture.

On me demande souvent des conseils pour l'éducation des enfants. « Elle est paresseuse. Comment faire pour qu'elle ait de bons résultats scolaires ? » La paresse n'existe pas. Il y a seulement des angoisses qui empêchent de travailler, ou une absence de discipline à redresser au plus vite. « Il a des tics. Comment les empêcher ? » Il est difficile de supporter la vue d'un enfant tiqueur, de ne pas lui dire de s'arrêter, et cependant il le faut. Plus on lui demande de se contrôler plus il est angoissé, ce qui fait redoubler le geste compulsif. A la rigueur il change de tic, glousse au lieu de relever sa mèche ou son épaule, mais le problème reste entier. Le traitement homéopathique est nécessaire, et en même temps un changement d'attitude de la famille, des professeurs, des camarades.

« Il prend de l'argent dans le tiroir de mon bureau. Ai-je raison de lui parler sévèrement, ou dois-je faire semblant de ne rien voir en attendant qu'il se raisonne tout seul ? » Fermez votre tiroir à clef, la tentation est banale, non pathologique en soi. Ne condamnez pas dès la première fois. Raisonnez-le s'il trouve le moyen de recommencer.

Méfiez-vous des étiquettes, qui peuvent contribuer à fixer son caractère : « Pierre-Alexandre est menteur ». On se comporte donc avec lui comme avec un menteur. Il finira par coller instinctivement à sa réputation.

S'il n'obéit pas soyez sévère, car la vie plus tard ne lui cédera pas. Vous l'aimez : vous trouverez les mots nécessaires. Lorsqu'on aime son enfant aucune faute d'éducation ne saurait être grave. Est-ce que je sors de mon rôle de médecin en parlant d'amour ?

Le cas le plus extraordinaire que j'ai eu dans mon cabinet concerne un enfant. Richard est venu me voir en 1977 pour un blocage intellectuel, consécutif aux circonstances de sa naissance. Il est né « cyanosé », autrement dit tout bleu, à cause d'une césarienne un peu trop tardive. Il a marché à 26 mois. A 6 ans il a la taille d'un enfant de 4 ans, commence à peine à parler et se fait comprendre par gestes. Sa tête est un peu grosse, son cou très court, sa poitrine trop ronde. Un coup d'œil rapide à ses mains : ses plis palmaires sont normaux, il n'est pas mongolien, trisomique comme on doit dire maintenant. Au bilan il n'a d'ailleurs aucune anomalie génétique. Il se comporte comme un bébé, a de très grosses amygdales et des rhumes fréquents. Il est chatouilleux à un point tel que tout examen est à peu près impossible. Il a un faciès réjoui de Pierrot lunaire et sourit aux anges. Je lui prescris des doses de Baryta carbonica, le carbonate de chaux, un médicament qui très curieusement convient aussi bien aux enfants retardés qu'aux personnes séniles, celles qui « retombent en enfance ».

Je le revois un an plus tard, sa mère le déclare « transformé », surtout du fait qu'il manifeste son désir de communiquer. Cependant l'institutrice de son Institut médico-pédagogique (IMP) le trouve encore très bébé. En 1981 (à 10 ans) il sait lire et écrire et commence, toujours selon l'institutrice, « à se dépouponner ». Il compte jusqu'à 24. Il est timide comme un moineau mais, chose très importante et positive, il se met à prendre des colères, et ne cède pas quand on veut le faire obéir. Il commence à s'habiller tout seul. Le médecin de l'IMP, qui n'est pas au courant du traitement homéopathique, trouve qu'il va « s'en sortir », mais ne s'étonne pas de cette évolution un peu à part quand on compare Richard à ses camarades dans la même situation. Au fil des années il fait de gros progrès en lecture, est un peu moins lent dans son comportement. Il a besoin qu'on s'occupe de lui, que ses parents le caressent. Je le soigne maintenant avec des doses de Natrum muriaticum, le sel de cuisine qui, une fois dilué et dynamisé à la manière homéopathique, prend des vertus curatives. Richard a des difficultés en calcul et sa mère commence à désespérer. Bien sûr il s'ouvre un peu, se défend quand ses camarades l'attaquent, devient social. Il reste cependant méfiant devant tout ce qui est nouveau. Ses lèvres se fendent, il a eu des angines après un vaccin, mais Thuya et Mercurius solubilis règlent le cas. Nous en sommes maintenant à huit ans de traitement, à raison de six mois sur douze. Je n'ai jamais été optimiste sur ce cas : un retard intellectuel ne peut pas se rattraper complètement. Et voici que l'ordinateur apparaît dans mon cabinet. J'apprends alors que Richard en utilise un à l'école, qu'il est capable de faire des opérations en BASIC. Je lui demande de me montrer comment il additionne. Bien sûr il n'opère qu'en mode direct, il ne pourrait pas réaliser un programme, mais il se comporte pour la première fois devant moi de façon naturelle. « Input » et « Print » ne sont pas des secrets pour lui. L'ordinateur lui semble familier, ce qui me frappe beaucoup et me permet de faire un diagnostic inattendu : Richard a surtout un blocage affectif, alors que je croyais à un défaut d'intelligence. Avec les êtres humains il se trouble, devant la machine il arrive à s'exprimer. Je modifie mon traitement en fonction de cet élément nouveau : Richard n'est pas un enfant retardé. Il ne sera pas polytechnicien, mais voici que l'espoir renaît. Aux dernières nouvelles il a un peu plus d'autonomie. « Il commence à devenir responsable », me dit sa mère. Il prend le métro seul, fait quelques menus achats pour lui-même, genre bonbons. Il vient de lire « Trois hommes dans un bateau ». « Le Petit Prince » lui plaît beaucoup. Cela me fait plaisir car c'est un livre que j'ai lu plus de vingt fois dans ma jeunesse et dont les dessins aux couleurs tendres me reviennent en mémoire quand je passe devant la maison natale de Saint-Exupéry, à deux pas de mon cabinet.

L'homéopathe voit beaucoup d'adolescents. La puberté constitue une crise, non seulement pour le jeune qui sent en lui des poussées mal définies, des transformations physiques, esthétiques, psychologiques, mais également pour son entourage. Les cartes sont en train de se redistribuer.

Le conflit familial fait alors partie de la règle normale du jeu. Pour les parents il n'est pas question de l'éviter, mais de l'accepter, tout en s'arrangeant pour que l'adolescent le surmonte. Il doit se détacher de sa famille par nécessité, c'est sa manière de se préparer à la vie, de se forger le caractère. Plus l'adolescent aime ses parents plus sa manière d'exprimer le changement en cours est violente. D'où l'agressivité très fréquente, certaines acnés persistantes et les tentations d'abandonner la scolarité.

Sur ce point particulier il faut être ferme, ne pas laisser l'adolescent manquer la classe un seul jour car plus le temps passe, plus l'angoisse grandit, et il finit par ne plus vouloir reparaître devant ses camarades. Je donne en général un traitement facile à faire, et que les parents peuvent discrètement contrôler, car la révolte passe aussi par le refus des médicaments. L'homéopathie est une des clefs du problème, les autres étant le dialogue, parfois un changement d'établissement.

La femme enceinte

Beaucoup de femmes enceintes ont recours à l'homéopathie. Elles ont beau savoir que le médecin allopathe ne leur donnera que des médicaments assez simples, ceux qui ne passent pas la barrière placentaire, elles se sentent plus en sécurité avec des dilutions infinitésimales.

Elles peuvent bénéficier du traitement homéopathique à toutes les étapes de leur grossesse. Leurs vomissements sont presque toujours guéris par l'homéopathie, même ceux que les médecins appellent « incoercibles » (du fait qu'ils ne sont pas guérissables par la méthode habituelle). Généralement on hospitalise la personne, on l'isole, et les choses rentrent lentement dans l'ordre. En quelque sorte, les médecins assistent, impuissants, à la guérison. Avec l'homéopathie le terme « incoercibles » n'a plus cours. Ces vomissements sont rapidement soulagés par Sepia[1].

Pour les autres ennuis possibles, la femme enceinte bénéficiera également du traitement homéopathique : cystite, constipation, hémorroïdes, douleurs diverses. La peur de l'accouchement est facilement calmée par Actæa racemosa[2].

Une discussion intéressante, au moins sur le plan théorique : la bio-eugénique prénatale. Il s'agit de préparer la venue de l'enfant en donnant à sa mère (toute femme fécondée est déjà une mère) des dilutions de médicaments homéopathiques. On pense qu'ainsi l'enfant naîtra en bonne santé, mais cette pratique est contestée car elle pose des problèmes d'efficacité et de morale politique.

Efficacité : jusqu'à maintenant aucune statistique

(1) SEPIA 9 CH, 12 CH, 15 CH, 30 CH : une dose de chaque dilution en changeant toutes les douze heures ; répéter après quelques jours en cas de rechute.
(2) ACTÆA RACEMOSA 12 CH, une dose par semaine, jusqu'à amélioration.

sérieuse n'a jamais prouvé que les bébés homéopa-
thisés avant terme sont plus beaux, plus vigoureux,
plus sains que les autres. Le livre de Jenny Jordan[1]
qui consacre toute son énergie à répandre l'idée de la
bio-eugénique prénatale ne donne pas de réponse
claire sur ce point. Il affirme, mais ne prouve rien.

Morale politique. J'ai eu l'occasion de faire des
cours à des sages-femmes en présence de Jenny
Jordan. J'ai pu l'entendre exposer en détail son
expérience de la bio-eugénique prénatale. J'ai senti
passer dans l'assistance un vent d'inquiétude à propos de la sélection des individus sains. Le nazisme ne
fut pas évoqué mais il était sur certaines lèvres. Le
terme « eugénique » forgé à la fin du siècle dernier
évoque d'ailleurs par son étymologie la « bonne
race ».

Il n'en reste pas moins que cette technique est un
peu plus qu'un vœu pieu : une généreuse liberté de
choix et d'espoir. Personnellement je fais de la
bio-eugénique sur demande, car les problèmes
d'éthique ne se posent que dans un contexte purement socio-politique dans lequel je ne veux pas me
placer. Si une femme enceinte en exprime le désir je
lui prescris les doses nécessaires.

Pour préparer l'accouchement je donne Caulophyllum[2]. S'il n'y a pas de problèmes mécaniques de
bassin, ce qui est le cas le plus fréquent, la mise au

(1) Jenny Jordan-Desgain. *La Bio-Eugénique prénatale homéopathique fera les enfants de l'avenir.* Marabout. 1983.
(2) CAULOPHYLLUM 12 CH, une dose par semaine pendant le
dernier mois de la grossesse, et une dose supplémentaire au moment
de partir à la maternité.

monde a lieu en un temps record qui intrigue toujours les accoucheurs. Une thèse[1] de médecine a d'ailleurs été soutenue sur ce sujet : dans le retard à l'accouchement une efficacité moyenne de 76,5 % a été retrouvée avec Caulophyllum comparé à un placebo.

Une cliente me téléphone un jour de la maternité : elle a bien pris ses doses et tout se passait normalement quand, sans autre motif que d'accélérer le travail, l'accoucheur lui a fait une perfusion d'hormone, l'ocytocine. Contre toute attente, les contractions utérines s'arrêtent. La patiente me demande ce qu'elle doit prendre pour qu'elles repartent. Il n'y a aucun symptôme d'orientation, que faire ? La meilleure chance paraît être de recommencer Caulophyllum. Sous l'influence de la dose supplémentaire l'accouchement a repris son cours normal et Sébastien pousse bientôt son premier cri. L'homéopathie est ici à son avantage.

Le temps de la retraite

Les personnes d'âge peuvent se soigner par l'homéopathie, dans la mesure où elles n'ont pas de lésions irréversibles : insuffisance cardiaque ou rénale, formes sévères de rhumatisme, lésion cérébrale. « Dans la mesure où elles sont en bonne santé », diraient les méchantes langues, ce qui reviendrait à

---

(1) Martine Deguillaume. *Etude expérimentale de l'action de Caulophyllum dans le faux travail et la dystocie de démarrage.* Limoges, 1981.

nier l'action de l'homéopathie sur les petits maux quotidiens. On peut faire un traitement mixte, allopathique et homéopathique pour un meilleur confort. Il sera possible ainsi de limiter les pertes de mémoire, les digestions pénibles, une certaine émotivité, de garder une sexualité sage mais satisfaisante. Par contre il faudra accepter les cheveux grisonnants, les déformations des phalanges, le corps qui s'épaissit ou devient plus maigre, tous ces témoins de l'âge qui ne sont pas pathologiques en eux-mêmes.

La formule « le troisième âge » me choque, mieux vaut encore parler de « vieillesse », en y mettant une nuance de respect. Pour rassurer les gens du « troisième âge », pour leur montrer que le terme de la vie est encore loin, on a inventé une étape supplémentaire, le « quatrième âge ». Cette façon de compter est faussement rassurante mais le piège ne fonctionne que pour ceux qui le veulent bien.

Avez-vous préparé l'époque où vous ne serez plus en activité ? Vous avez trente-cinq ans et vous n'y songez pas ? Attention, il est presque trop tard. Un petit saut de vingt ou trente ans et vous allez vous retrouver devant un problème majeur : celui de savoir quoi faire de votre vie, de votre corps, peut-être de vos regrets ; vous devrez apprendre l'art de vivre avec votre conjoint 24 heures sur 24, de réduire vos besoins pour des raisons physiques et financières.

Pourquoi y penser si tôt ? Parce qu'il n'est pas trop de deux ou trois décades pour vous habituer à l'idée. Sans peur : la peur de l'avenir gâche l'instant qui court, la peur de la vieillesse est déjà la vieillesse. Lucidement, afin d'éviter le ridicule de nier d'ici peu vos limitations. Si vous y pensez alors que vous êtes encore jeune, c'est comme si vous vous faisiez un vaccin préventif : le moment venu vous serez tellement habitué à l'idée que vous aurez pris le bon virage sans même vous en apercevoir, sans souffrir du « déclin vasculaire » qui guette celui qui prétend le nier. Cette affirmation vaut toutes les crèmes anti-rides. Tant pis si j'ai tort d'avoir raison.

Lorsqu'on arrive au terme de son activité professionnelle on devrait se mettre en retrait plutôt qu'en retraite, afin d'éviter le choc de l'inaction. Je reconnais qu'il est difficile de conserver un emploi à temps partiel, ce qui est actuellement taxé par la société. Du P.D.G. à l'ouvrier spécialisé, il faudrait cependant pouvoir s'imposer encore quelques contraintes, conserver des interventions ponctuelles à titre de conseiller, de « mémoire de l'entreprise ». Personne n'est complètement vieux. J'approuve ceux qui ont la possibilité de s'inscrire dans une université, d'entreprendre les voyages dont ils ont toujours rêvé, de faire du bénévolat. Evidemment on profite mieux de la retraite avec un peu d'argent et pas trop de handicaps de santé. Tout doit être prétexte à conserver l'entraînement à la vie.

La vieillesse, avec tout ce que cela comporte de manque d'honneurs dans la société actuelle, arrive quand les activités se réduisent insensiblement, et qu'on perd sa souplesse de caractère. On voit moins de monde, on hésite à sortir, on ne lit que les gros titres du journal : un beau jour il ne reste plus rien

— que l'attente. La vieillesse n'est pas une maladie, tout juste un état d'esprit.

J'écris ceci alors que je viens d'amorcer la deuxième partie de ma vie. J'aurais pu attendre d'avoir une expérience directe des phénomènes. Suis-je impatient ? Je pense seulement être raisonnable avant l'heure dans la mesure où, confortablement installé dans mon fauteuil de cabinet, je passe mes journées à observer des gens de tous âges et de toutes conditions. Je ne fais que transcrire ce que j'ai observé, avec toutefois l'intention d'appliquer à moi-même les principes que j'expose. Je les applique déjà.

Et les animaux ?

Les animaux bénéficient eux aussi de l'homéopathie. Certes il n'est pas facile d'individualiser les symptômes des vaches qui broutent dans les prés. Cependant il existe des vétérinaires capables d'étudier patiemment le comportement des animaux de ferme. Si les paysans donnent un nom à chacune de leurs vaches, c'est bien qu'ils y sont attachés, qu'elles leur paraissent familières. Une vache qui marche toujours hors du troupeau, un vache qui se précipite vers l'étang pour y boire, une vache à l'étable qui ne se laisse pas traire par son propriétaire ou approcher par le vétérinaire, autant de signes qui peuvent mettre sur la voie du simillimum. Dans les cas les plus courants les éleveurs utilisent toutefois des mélanges complexes.

Le diagnostic est un peu plus facile avec les animaux de compagnie. Il m'est d'ailleurs arrivé à quelques reprises de pratiquer malgré moi l'art vétérinaire. Une de mes fidèles clientes se présente un jour à mon cabinet avec un lévrier. Elle vient me consulter pour elle-même, mais au cours de la conversation elle me dit que Spot lui pose un sérieux problème : il refuse de courir. Pour un lévrier, c'est une faute professionnelle. Quand vient le départ de la course il fait vingt mètres et retourne, tremblant de peur, aux pieds de sa maîtresse. Il la retrouve sans hésitation, même si elle a pu entre temps se cacher. Tandis qu'elle raconte la scène j'observe les yeux de Spot : largement ouverts, presque suppliants ; il semble heureux de ne pas quitter mon regard. J'apprends aussi qu'il n'est pas intéressé par les lévrières, autre grave démission pour un chien de race. Par contre il aime se tenir sur les genoux de ses maîtres, demande constamment des caresses, gémit pour un rien. Il a eu quatre propriétaires successifs, ce qui explique sans doute son comportement.

— Il n'a pas de caractère, ajoute ma cliente. Il s'efface devant tout le monde. Quand on parle devant lui, il tremble.

Il y a là des indications de traitement. Bien sûr je n'examine pas le chien, je ne fais aucun diagnostic, ce dont je serais bien en peine, mais en raisonnant « comme pour les humains » j'arrive directement à la thérapeutique : Pulsatilla, dont je conseille quelques doses en 12 CH. Spot n'est pas venu la fois suivante, et je me suis surtout occupé de la thyroïde de sa maîtresse. En fin de consultation nous avons cependant parlé de son cas :

— Dès la deuxième dose de Pulsatilla il paraissait plus sûr de lui, demandait moins de câlins.

J'apprends également qu'il devient plus « agressif ». Ses poils se hérissent quand il court après un chat et ceci est nouveau pour lui. Encore plus étonnant, il se met à aboyer après les autres chiens. Et surtout, pour la première fois de sa vie, après deux mois de traitement, Spot s'est mis à courir, à tous les sens du terme. Au bout d'un an, à l'aide de dilutions croissantes (15, 18, 30 CH) il est devenu un lévrier comme les autres.

Les maîtres disent que leurs chiens — et même leurs chats, ceci est vraiment un signe — prennent plus facilement les granules homéopathiques que les autres médicaments, comme si, d'instinct, ils avaient confiance. Ce qui est bon pour les animaux est certainement bon pour nous, et nous pouvons sans hésiter apprendre à nous soigner comme eux.

Quelles maladies ?

Les maladies infectieuses sont du domaine de l'homéopathie : grippe, rougeole, varicelle, oreillons, coqueluche, sinusite, otite, laryngite, etc. Le médicament renforce les défenses naturelles, aide l'organisme à chasser le microbe ou le virus, à combattre les mauvaises conséquences d'un coup de froid, du simple rhume à la bronchite. Un abcès, un furoncle ne lui font pas peur. L'infection urinaire, la cystite, se

144

soignent avec Cantharis, Mercurius corrosivus ou Terebinthina. Nous avons résolu le problème de l'herpès labial ou génital, aussi bien au moment de la crise que pour éviter les récidives.

Par contre le traitement homéopathique ne peut tuer les parasites (vers, champignons microscopiques, levures comme celle de la candidose) qui sont des corps organisés. Il faut à la fois un traitement local d'origine chimique et un traitement homéopathique de terrain.

Les maladies fonctionnelles constituent une large part des indications de l'homéopathie : deux consultants sur trois sont des fonctionnels, tous les médecins généralistes le reconnaissent. Le malade se plaint de troubles subjectifs que ne peut expliquer aucune pathologie lésionnelle, et dont les symptômes sont réversibles sous l'effet d'un traitement approprié. Il présente un désordre physio-pathologique touchant l'ensemble de son organisme. Est-il né comme cela ? Réagit-il à son environnement ? Les avis sont partagés sur ce point. La définition est négative, ne cherche pas à comprendre, mais non plus à nier. On ne peut pas dire que le patient n'a rien. Il faut le prendre au sérieux, ne serait-ce que pour l'empêcher de tomber dans la nosophobie (la peur des maladies) ou la somatisation, c'est-à-dire le passage à une maladie organique. Exemples de maladies fonctionnelles : la migraine, l'hypertension artérielle nerveuse, certaines palpitations cardiaques, l'asthme, la colite, un début de maladie de Basedow, certains ennuis de prostate. Dans le domaine de la gynécologie, les troubles fonctionnels des règles (douleurs, irrégularités menstruelles), également les troubles prémenstruels et la mastose disparaissent sous traitement homéopathique. Le fonctionnel a ses lois propres que nous ne connaissons pas complètement, une pathologie en soi. Aucun médecin depuis longtemps ne franchit plus la barrière du mépris.

Lorsque tous les bilans sont revenus négatifs et que le patient me demande le nom de sa maladie, il m'arrive de répondre : « C'est fonctionnel ». Il s'agit dans mon esprit d'une nouvelle rassurante, mais j'entends parfois en écho :

— Et pourtant, Docteur, je souffre.

Le malade imaginaire n'existe que dans la littérature. Je crois à l'existence de ses plaintes. Je dois alors expliquer, expliquer encore, et surtout trouver le traitement homéopathique le plus semblable à ce qu'il cherche à exprimer.

L'allergie est un vaste champ d'indications de l'homéopathie puisque quinze pour cent de la population en souffre. Nous faisons assez facilement notre réputation sur le traitement de l'eczéma, pour une raison terre à terre : l'eczéma se voit. Avant le traitement il y a une éruption, après il n'y en a plus. Un angoissé peut être pris pour quelqu'un qui invente ses symptômes, les utilise quand il en a besoin, et est donc à même de les guérir avec le premier traitement venu. Le porteur d'eczéma, lui, peut à tout moment faire la preuve de sa maladie. Je connais des médecins qui n'acceptent pas l'efficacité générale de l'homéopathie, mais reconnaissent qu'elle est active sur les maladies de peau.

L'eczéma atopique est un exemple particulièrement convaincant. Il s'agit d'une maladie congénitale qui commence vers l'âge de deux mois et s'étend ensuite malgré les applications de pommades. On me montre souvent des nourrissons recouverts de cet éruption rouge, suintante et plus ou moins généralisée. Il est pénible de voir le petit patient se gratter dès qu'on le déshabille. Certains arrivent même avec des moufles qui les empêchent de se griffer la figure. Le bain est un problème, ainsi que la chaleur de l'été et les vêtements synthétiques. Après quelques mois de traitement homéopathique ils vont juste un peu mieux, en tout cas leur état ne s'aggrave plus, ce qui représente une bonne nouvelle. A juste titre les parents sont impatients et je dois leur dire de ne pas désespérer, leur répéter à chaque consultation que le moindre progrès est un signe favorable. Il faut plusieurs années pour guérir l'eczéma atopique. Cela peut paraître long mais, sans homéopathie, les sujets auraient souffert toute leur vie, développant de surcroît des complications asthmatiques. Moyennant quelques précautions (en particulier éviter de choisir un métier prédisposant aux réactions allergiques : coiffure, chimie, teinture, etc.), ils finiront par avoir une peau comme les autres. Ils resteront sensibles, mais pourront à la moindre alerte rattraper le cas en prenant de l'homéopathie. Le traitement permet de contrôler la maladie, avec comme médicament central Lycopodium clavatum (le pied-de-loup).

Le rhume des foins est une maladie allergique bien désagréable. Les éternuements spasmodiques, le prurit des yeux, le larmoiement, la toux d'irritation, parfois la crise d'asthme, en sont les manifestations les plus évidentes, mais les sujets ont également un état sub-fébrile, avec fatigue physique et intellectuelle qui les empêche de réfléchir. En mai et juin, sous nos latitudes, les pollens de graminées sont particulièrement actifs et beaucoup d'étudiants ont des problèmes au moment de leurs examens. Ils reçoivent une injection de cortisone retard, ce qui rend la maladie silencieuse, mais ils s'aperçoivent que, d'un printemps sur l'autre, les symptômes reviennent plus forts. Avec l'homéopathie le tableau de marche est différent. On ne peut dire que les sujets passent à travers la saison sans s'en rendre compte car les particules de pollen véhiculées par le vent sont très nombreuses et arrivent toujours à donner quelques petites réactions, mais celles-ci sont supportables et contrôlées par le traitement. En quelques années d'ailleurs des médicaments de terrain les font disparaître.

L'allergie correspond à une réaction de l'organisme qui cherche à éliminer le produit auquel il est sensible (l'allergène). Le symptôme sert en quelque sorte d'avertissement, et l'on peut dire qu'il est bénéfique, même si ses effets sont désagréables sur le moment. Il aide à changer de comportement ou à modifier l'environnement. Un enseignant pourra ainsi se rendre compte que la craie est nuisible pour lui (si elle provoque un eczéma de contact, une rhinite ou un asthme) et demandera à l'administration, dans la mesure du possible, un tableau blanc et des marqueurs. De même un boulanger passera le minimum de temps dans son fournil, habitera dans un appartement éloigné de son travail, ou bien, comme l'un de mes clients très asthmatique, sollicitera un poste d'enseignant dans un lycée technique, ce qui limite pour lui les occasions d'inhaler de la farine. Si on ne peut éviter le contact avec l'allergène on demandera au médecin homéopathe un isopathique (une préparation homéopathique) du produit responsable, et l'on en prendra trois granules trois fois par jour, les jours de travail.

Il existe des cas graves, mais exceptionnels, prouvant que l'entourage de l'allergique ne le prend pas toujours au sérieux. Une patiente me raconta un jour l'histoire fort curieuse et pourtant véridique de son mariage. A la moindre quantité de poivre gris elle réagissait par des manifestations allergiques spectaculaires, alors que le poivre blanc ne la dérangeait pas. Il y avait au menu de son repas de noces de la langouste à l'armoricaine. Quelques jours avant l'événement elle se rend donc chez le restaurateur, lui explique sa sensibilité particulière, et insiste pour qu'il mette impérativement du poivre blanc dans la sauce. Elle le quitte sur des promesses rassurantes. Or le jour même du mariage le drame se produit. Pendant le repas ma cliente est saisie d'une très sévère crise d'asthme doublée d'une urticaire géante avec œdème de Quincke (un gonflement du visage) et elle passe sa nuit de noces à l'hôpital, entre la vie et la mort. Depuis elle se méfie du poivre sous toutes ses formes et des restaurateurs, même les plus compréhensifs.

Les patients m'apportent en général une batterie de tests montrant à quelles substances ils sont allergiques. Les quatre « p » reviennent comme une litanie : plumes, poils, poussières, pollens. Ces tests m'intéressent en tant que médecin, mais ont peu d'utilité sur le plan homéopathique. Ils permettent d'authentifier la plainte, facilitent l'éviction du produit responsable, mais sont surtout prétexte à consultation pour ce que j'appelle « l'allergie désincarnée » :

— Docteur je viens vous voir pour mon allergie. (Noter le possessif).

— De quoi souffrez-vous ?

— Je suis allergique aux plumes, aux poils, aux...

— Excusez-moi, dites-moi plutôt ce que vous ressentez.

Ce dialogue a lieu plusieurs fois par semaine. Je veux l'être qui souffre et non sa culture médicale, le vécu plus qu'une froide litanie de causes passe-partout, l'émotion en provenance du cerveau droit. Parfois je demande, cherchant à déstabiliser :

— Qu'est-ce que l'allergie ?

Mon intention est de modifier le terrain, ce qui revient à diminuer la sensibilité à l'allergène, et pour cela j'ai besoin de ce qui est autour de l'allergie, plus que de l'allergie elle-même. Je ne prescris pas de désensibilisation, qui dure au moins trois ans et ne résoud pas le problème de fond. Dans de nombreux cas elle ne fait qu'opérer un déplacement : la poussière de maison (en fait un acarien microscopique qu'elle renferme) ne gêne plus, mais le patient devient allergique aux pollens de graminées, ou à toute substance qu'il est possible d'inhaler, d'ingérer, ou d'appliquer sur la peau. Evidemment je ne vois que les échecs de la désensibilisation, et j'ai bien conscience que mon avis est partiel, peut-être partial. En tout cas les patients auxquels j'évite les injections bimensuelles sont satisfaits, et spécialement les enfants.

150

Une autre recommandation : ne pas vivre dans la terreur de la situation allergisante, car l'état nerveux peut majorer les symptômes. Si l'on n'y prend garde l'allergie finit par acquérir une dimension supplémentaire, presque obsédante, sans commune mesure avec ce qu'elle devrait normalement être. Ne voyez pas des allergènes partout. La peur du danger n'évite pas le danger, chacun sait cela. Je me permets d'ajouter qu'elle l'attire, et surtout qu'elle en augmente les effets.

En visite chez tante Adèle, vous apercevez un chat. Vous êtes persuadé qu'il y a des poils partout dans la maison, ce qui est sans doute vrai, même si Adèle est une maniaque du chiffon. Dites-lui que vous aimez les chats, demandez-lui gentiment d'enfermer le sien dans une chambre ou de l'envoyer au jardin pendant le temps de votre visite, et vous aurez tout au plus le nez bouché. Si vous paniquez la crise sera majeure. Nous sommes ainsi faits de ressorts psychologiques difficilement contrôlables.

Le psoriasis est une maladie mystérieuse qui n'a rien à voir avec l'eczéma. Seuls certains y sont prédisposés, les groupes tissulaires du Professeur Dausset nous le montrent, mais nous ne savons pas pourquoi. Sur ce terrain un traumatisme psychologique sert souvent de révélateur. Telle l'histoire de Marie-Laure qui, à l'âge de douze ans, jouait avec ses camarades dans un cimetière. Elle me certifie qu'à l'époque elle n'avait pas vu « Jeux interdits ». Des fossoyeurs s'approchèrent, et l'un deux fit une remarque qui, s'adressant à des enfants, laisse rêveur :
— Si vous êtes sensibles, allez jouer ailleurs.

151

Les ouvriers étaient en train d'opérer une réduction. C'est ainsi qu'on appelle, en terme technique, le fait d'ouvrir un cercueil, de recueillir les ossements et de les rassembler dans une petite boîte. Simple routine pour des employés communaux, une manière de faire de la place quand la concession à perpétuité est pleine.

Trente ans après, Marie-Laure parle encore du spectacle avec terreur, hésite à me donner certains détails, à tel point que je suis obligé de changer de conversation, de retourner à mes questions sur sa peau. Je ne la guérirai pas complètement : elle consulte beaucoup trop tard. L'homéopathie ne réussit pas à chaque fois dans le psoriasis. Les résultats sont bons dans les cas récents et (ou) non cortisonés.

Les verrues sont facilement guéries par l'homéopathie. N'importe quoi peut les guérir, dit-on, alors pourquoi pas l'homéopathie ? N'importe quoi, c'est vrai, mais avec l'homéopathie les résultats sont constants. Je défie ceux qui recommandent d'autres méthodes d'avoir régulièrement des succès. Parmi les tentatives qu'on m'a rapportées, et je suis sûr qu'il en existe bien d'autres : compter neuf fois neuf étoiles, appliquer un coton imbibé du sang des règles, faire dessiner aux enfants la forme de la main où se trouvent les verrues. Le suc de la grande chélidoine, « l'herbe à verrues », semble efficace en application locale dans les cas récents.

Le temps nécessaire pour guérir un cas avec l'homéopathie est variable. Il dépend de l'ancienneté des verrues. Un client il y a quelques années vint me voir en pantoufles. Guillaume avait à chaque pied depuis 7 ans des verrues sous forme d'amas gros comme des poings. Elles étaient apparues peu après la guérison par la médecine classique d'une maladie sévère du sang. Il avait eu d'abord une verrue tout à fait sage pour laquelle il avait subi de la chirurgie. A la suite de cette ablation de nombreuses verrues s'étaient installées sur chaque plante de pied ; le cas était véritablement hallucinant. En un an de traitement environ ses pieds redevinrent comme ceux d'un bébé. On parle encore de cette affaire dans l'administration où il travaille. Je tiens les photographies à la disposition de mes confrères.

Le zona est également une des réussites de l'homéopathie. La médecine classique est souvent efficace, mais il lui arrive d'avoir des échecs, surtout chez les personnes âgées, et alors les séquelles douloureuses sont quasiment irréversibles. On a donc toujours intérêt à se soigner par homéopathie dès la sortie de l'éruption[1]. Lorsque le zona est dans la région de l'œil, la double surveillance de l'ophtalmologiste et de l'homéopathe est nécessaire.

La chute des cheveux inquiète à juste titre. Certains cas sont purement nerveux, qu'il s'agisse d'une

_____
(1) Voici une formule très souvent efficace, surtout si elle est prise dès la sortie de l'éruption :
— ARSENICUM ALBUM 30 CH, une dose dès que possible, à ne pas renouveler ; puis :
— MEZEREUM 9 CH,
   RANUNCULUS BULBOSUS 9 CH,
   RHUS TOXICODENDRON 9 CH,
trois granules de chaque trois fois par jour, pendant trois semaines.

chute diffuse, ou de l'apparition de plaques rondes et glabres sur le cuir chevelu, témoins d'une angoisse assez marquée. On peut également avoir un problème dermatologique (psoriasis, séborrhée, champignons). Dans tous ces cas l'homéopathie est efficace. Reste le problème de la chute précoce des cheveux chez des hommes jeunes et qui n'ont apparemment aucune cause précise à cette anomalie. Il s'agit d'une programmation génétique pour laquelle l'homéopathie sera seulement susceptible de retarder l'échéance.

Abordons maintenant le domaine des émotions, des « nerfs », et avant tout celui de notre chère ennemie : l'anxiété ou de son expression corporelle, somatique, l'angoisse. Les muscles sont douloureux, la poitrine a du mal à trouver son souffle, la gorge se noue. Je connais bien l'angoisse. Un peu pour moi, encore que ce soit dans des limites acceptables, beaucoup chez mes patients qui, quotidiennement, me décrivent avec insistance, comme si je ne devais pas les comprendre, des phénomènes qu'ils croient uniques.

Tout le monde en souffre. Ne sont pas angoissés ceux qui ne se reconnaissent pas comme tels. Si nous n'étions pas porteurs d'angoisse nous existerions à peine. C'est elle qui nous pousse à agir, nous maintient en état d'alerte, accomplit nos gestes, suscite nos résistances. Sans elle la terre ne serait qu'une boule sans pudeur et sans flamme, peuplée de gourous et de poètes désincarnés. Luc Pavillon, vous le savez bien, puisque vous utilisez votre part d'angoisse pour écrire, pour créer.

Il est nécessaire de maîtriser l'angoisse, de ne pas la laisser conduire notre vie. Voici un beau sujet de baccalauréat : « Peut-on être angoissé sans en souffrir ? » Pour répondre il nous faut d'abord connaître la signification de l'angoisse. C'est une crise d'adaptation aux situations personnelles, familiales, professionnelles, sociales, un mal nécessaire qui nous guette pour nous faire agir, et que nous ressentons seulement quand il prend une forme majeure. En soignant l'angoisse on ne la fait pas disparaître, on peut tout au plus en contrôler les effets.

Rien de mieux pour cela que le traitement homéopathique, dont l'efficacité respecte la personnalité de chacun. Avec des médicaments comme Phosphorus, Argentum nitricum, Ignatia amara on ramène l'angoisse à un niveau où elle n'est plus ressentie directement. Les tranquillisants chimiques ne sont pas indispensables, sauf pour les personnes qui cherchent un traitement-minute, ou dans certaines situations critiques pour un temps très court.

Ce qu'on nomme couramment nervosité, ou nervosisme, recouvre à peu près les mêmes phénomènes — c'est moins romantique pour l'âme, relativement anonyme, mais plus avouable. Et cependant certains, qui ressentent comme tout le monde quelques phénomènes de resserrement, de spasmes, ou de crispation, ne s'estiment pas nerveux puisqu'aucune personne extérieure n'est censée percevoir ce qui se passe en eux. Leurs troubles sont purement subjectifs, et donc faciles à nier. Si je leur dis : « Vous êtes nerveux », ils entendent : « Vous êtes découvert ». Même venant d'un médecin, ceci est mal accepté. Ils souffrent en général de symptômes psychosomatiques. Ils extériorisent leurs charges émotives sous forme de troubles fonctionnels, preuves de l'influence du moral sur le physique. Le symptôme psychosomatique dit ce que le patient ne veut pas dire, permet au sujet hyper-contrôlé de s'exprimer par symboles. L'homéopathie, avec son approche globale du patient, est la meilleure réponse.

L'asthénie du matin est une sorte particulière de dépression. On ouvre les yeux et l'on est déjà fatigué. Rester couché en se répétant : « Je vais me lever... » est une solution toute provisoire. On finit par sortir du lit, en se forçant, car il faut bien accomplir les tâches quotidiennes. Une heure plus tard tout va mieux : l'action semble un bon remède. Si un jour vous êtes dans cet état voyez un homéopathe. Sachez aussi que vous avez une dette de fatigue à payer. Il va vous falloir, et le plus tôt possible, vous reposer pour tenir compte de ce message de votre corps. Si vous vous croyez indispensable, bercez-vous d'illusions encore quelques jours, quelques semaines, le temps de finir un travail « urgent ». Un jour ou l'autre cessez pour un temps vos activités, en choisissant vos dates. Sinon vous ne pourrez plus vous arrêter, chaque tentative de repos amenant une recrudescence des phénomènes, comme si le travail devenait une drogue. Les Américains ont un mot-valise pour résumer cet état : « workaholism », quelque chose comme « travalcoolisme ». L'excès de travail est un stimulant plus facilement accepté par la société que l'alcool ou le tabac, mais ses conséquences peuvent être sérieuses, sur le plan vasculaire ou cérébral. A la limite on peut en mourir, mais on mourra dignement, dans l'admiration générale. Il n'existe qu'une seule solution, cesser le toxique, invisible mais dangereux, dont vous êtes devenu dépendant. N'attendez pas d'avoir rencontré votre limite pour me croire.

La dépression nerveuse est une sorte de mise à plat de la vie affective. Au delà de la souffrance morale il s'agit d'une manière de se retrouver, d'être de nouveau face à soi-même, parfois de s'adresser à l'entourage de manière indirecte, la réponse-déprime en quelque sorte. Il faut pouvoir faire les frais de ce rite de passage. Or, une des caractéristiques de la maladie est justement le repli, la perte de l'espoir, même pour l'immédiat. Ce manque d'appétence donne des traits figés, un regard sans relief, il fait perdre à tout visage sa beauté. Non seulement le déprimé n'a pas envie de travailler, d'aimer, de vivre, mais il n'a pas envie d'avoir envie, ce qui est plus sérieux. Le pire est à mon sens le pessimisme, qui enferme le déprimé dans un système clos, inhibe toute action qui pourrait lui permettre de s'en sortir. « A quoi bon ? », pense-t-il ; même lorsqu'il va un peu mieux il ne le sait pas. Tristesse, pleurs, perte de l'intérêt pour le quotidien et aussi pour les passe-temps (lecture, tiercé, jeu de boules, modèles réduits, télévision), voilà de quoi mettre l'entourage et le médecin en alerte.

« Ainsi, en homéopathie, vous avez des anti-dépresseurs ? », me demande Stéphanie. Elle me consulte pour les séquelles d'une vieille hépatite, qui, grâce à Sepia disparaissent peu à peu. Par contre son mari vient de perdre sa mère et elle voudrait lui faire suivre un traitement. C'est tout juste s'il consent à s'habiller, il pleure dès qu'on lui adresse la parole, et ne mange presque plus. Il est déprimé au point de ne plus se rendre compte qu'il est triste. Je rassure ma cliente :

— S'il accepte de venir, s'il m'explique ses troubles, je saurai ce qui lui convient. En quelques semaines, sans heurt ni dépersonnalisation, il pourra vivre comme avant. Par contre le terme « anti-dépresseurs » n'a aucune signification pour les homéopathes. Il n'y a pas chez nous de classe de médicaments et je ne peux rien vous recommander sans le voir. Je sais seulement que je trouverai, après interrogatoire et examen, une prescription adaptée à son cas.

Cette réponse, la seule qui tienne compte de la réalité homéopathique, n'est pas évidente pour Stéphanie. Sa moue est charmante. Le doute lui va aussi bien que son tailleur anthracite et les grosses perles mauves de son collier. Elle n'a manifestement aucune idée de la loi des semblables. Ma réflexion paraît sibylline à cette enseignante en science nucléaire qui applique d'instinct à l'homéopathie les principes de l'allopathie. L'initiation n'est pas nécessaire, au sens ésotérique du terme, mais il lui faut accepter passivement ce que je lui dis, ou changer de forme d'esprit.

— Vraiment vous pouvez quelque chose pour François ?

François est venu me voir. Nous avons parlé de la dernière maladie de sa mère, de ses propres difficultés à assurer le quotidien. Il est ingénieur-système dans une société de conseil en informatique, et à ce titre, il doit en permamence rester créatif. Depuis un mois il se perd dans des considérations mathématiques sans intérêt, n'arrive plus à penser et sa production s'en ressent. Pendant qu'il se raconte j'observe la discrète roseur qui envahit ses joues, la tranquillité de son regard malgré la peine évidente : c'est un Pulsatilla. Le cas est récent, le traitement facile à mettre en œuvre puisque François n'a pas pris d'anti-dépresseurs chimiques. Après quelques doses il retrouve rapidement des idées neuves pour son mini-ordinateur, mais bien sûr sa peine durera encore quelque temps.

Lorsque la dépression remonte à plusieurs années le patient arrive généralement avec une ordonnance comportant de nombreux produits de synthèse, et la manœuvre est un peu plus délicate. L'usage de l'allopathie dans la dépression peut se comparer aux tonnes de plomb, de sable et de béton qu'on a versées sur le réacteur en fusion de Tchernobyl pour empêcher les radiations dans l'environnement : la radioactivité continue à l'intérieur. Je commence le traitement homéopathique dès la première consultation en le choisissant d'après les symptômes apparus lors du début des troubles, et non d'après ce qu'il en reste après l'intervention du traitement chimique. Je m'applique ensuite à réduire très progressivement les doses d'allopathie, en fonction des améliorations.

Le rôle de la famille est capital. Une présence aimante, des mots d'encouragement sont nécessaires, bien que la peine du déprimé soit lourde à porter. Il n'est pas facile de vivre avec quelqu'un qui donne constamment l'impression de faire la tête, mange du bout de la fourchette, a les épaules rentrées. Quand vous avez l'air enjoué il se fait encore plus absent.

Si quelqu'un de votre entourage se trouve dans cet état, essayez de lui changer les idées. Tâchez de lui garder votre patience, de continuer à l'assister jusqu'à ce qu'il puisse se prendre en charge. Apprenez le langage des pleurs pour mieux comprendre sa détresse. Il ne fait pas sa dépression contre vous.

Occupez-vous de son corps. Faites-lui faire des massages, de la gymnastique. Caressez-le (ou la). La dépression est aussi un manque d'amour (imaginaire ?), un besoin de sécurité. Vous trouvez que je vais trop loin, que je sors de mon rôle de médecin ? C'est que vous n'êtes pas déprimé. Incitez-le à prendre son traitement avec régularité et confiance. L'homéopathie, vos efforts, en même temps qu'un début de détermination de sa part, lui permettront de triompher de son état. Le traitement sera long, avec peut-être des rechutes, notamment au moment de l'anniversaire de la première crise de dépression. Le déprimé chronique peut guérir. Il n'y a que lui pour ne pas le savoir.

Certaines personnes se plaignent de sinusite, d'eczéma, de migraines, de rhumes à répétition, et présentent en fait un état dépressif sans même s'en douter. A chaque fois qu'elles tentent de se soigner, la fatigue prend le dessus et les médicaments sont repoussés d'instinct. En fait ces personnes souffrent de dépression masquée. Le traitement homéopathique est idéal pour ce type de cas puisque la loi de similitude prend en compte aussi bien les symptômes physiques que leur correspondance morale et affective. Ici encore il suffit d'insister pour guérir.

Les cas les plus difficiles sont les dépressions endogènes. Les symptômes ne sont pas survenus après un choc, mais viennent de la constitution du sujet, font partie de sa personnalité. L'homéopathie joue un rôle complémentaire qui permet de gommer les traits trop accusés, de réduire les anti-dépresseurs classiques au minimum indispensable. Les « maniaco-dépressives », maladies avec alternance de phases d'excitation et de dépression dépendent avant tout de la thérapeutique classique à base de lithium mais des médicaments homéopathiques tels que Natrum muriaticum, Arsenicum album, Aurum metallicum ont aussi leur rôle à jouer.

Chacun sait que dans la dépression nerveuse il y a un risque de suicide. Encore faut-il distinguer à ce propos deux types de comportements. Le suicide-appel au secours, entrevu comme seule issue possible par le sujet, qu'il rate la plupart du temps, ne faisant ainsi que protester de manière plutôt tragique contre l'entourage et la société. Témoin le commentaire de cette ancienne institutrice : « J'ai fait une tentation de suicide. » Elle lit couramment des livres de philosophie et de culture de soi. Son vocabulaire est très riche, il ne peut s'agir que d'un lapsus, et elle s'en aperçoit.

Le plus dangereux est le suicide mûrement réfléchi, qu'on va réussir, et qui est heureusement le plus rare des deux. Une prescription d'Aurum metallicum, sous la surveillance attentive et prudente d'un médecin homéopathe, arrive souvent à éviter le pire.

La névrose bénéficie partiellement de l'homéopathie. Il s'agit d'une perturbation de la vie affective qui peut prendre diverses formes : angoisse majeure, peurs d'objets ou de situations particulières, fausses maladies corporelles, obsession. Ces symptômes parasitent la vie de tous les jours sans altérer la raison, ce qui est un élément important du diagnostic. Ils sont pénibles, c'est peu dire, témoignent en vérité d'une grande souffrance qui empêche l'adaptation à la réalité quotidienne, au milieu social et à ses conflits permanents. De nature réactionnelle, les symptômes névrotiques permettent la lutte contre quelque chose qui se situe entre le plaisir et la douleur, l'inconscient et le besoin de se mettre en accord avec soi-même.

L'homéopathie ne peut traiter à elle seule la névrose, il faut lui adjoindre la psychothérapie ou sa forme majeure la psychanalyse. Freud ou séparatistes freudiens, la mise à jour des forces internes est nécessaire, elle permet de retrouver la volonté de guérir, d'abandonner les bénéfices secondaires de la névrose. Certes il y a des blocages, le plus flagrant étant le fait de refuser la psychothérapie, même quand elle est médicalement indiquée. Aussi ai-je personnellement adopté une ligne assez dure, mais qui est la seule possible à mes yeux : j'attends que mon patient me parle de psychothérapie.

— Docteur, est-ce que la psychothérapie me conviendrait ?

Ma réponse, nuancée en fonction de la personne, va toujours dans le même sens :

— Poser la question c'est déjà la résoudre. Vous ressentez le besoin de psychothérapie puisque vous en parlez, vous avez donc le pouvoir de la rendre efficace. Je suis prêt à vous donner une adresse, mais attention, les débuts ne sont pas simples. Vous allez vous sentir déconstruit. Il ne faudra pas vous arrêter avant d'avoir rebâti un être plus solide. Sachez également que vous ne consulterez pas le psychothérapeute seulement pour l'entendre vous dire ce qui ne va pas en vous. Le psychothérapeute est un miroir qui vous renverra votre propre image. C'est vous qui pouvez vous guérir en mettant au jour — et à jour — votre passé, ses mécanismes de défenses, les moindres détails de votre histoire vécue et encore vivante.

L'homéopathie a son mot à dire dans ce genre de recherche. Elle aide à franchir certaines étapes, lève les dernières hésitations, donne l'énergie nécessaire pour avancer. Elle bénéficie également des découvertes faites par le patient pendant les séances. Il peut en revoyant son homéopathe lui apporter un symptôme oublié, ou une circonstance déclenchante qu'il avait involontairement passée sous silence.

Sans faire de psychothérapie, car je n'ai pas été formé pour cela, comme tout médecin j'essaie d'être à l'écoute de mes patients. Je suis prêt à recevoir leurs confidences avec, bénéfice non négligeable, l'intention de m'en servir pour affiner le diagnostic homéopathique qu'ils sont venus chercher. Certains médecins considèrent d'ailleurs l'homéopathie comme une forme de psychothérapie, allant jusqu'à affirmer qu'elle agit exclusivement par ce biais.

Notre succès auprès des patients les oblige actuellement à ajouter qu'il s'agit d'une psychothérapie efficace. Cette réflexion est méprisante pour la psychothérapie et pour la médecine des semblables. Elle n'explique rien et est très loin de la réalité car l'homéopathie possède une efficacité intrinsèque. Bien évidemment lors de chaque consultation le médecin se prescrit un peu lui-même, et l'homéopathe n'échappe pas à cette règle non écrite. J'irai jusqu'à dire qu'il est un peu mieux armé que ses confrères allopathes, dans la mesure où sa connaissance de la nature humaine est basée sur l'expérimentation directe.

La psychose est complètement différente de la névrose, c'est ce que l'on nomme communément la « folie ». Rien à voir avec le terme journalistique de psychose, qui a le sens de peur collective : psychose de l'attentat, par exemple. Pour le médecin la psychose est un état d'aliénation, au sens fort du terme, quand l'être est un autre pour lui-même. Le sujet est mené par son délire, sans être conscient du caractère anormal de ce qu'il vit. Très structuré dans son état, il refuse de se soigner puisqu'il n'est pas conscient d'être malade. Souvenons-nous cependant que nous nous considérons comme normaux pour la seule raison que nous sommes les plus nombreux. L'homéopathie est active dans les formes limites de psychose, dites par les psychiatres « border-line » (frontière). Ici le franglais est pudique, sinon ludique. L'avis d'un psychiatre expérimenté dans les deux spécialités est nécessaire.

Beaucoup d'autres maladies nerveuses se soignent par l'homéopathie, comme les névralgies et les spasmes. L'épilepsie, par contre, n'est pas de notre domaine. Je suis toujours frappé par l'insistance avec laquelle les personnes concernées (les patients et leur famille) insistent pour avoir un traitement de l'épilepsie, refusent les limites de l'homéopathie dans ce domaine. Cette obstination est une manière de nier une maladie qui a toujours fait peur : n'appelait-on pas autrefois l'épilepsie « le mal sacré », une métaphore à vous faire rentrer sous terre ? Un parkinsonien qui n'arrive pas à guérir est découragé par sa maladie mais ne la nie pas. Un épileptique a tendance à ne pas m'entendre quand je lui dis que je ne peux rien pour lui. J'améliore seulement les troubles concomitants de la personnalité.

En cas de troubles circulatoires l'homéopathie donne des résultats intéressants, et notamment dans l'hypertension artérielle. Le traitement homéopathique est le premier à entreprendre dans les cas nerveux, où la tension est un épiphénomène sans signification péjorative. Il suffit d'ailleurs de prendre la tension longuement pour la voir revenir à des chiffres raisonnables. Si l'on s'en tient aux chiffres obtenus dès qu'on a posé le brassard de l'appareil on constate des résultats faussement inquiétants. Lorsqu'il s'agit dès le départ d'une hypertension artérielle vraie, avec des chiffres moyennement élevés, il faut commencer par un traitement homéopathique. Ce n'est qu'en cas d'hypertension sévère (quand le chiffre inférieur de la tension dépasse 100 mm) que les médicaments chimiques sont d'emblée indispensables.

On peut utiliser l'homéopathie pour traiter beaucoup de cas de palpitations, vertiges, bourdonnements d'oreilles, ainsi que pour les hémorroïdes, les varices (afin, du moins, d'effacer les complications : jambes lourdes, douleurs). L'ulcère de jambe, même ancien, arrive à se refermer. L'artérite est partiellement bénéficiaire de l'homéopathie, pour les spasmes qui se surajoutent à l'obstruction des vaisseaux. La migraine trouve sa solution, non pas tant la crise pour laquelle les anti-douleurs majeurs restent le plus souvent les maîtres de la situation (encore que le traitement permette de diminuer le nombre de comprimés nécessaires), mais au titre du traitement de fond.

J'aime trouver dans la littérature des références à mon art, bien qu'elles soient encore peu nombreuses. La plus réussie est une nouvelle de Julio Cortazar, l'écrivain argentin[1]. Il y décrit un élevage de « mancuspies » qui sont sans doute (le flou est souvent présent chez Cortazar) des oiseaux chimères avec un bec, des oreilles, des poils et des mamelles. Ceux qui les élèvent sont sujets à des migraines et à des vertiges, mais les médicaments homéopathiques les aident à accomplir leur tâche quotidienne. Chaque symptôme est décrit avec minutie et les fantasmes prennent corps. C'est plus de la littérature qu'un

(1) Julio Cortazar. *Gîtes.* NRF, Gallimard. La nouvelle s'appelle « Céphalée ».

traité d'homéopathie. Une grande référence tout de même.

La spasmophilie est très accessible au traitement homéopathique. Depuis qu'on en parle dans les média cette maladie a acquis un statut social non négligeable. Elle est devenue le diagnostic qui explique tout, mais aussi pour certains le sac poubelle des symptômes, surtout de ceux qui dérangent. Dès qu'on est anxieux, dès qu'on a un trouble fonctionnel plus ou moins bizarre, on s'en croit atteint. La prochaine Dame aux camélias sera, à n'en pas douter, spasmophile. Or les médecins donnent une définition stricte de cet état. Il s'agit d'une augmentation de l'excitabilité neuro-musculaire génératrice de spasmes. Elle touche 12 à 14 % de la population. On ne peut affirmer ce diagnostic que si le tableau clinique est typique : contractures des extrémités (en particulier des mains, avec impression de paralysie), crampes, fourmillements, oppression respiratoire, anxiété, ralentissement de l'idéation, difficultés de la parole. Tout autre symptôme peut être, ou non, du domaine de la spasmophilie. Lorsqu'on hésite on demande des examens para-cliniques, et avant tout un électromyogramme, le seul qui permette d'affirmer véritablement la spasmophilie. Il montre une activité répétitive (plus fréquente que la normale) de l'électricité musculaire. On recherche également la baisse du calcium sanguin et du magnésium des globules rouges. Si la personne manque de calcium ou de magnésium elle doit en prendre à dose pondérale ; en revanche lorsque les taux sont normaux, cas le plus habituel, le traitement homéopathique suffit.

De toute manière il faut apprendre le contrôle de soi : la première crise peut surprendre, pousser à demander du secours ; on se croit près de mourir, avec une impression de paralysie imminente et de suffocation, et il y a effectivement de quoi céder à la panique si le diagnostic n'a pas encore été fait. Mais dès la deuxième ou troisième crise on doit pouvoir se ressaisir. Lorsqu'on reste calme les symptômes sont moindres, voire inexistants. On aura souvent un bon résultat en prenant, dès le début, des granules de Cocculus indicus[1]. Il s'agit de la coque du Levant, un produit interdit à la vente (sauf usage médical en dilution) car il permet une pêche « miraculeuse ». Son alcaloïde, la picrotoxine, est un stupéfiant pour les poissons ; ceux-ci, anesthésiés, remontent à la surface de l'eau le ventre à l'air, il n'y a plus qu'à se baisser pour les ramasser. A noter toutefois que leur chair est dangereuse à la consommation.

Avec les rhumatismes nous rejoignons la limite des possibilités de l'homéopathie. Les déformations sont irréversibles, par contre les douleurs et l'enflure des tissus disparaissent. L'arthrose (atteinte du cartilage articulaire), bénéficie du traitement, ainsi que la goutte à condition d'adjoindre un régime. Le mal de dos, le lumbago, la sciatique, lorsqu'ils ont une origine rhumatismale, sont également faciles à soigner. Des maladies aussi sévères que la polyarthrite rhumatoïde et la spondylarthrite méritent d'être

(1) Cocculus indicus 9 CH, trois granules de cinq en cinq minutes, ou de quart d'heure en quart d'heure, selon l'intensité, jusqu'à amélioration. Consulter de toute manière un homéopathe pour avoir un traitement de fond.

confiées à l'homéopathe. Dans les formes prises au début les résultats sont très bons : disparition des douleurs, négativation des tests biologiques, absence de passage au stade des déformations, ceci avec plusieurs années de recul. Dans les cas anciens la biologie ne se négative pas, les déformations installées sont irréversibles. L'homéopathie arrive toutefois à supprimer les douleurs, sauf chez les rares personnes qui n'ont pas résisté à la tentation de la cortisone. Ce médicament soulage au prix d'une dépendance dont il est presque impossible de sortir.

Les maladies de la bouche, aphtes, muguet, stomatite, inflammation des gencives sont de notre domaine. Les dentistes compétents en homéopathie savent supprimer l'appréhension des travaux dentaires, les douleurs, les hémorragies, guérir les fluxions et les abcès. Au cours de leurs traitements il leur arrive d'interroger une femme sur les particularités de ses règles, ou de faire disparaître une tendance aux rhino-pharyngites chez un enfant en traitement pour ses caries dentaires. L'explication est simple : le dentiste, comme son confrère médecin, doit tenir compte de l'ensemble des symptômes du malade. Il ne peut se contenter d'avoir le nez sur la dent malade.

Les troubles digestifs bénéficient du traitement selon la loi de similitude, de la simple indigestion à la cirrhose du foie. La gastrite est facile à soigner, de même que l'ulcère gastro-duodénal. Celui-ci réagit très bien au traitement homéopathique, et ceci sans pansement local. Quand l'agitation nerveuse et l'hy-

169

peracidité de l'estomac ont disparu la muqueuse reprend son aspect habituel. Avec un traitement homéopathique on a un retour définitif à la normale car l'ulcère correspond à un état lésionnel réversible. On ne rechutera pas pendant toute la vie, deux fois par an aux changements de saisons, comme on le ferait sans traitement homéopathique. Les diarrhées de cause simple sont faciles à soigner, qu'elles soient dues à une intoxication alimentaire, une colite, et même une recto-colite. Les crises de pancréatite ont avec Phosphorus un médicament efficace. Il n'y a pas de spécifique en homéopathie, c'est-à-dire de traitement applicable d'après le nom de la maladie ; il se trouve cependant que Phosphorus est actif presque à chaque fois. L'hépatite virale est un des succès de l'homéopathe. Les examens biologiques, en particulier les transaminases, témoins de l'atteinte des cellules hépatiques, reviennent rapidement à la normale, huit à dix jours sont un maximum si le traitement est correctement choisi. En outre le patient se débarrasse rapidement de sa fatigue, ce qu'aucun autre traitement ne peut faire aussi bien.

Les maladies sans étiquette

Il arrive assez souvent que nous soyons consultés par un patient dont les troubles n'ont reçu, malgré de nombreux examens, aucun diagnostic précis, et ceci rend impossible le traitement allopathique. Par contre l'homéopathe trouve toujours une substance capable de provoquer chez l'individu sain, et donc de guérir chez le malade, l'ensemble des symptômes qu'il a recueilli. En ce sens l'homéopathie n'est pas rationnelle — ou possède une logique différente. En tout cas cette manière d'échapper à la systématisation permet de trouver, à défaut d'étiquette pathologique, une médication efficace.

SOS Homéopathie

On croit souvent que l'homéopathie n'est pas une médecine pour les urgences : en cas de syncope, de vertige giratoire ou de traumatisme simple le traitement homéopathique est en fait très actif, si l'on sait choisir le bon médicament.

1980. Je descends de chez mon ami Robert, le médecin de Clermont-Ferrand. Sous mes yeux une passante fait un faux-pas, tombe du trottoir en poussant un cri. Son mari l'aide à se relever avec précaution car elle est enceinte. Au premier coup d'œil il semble y avoir plus de peur que de mal et je lui propose trois granules d'Arnica montana 9 CH, en précisant bien qu'il s'agit d'homéopathie. J'en ai toujours sur moi car ce médicament est efficace s'il est pris dans les minutes qui suivent le choc. Je la vois hésiter, jeter un coup d'œil latéral à son mari, puis, sur un signe de tête approbateur, accepter mes granules. Je rentre à Lyon avec l'impression d'avoir fait une nouvelle adepte.

La prise d'Arnica dans un cas semblable doit être systématique. On est loin de la loi de similitude qui impose de sélectionner minutieusement les symptômes particuliers à chaque personne. Les recettes sont rares en homéopathie, sachons profiter de celles qui existent.

Guérisons à emporter

Autres circonstances favorables à une action immédiate, celles où l'auto-médication est possible. Lorsque le nom de la maladie et le médicament homéopathique sont faciles à déterminer, sinon évidents, on peut essayer de se soigner soi-même. On apprend vite à utiliser les petits granules à partir de quelques éléments simples de diagnostic, sans négliger de demander un avis médical au moindre doute. Pas question ici de « loto-médication ».

Si l'on connaît bien les limites de ce qu'on peut faire soi-même il y a intérêt à avoir chez soi les médicaments homéopathiques les plus courants. Non seulement pour certaines urgences, où l'arrivée du médecin est toujours trop tardive malgré son empressement, mais surtout pour les maux récents et superficiels de la vie de tous les jours. La consultation d'un livre d'homéopathie est l'équivalent de l'avis qu'on demande au médecin par téléphone, du conseil qu'on va chercher à l'officine.

— Avec vos livres de vulgarisation vous créez vous-même votre propre concurrence.

J'ai souvent entendu cette réflexion qui, en fait, procède d'une illusion d'optique. Aucune vulgarisation, même la plus scientifique, ne peut remplacer l'expérience du médecin. Dès que la maladie présente des symptômes inhabituels, dès qu'elle dure ou

172

s'aggrave, un avis médical est indispensable. En revanche, dans les cas simples, les personnes qui ne connaissent pas l'homéopathie peuvent tenter grâce aux livres une expérience personnelle qui les incitera par la suite à consulter un homéopathe. Loin d'enlever des clients à mes confrères, mes livres leur en apportent de nouveaux. Globalement l'effet est positif.

Ce que j'ai fait pour la femme enceinte de Clermont-Ferrand, chacun peut le reproduire sans danger et j'entends souvent des histoires comparables dans mon cabinet. Claude, un ingénieur de 40 ans joue avec son fils Sébastien, 10 ans, sur la terrasse familiale. Le jeu, inventé pour la circonstance, est simple. Sébastien saute rapidement de sa planche à roulettes tandis que celle-ci continue sa trajectoire, et le père doit monter en marche. Cette fois il ne met pas le pied au bon endroit, en l'occurrence un peu trop en arrière par rapport au centre de gravité. La planche à roulettes, coincée entre le sol et le pied de Claude, part en vol plané comme un noyau de cerise. De ce fait il tombe comme une masse et se retrouve assis par terre, les mains au sol. Il ressent aussitôt de vives douleurs dans tout le corps. Connaissant l'homéopathie depuis depuis son enfance il a le réflexe de prendre instantanément Arnica 9 CH. Toutes ses douleurs s'en vont, « comme avec une gomme à effacer les muscles », selon son expression. Il conserve cependant une douleur à la main droite. L'orthopédiste consulté découvre sur la radiographie une fracture du scaphoïde, un petit os en forme de barque, d'où son nom. Le plâtre est, dans ces conditions, nettement préférable à la répétition d'Arnica, qui a joué son rôle. Il faudra trois semaines pour que tout rentre dans l'ordre. J'aime ces histoires vraies, simples, authentiques. Même après vingt ans d'exercice j'aime entendre dire que l'homéopathie est efficace et, comme au premier jour, je lui garde mon étonnement, qui confine aussi au plaisir intellectuel.

Bénédicte, 75 ans, a adopté l'homéopathie dans sa jeunesse, et depuis ne manque jamais l'occasion d'en faire l'éloge. Tout Montchat est au courant. Un jour, au cours d'une mauvaise chute, elle se casse une clavicule, trois côtes, le coin de la sixième vertèbre dorsale. Elle prend naturellement des médicaments homéopathiques pour faciliter la consolidation mais se doute bien qu'il lui faudra quelque temps pour que les douleurs disparaissent, et tâche de les oublier à tout prix. On vient prendre de ses nouvelles. Quand elle sait que le visiteur est contre l'homéopathie, elle devient particulièrement vigilante : elle se redresse dans son lit, relève le menton, et insiste pour avoir les dernières nouvelles du quartier, comme si tout allait à merveille. « J'ai fait cela pour l'homéopathie, me dit-elle, je le lui devais bien. »

L'homéopathie en voyage

Même en voyage, surtout à l'étranger, l'auto-médication a son intérêt. On peut être amené à souffrir du décalage horaire, du mal des transports, d'un coup de soleil, d'une malodorante « tourista », et trouver rapidement une solution homéopathique. Il faut

174

avoir avec soi une trousse de médicaments courants, et aussi un livre ou une ordonnance médicale afin de pouvoir justifier du caractère inoffensif de son contenu. Un de mes patients me raconta un jour comment il faillit manquer son avion dans des circonstances peu banales. Un douanier londonien voulait savoir ce que renfermait son tube d'Argentum nitricum, le médicament que je lui avais prescrit pour sa peur de voler. Le mot « homeopathy » n'arrangeait rien et le produit fut envoyé d'urgence, pour analyse, à la police de l'aéroport. Bientôt on commença de part et d'autre à s'irriter, parce que les chimistes ne trouvaient dans les granules qu'un peu de saccharose et de lactose, ce qui aggravait la suspicion. A bout d'arguments mon client finit par déclarer que la Reine d'Angleterre utilise, elle aussi, l'homéopathie[1]. Quelqu'un à Heathrow se souvint alors que l'homéopathie est sans danger et l'on accepta poliment de laisser partir ce mystérieux passager aux pilules de sucre blanc.

En juin 1986 une autre histoire de voyage aurait pu tourner pour moi au tragique. Il est 10 heures du soir et je rentre de New York en 747, confortablement installé dans la petite cabine qui se trouve entre les premières et la classe « Affaires ». Je m'apprête à assister à la projection du film « Marche à l'ombre », me réjouissant à l'idée de revoir Gérard Lanvin habiter complètement son personnage de paumé

(1) J'en ai eu personnellement confirmation par la première dame de la cour lors d'un congrès à Brighton. Depuis la reine Victoria il y a toujours un homéopathe parmi les médecins accrédités auprès de la famille d'Angleterre.

chez les paumés. Soudain je tombe en syncope, renversant le verre de vodka (polonaise) que je commençais à déguster. Mon épouse alerte l'équipage, et tâche de conserver son sang-froid malgré mes yeux retournés et mes mouvements convulsifs, « à mille milles de toute terre habitée ». Après quelques minutes je refais surface, fatigué et nauséeux. Je parle sur un ton abrupt, je sens bien que je suis incapable de m'exprimer autrement : « Allonge-moi. Sors mes granules. » Du fond de mon crâne je cherche le médicament : ton impérieux, troubles digestifs, ce ne peut être que Nux vomica. Incroyable mais vrai : deux jours plus tôt j'ai mis quelques tubes d'homéopathie dans mon sac de voyage pour débarrasser un veston dont ils déformaient la poche. Nux fait son effet, j'ai juste le temps de commander un sac de papier, et l'agent toxique qui ravage mon estomac et mon système nerveux (sans doute un staphylocoque contenu dans le poulet à la crème) fait marche arrière. Je demande ensuite Arsenicum album, que j'ai également avec moi, et le voyage se termine dans un grand état d'épuisement mais sans symptôme particulier. Après dix-huit heures de sommeil je passe la matinée à l'hôpital Saint-Luc et l'après-midi à la Faculté de Pharmacie où je participe à un colloque avec des médecins espagnols. Sans homéopathie j'aurais mis huit jours pour retrouver mes forces. Depuis j'ai toujours sur moi Nux et Arsenicum album, à côté d'Arnica, et je ne mange à bord des avions que les plats non cuisinés.

176

Incompatibilité

On me demande parfois s'il est possible d'essayer en même temps plusieurs médicaments homéopathiques entre lesquels on hésite. Il existe des associations peu logiques, mais pas d'incompatibilité au sens chimique ou biologique du terme. On imagine mal, par exemple, quelqu'un ayant à la fois besoin de Nux vomica, médicament d'irritabilité explosive, et de Phosphorus, qui convient en général à une personne gentille et inquiète. Il peut arriver malgré tout qu'on hésite entre les deux, si les symptômes sont peu tranchés, et il n'y a aucun danger à les associer. Ce type d'incompatibilité est plus théorique que pratique, une sorte de purisme qui peut compter pour le médecin homéopathe, mais encombrerait inutilement la mémoire de la personne pratiquant l'auto-médication. Si pour des raisons d'élégance intellectuelle il est préférable de bien viser et de sélectionner celui qui est indiqué par les symptômes, il est cependant possible d'essayer les deux ou trois médicaments qu'on n'arrive pas à départager. Il vaut mieux les prendre à une heure d'intervalle plutôt que simultanément, c'est une question d'efficacité.

Les zones d'ombre

Panacée, fille d'Asclépios, le Dieu de la médecine, était censée guérir toutes les maladies à l'aide des « simples ». L'homéopathe, lui, rencontre des limites, ce qui est plutôt rassurant, plus humain. Après avoir étudié les principales réussites, voyons maintenant quelques domaines où l'action de l'homéopathie n'est que partielle.

La constipation est de ceux-là. Pas de problème pour les cas récents : une personne qui n'est pas habituellement constipée trouvera une solution dans la gamme des médicaments homéopathiques. En revanche, le résultat est moins évident chez les constipés chroniques. Les facteurs qui ont provoqué cet état sont nombreux et remontent en général à l'enfance. L'éducation a fait de certains des obsédés de l'exonération. Il n'y a qu'à considérer l'acharnement avec lequel de nombreux parents veulent au plus tôt rendre leur enfant « propre ». Comme si l'enfant était sale : ni sale ni propre, l'enfant est. Son organisme fonctionne d'une manière tout à fait spontanée, physiologique, naturelle. C'est l'entourage et son arme absolue, le pot, qui en fait un constipé. Curieuse manière de lui apprendre la vie : il ne s'en remettra jamais complètement.

L'excès de poids

Parlons de l'injustice du poids, mon deuxième sujet de préoccupation négative. Si je ne baisse pas les bras c'est seulement parce que je n'en ai pas le droit. De temps à autre j'observe des résultats, mais la plupart du temps, je dois le reconnaître, le traitement est décevant.

Nous avons dans notre inconscient un schéma corporel qui ne correspond pas obligatoirement à l'idéal que nous prétendons atteindre. Le poids est une sorte d'assurance sur les nerfs, un garde-fou qui nous protège contre un sentiment, au fond de nous-mêmes, d'inassouvi, ou comme disent les médecins, d'incomplétude. Nous avons un poids d'équilibre, nécessaire et parfois cruel, qui peut aller à l'encontre des conventions sociales. Certaines personnes ont du mal à l'accepter, à s'accepter. Je parle évidemment de l'embonpoint modéré qui, le plus souvent, n'est pas en rapport avec un état pathologique proprement dit. La maladie commence quand on s'en préoccupe, elle réside seulement dans le fait de ne pas se tolérer tel qu'on est. En tout cas elle existe à peine quand on la traite par le mépris. Je mesure 1,78 et pèse 84 kg et me retrouve ainsi à environ six kilos au-dessus de ce qu'il me faudrait. Je m'en souviens parce que je suis en train d'écrire sur le sujet. Si j'y pensais constamment je suis persuadé que j'aurai dix kilos de plus à perdre.

On a peut être remarqué que je fais tout pour éviter de parler d'obésité, le mot lui-même semble chargé de graisse. Quant à la cellulite elle est physiologique, c'est-à-dire dans les limites normales de la santé, d'un point de vue strictement médical. S'il apparaît légitime de voir disparaître les « culottes de cheval » et les bourrelets abdominaux, le prix à payer est souvent hors de proportion avec les résultats obtenus. Dans le « Guide familial de l'Homéopathie », j'ai donné une formule pour la cellulite, sans trop y croire. Elle est inoffensive, ce qui constitue son plus grand mérite.
L'homéopathie a une fausse réputation dans le domaine du poids. Pour couper la faim et brûler les

179

cellules adipeuses certains médecins n'hésitent pas à donner des médicaments allopathiques sous leur nom générique (leur nom chimique, si l'on veut) qui est mal connu du public, ajoutent une pincée de médicaments se terminant par « CH » pour donner un tour « homéopathique » à leur ordonnance, et pratiquent ainsi un abattage régulier de clientèle. Aucune jalousie de ma part, je connais leurs formules mais je ne les prescris pas parce qu'elles sont nuisibles à la santé. Je ne suis pas et je ne serai jamais un amaigrisseur.

La seule attitude logique pour un médecin : donner un régime réaliste, être sourd à la demande de coupe-faim, qui sont toujours dangereux, faire parler son client de la raison qui le pousse à maigrir et de l'époque où il a commencé à observer un changement de poids. L'homéopathie intervient pour redonner un équilibre général et nerveux, et pour favoriser la circulation. Elle aide surtout à s'accepter.

Si vous vous battez avec votre poids depuis longtemps abandonnez le champ clos de vos expériences. Je suis avec vous pour vous plaindre, mais j'avoue mon ignorance. Je ne sais pas vous faire maigrir à coup sûr et sans danger. J'ai souvent entendu l'expression : « Je commence des régimes que je ne finis jamais. » Dites-vous que les régimes miraculeux dont on parle dans les journaux concernent toujours des personnes qui ont maigri de 50 kg, parce qu'au départ elles dépassaient largement le quintal, comme ce chanteur grec bien connu. Maigrir à tout prix ne concerne que l'obésité vraie et non le petit écart par rapport à la « norme ».

180

Abandonnez les régimes qui tournent à l'obsession, les diurétiques inutiles et les faux prétextes du genre « je n'urine pas assez ». Réduisez les hydrates de carbone (pain, pâtes, riz, pommes de terre), levez-vous de table avec une légère faim, soignez l'anxiété que vous ressentez parfois au creux de l'estomac, et espérez.

La maigreur

Certains à l'opposé voudraient grossir. Ils ne viennent pas spécifiquement parler de leur maigreur, mais demandent, au cours d'une consultation pour autre chose, si l'homéopathie peut leur faire prendre du poids. Il n'y a rien de spécifique dans ce domaine. Je les soigne pour l'ensemble de leurs troubles et je constate que le poids est l'élément pathologique qui se corrige en dernier, quand tout le reste va bien.

Un cas particulier est celui de l'anorexie mentale, qui s'observe le plus souvent chez des jeunes filles à l'âge de la puberté, et en général dans les suites d'un choc émotionnel. Un jour elles décident que leur poids est trop élevé et se mettent à réduire dangereusement leur alimentation. Je me souviens d'avoir vu il y a vingt ans une fille en état d'anorexie mentale depuis un traumatisme psychique violent. Sa grand-mère était décédée pendant des vacances au bord de la mer, et les parents avaient décidé de la ramener clandestinement à la maison afin d'éviter une dépense et de simplifier les formalités. La fille avait fait tout le trajet depuis le Midi jusqu'à Lyon avec le corps de sa grand-mère assis à côté d'elle. Le jour de la consultation elle pesait 39 kg pour 165 centimètres.

Dans les cas d'anorexie mentale on constate toujours un arrêt des règles, la poursuite assidue d'un régime plus que fantaisiste, tandis que l'activité intellectuelle continue normalement. Il s'agit d'ailleurs de filles particulièrement intelligentes pour tout ce qui ne concerne pas leur corps. Elles ont un trouble psychologique qui les rend imperméables à tout raisonnement sur le poids, et aveugles au risque vital qu'elles sont en train de courir. Elles refusent la vie d'adulte, régressent pour conserver la dépendance vis-à-vis de leurs parents et en même temps la leur reprocher. En général il faut les séparer de leur famille et, pour l'homéopathe, leur donner le médicament clef de leur tempérament. Elles finissent par avoir une évaluation plus saine de leur propre physiologie et se remettent à manger normalement. J'ai eu cependant une cliente qui à l'âge de cinquante ans pesait 37 kg pour 160 cm. Elle était en état d'anorexie mentale depuis une trentaine d'années. Son teint cireux, son corps décharné et pauvre en énergie m'inquiéta au point que je lui fis faire un bilan biologique. Je m'attendais à trouver des perturbations sévères, au minimum une anémie et un taux d'urée élevé. Il n'en était rien. Son organisme avait acquis, au cours des années, une physiologie très particulière, où les échanges corporels s'étaient établis au minimum, avec peu d'entrées mais aussi peu de sorties. Elle vint me voir tous les six mois pendant quelques années, accompagnée de sa sœur. L'homéopathie ne l'a pas sortie de son état, ce qui d'ailleurs n'aurait pas été l'intérêt de son organisme. Je l'ai perdue de vue mais j'imagine qu'elle vit en silence sa petite vie d'employée de bureau, faisant croire à sa famille qu'elle se nourrit normalement, alors qu'elle se cache pour ne pas manger.

La mémoire

Si la qualité de votre mémoire est pour vous un sujet de préoccupation, je vais peut-être vous surprendre. Sauf maladies organiques rares, sauf lésions majeures de la sénescence, les troubles de la mémoire n'existent pas. Vous croyez seulement avoir des difficultés. Lisez plus loin avant d'abandonner ce livre et de prendre, par dépit, la cinquième chaîne. En ce qui concerne la mémoire votre cerveau fonctionne comme un ordinateur : il restitue ce que vous avez mis sur la disquette. Si vous ne vous souvenez jamais de l'anniversaire de votre cousine, c'est simplement parce que vous n'avez pas enregistré l'information concernant sa date de naissance, il n'y a pas eu « entrée de données ». Ce n'est pas la mémoire qui vous fait défaut, c'est votre indifférence à l'égard de votre cousine qui vous fait des faux. Vous croyez avoir oublié et vous n'avez pas retenu. Si vous voyez un effroyable accident en bas de chez vous, vous vous en souviendrez toute votre vie, d'autant plus que vous allez sans doute « traiter l'information », c'est-à-dire parler à votre entourage de l'événement.

Essayez de ne pas automatiser votre comportement. Quand vous posez vos lunettes, arrêtez-vous

183

un court instant, soyez présent à vous-même et fixez le meuble sur lequel elles vont vous attendre. Cette visualisation, cette association d'images, actionnent votre cerveau droit, le plus fiable des deux en ce qui concerne la mémoire. Intéressez-vous à vos gestes quotidiens[1].

Le sommeil

Personne ne nous a appris à dormir. Nos parents nous posent dans notre berceau et nous dormons parce que nous sommes programmés pour cela. Si plus tard nous avons des nuits difficiles c'est que la simplicité biologique nous a quittés, sans doute perturbée par des causes artificielles. La vie nous a fait perdre une partie de notre instinct.

Une théorie qui me plaît beaucoup et qui doit être juste quelque part au fond de nous : notre état normal serait celui du sommeil, nous nous réveillons lorsque nous avons besoin de manger et d'éliminer ; le sommeil c'est la vie et les états de veille, nécessaires à nos échanges corporels, représentent des épiphénomènes au cours desquels nous avons pris l'habitude d'agir. Pour moi il n'y a rien de désespéré dans cette conception qui donne à nos actes leur relativité. Il me semble que celui qui l'accepte est plus calme.

(1) Si vous avez l'impression que vos cellules cérébrales sont épuisées prenez en outre PHOSPHORICUM ACIDUM 9 CH, trois granules trois fois par jour pendant quelques mois.

Pourquoi présente-t-on aux enfants le sommeil comme une punition, ou une alternative à la punition ? L'endormissement de bonne heure est la portion congrue réservée aux enfants sages, à ceux qui aiment leurs parents. Changeons nos mœurs, ayons du respect pour le sommeil, et nous dormirons mieux — ils dormiront mieux. L'insomnie est un faux problème qui finit, si l'on n'y prend garde, par devenir une véritable maladie. Elle n'existe que si l'on se déclare insomniaque. C'est ce que nous apprend la chronobiologie, science moderne qui nous permet de décoder le sommeil, de comprendre notre horloge interne.

Le médicament hypnotique, grand pourvoyeur d'oubli mais aussi de dépendance, est la principale cause d'insomnie. Il dort à notre place, ne respecte pas le cycle naturel de la veille et du sommeil, est contre-indiqué chez les insuffisants rénaux, hépatiques ou respiratoires, et chez les myasthéniques. Son grand danger, pour tout le monde, est l'accoutumance, qui fait augmenter les doses et est génératrice d'anxiété. Si on l'oublie on a peur de ne pas s'endormir, cela suffit pour maintenir l'organisme en état de veille.

Votre sommeil est ce que vous en faites. Si vous avez comme tout le monde une mauvaise nuit de temps à autre, ne tombez pas dans le piège du « comprimé pour dormir ». Loin d'être réparateurs, les somnifères perturbent le sommeil physiologique, et spécialement le sommeil paradoxal. On appelle ainsi les phases où nous dormons profondément tandis qu'à ce moment précis l'électro-encéphalogramme montre une activité importante et rapide de la matière grise cérébrale, proche de l'état de veille, et que nos yeux ont des mouvements incessants. Le sommeil paradoxal est le sommeil des rêves, de la résolution du tonus musculaire. Il représente 25 % de la durée totale du sommeil, son cycle revient toutes les 90 minutes ; il est indispensable à notre équilibre nerveux. Une bonne « résolution » : tout faire pour avoir un sommeil naturel.

Je le reconnais, j'éprouve un certain plaisir à m'impliquer dans ce livre, et en même temps je veux savoir jusqu'où j'irai dans la sincérité. J'estime aussi que c'est mon devoir : puisque j'applique les principes que je défends, il serait anormal de ne pas le dire. Je dors sans somnifère. J'en ai pris une fois vers l'âge de vingt ans, par curiosité. C'était un hypnotique léger et je ne m'en suis trouvé ni bien ni mal. Je m'en souviens parce que ce fut l'unique comprimé de toute ma vie. Actuellement, si je me réveille, je lis ou j'écris, dans le silence de la nuit, parfois je grignote un fruit, un gâteau. Si la phase dure un peu longtemps, j'ai le lendemain un réveil difficile, mais au bout de quelques minutes je suis en forme, et la nuit suivante rattrape le sommeil perdu : on insiste trop sur la quantité de sommeil, alors que c'est la qualité qui importe. Quand je dors mal pendant plusieurs jours, je m'aide avec un médicament homéopathique qui respecte les rythmes naturels de mon organisme.
Chacun de mes lecteurs peut en faire autant : c'est une question de prise de conscience, de volonté, de

sauvegarde personnelle. Ne vous frappez pas, tout le monde (sauf maladie organique ou psychiatrique grave) est un faux insomniaque. Couchez-vous dès le moment où vous sentez le sommeil venir. Si vous résistez lors de la phase de somnolence, il vous faudra attendre une heure et demie ou deux heures avant qu'elle ne revienne. Lorsque la somnolence est là votre cerveau se met « en alpha ». Il s'agit d'ondes électriques cérébrales concomitantes des états créatifs, et elles sont particulièrement abondantes au moment où vous « tombez de sommeil ». Quand vous vous endormez, racontez-vous une belle histoire. Arrêtez la télévision, imaginez la fin du scénario, vous êtes aussi passionnant que Marcel Carné et Godard réunis. Je ne dis pas que vous êtes capable de tourner un film pour tout le monde, mais à votre propre usage j'en suis sûr. N'hésitez pas à éteindre la télé au milieu d'un Hitchcock (dès que son image est apparuc l'intérêt baisse nettement, puisque le vrai suspense est : « Quand va-t-il apparaître ? Avec un chien ou un violoncelle ? Dans un train ou un autobus ? »). Dites-vous que la nuit vous prépare des rêves surréalistes (tout le monde rêve même ceux qui ne le savent pas), plus nécessaires à votre équilibre que les histoires « à dormir debout » du gros Alfred. Au pire déclenchez le magnétoscope.

Chassez la peur de l'insomnie car elle rend insomniaque. Acceptez de ne pas dormir. J'affirme que l'insomnie est moins pénible que la dépendance vis-à-vis des médicaments. Environ 60 % des « insomniaques » ont sommeil et ne peuvent s'endormir. Les autres se réveillent au milieu de la nuit, avec ou sans cauchemar. Dans tous les cas restez calme. Au besoin mangez une pomme. Prenez un livre simple ou lisez votre dernier rêve. Attendez, aussi calme que possible, que le sommeil revienne. Si vous en avez vraiment besoin prenez des médicaments homéopathiques, qui aideront votre cerveau à sécréter les hormones naturelles du sommeil, les endorphines. Vous pouvez aussi écouter l'air « Casta Diva », dans la Norma de Bellini, chanté par Maria Callas. Cette prière à la lune pour apaiser les ardeurs guerrières a sans doute la même vertu. Elle l'a en tout cas pour moi.

Evidemment certains ne dorment pas à cause de leurs soucis. Dites-vous que les hypnotiques ne résolvent pas les problèmes familiaux ou personnels. Ils seraient plutôt un symbole de fuite. Affronter les difficultés, les vaincre si elles ne sont pas majeures, est la meilleure prévention de l'insomnie.

Il y a aussi ceux qui se croient insomniaques alors qu'ils sont seulement mal adaptés au rythme que la société leur impose. S'ils pouvaient dormir de deux heures du matin à dix heures, ils le feraient d'une traite[1]. Seuls les travailleurs indépendants, ayant un bon système de protection contre la sonnerie du téléphone et la possibilité professionnelle de choisir leur mode de vie, peuvent se permettre d'adopter une telle séquence. Les autres doivent savoir qu'ils ne sont pas insomniaques et que la pire des solutions est le comprimé pour dormir. Quand on me dit : « Elle

(1) Il s'agit souvent de personnes dont le médicament de base est NATRUM MURIATICUM.

a pris son somnifère », j'entends pour ma part : « Et la prison somnifère ».

Le sexe

Je n'aborde pas systématiquement les questions sexuelles avec mes clients, sinon par allusion, afin de faire affleurer une confidence, si elle est déjà au bord des lèvres.

— Excusez mon indiscrétion, me dit une sexagénaire, mon mari a 75 ans et n'est plus assez actif à mon goût.

« Excusez mon indiscrétion », est-ce que ça veut dire : « Je parle d'un problème qui vous dérange » ? Vous ne me dérangez pas, Geneviève. Je vous écoute, posez vos questions sur le sexe. Je vais vous répondre, en tant que personne et en tant que médecin. Homéopathe, je tiendrai compte de votre désir mal assouvi dans mon diagnostic thérapeutique, cela fait partie de l'ensemble de vos symptômes, comme un signe de piste parmi d'autres. Je vous aiderai à mieux comprendre la situation et je vous soignerai : vous gagnez sur les deux tableaux.

Après vingt ans d'exercice de la médecine je suis en mesure de révéler un faux secret : si vous voulez être heureux pendant l'acte sexuel, aimez votre partenaire. Cette vérité est éternelle, et en même temps banale, courante, évidente, immense — mais elle semble oubliée de certains. Elle est comme l'eau à boire : on ne l'apprécie qu'au milieu du désert, ou près d'une source oubliée. La dimension amoureuse se construit. Chacun l'a en réserve au fond de lui, même l'être le plus fermé, celui qui se croit seul, laid ou trop anxieux pour partager. Trouvez la région commune plutôt que de vous murer, chacun pour soi, dans vos désirs parallèles. Soyez complices. Cédez à vos fantasmes, cherchez à lever les inhibitions. Même si la pudeur vous retient, changez quelque chose dans la vie de tous les jours. Ne vous disputez pas à propos du lave-vaisselle.

Partez du principe que l'absence de désir n'existe pas. Si vous ne le percevez vraiment pas, sachez que quelqu'un au fond de vous le réprime, et demandez-vous si vous en souffrez. Ce n'est pas sûr. « Il faut avoir du désir pour être normal » est une simple présomption de votre part. N'intellectualisez pas : l'absence de désir est regrettable, mais ne doit vous frapper que dans la mesure où elle pose un problème à votre partenaire, car seul le désir inassouvi est douloureux. Dans ce cas seulement demandez à vos sentiments comment libérer votre désir. Je ne peux vous donner la clef exacte, car elle est individuelle et intime. Continuez à chercher.

D'ailleurs, est-ce que vous n'avez pas de désir en général, ou seulement pour une personne en particulier ? Je ne crois pas à l'indifférence sexuelle pour un être qu'on aime, sauf pathologie précise. Quand « ça marche » avec la maîtresse et pas avec l'épouse, avec l'amant et pas avec le mari, c'est qu'il n'y a pas de lésion organique, ni même de problème médical. Il y a quelques années un patient prit rendez-vous uniquement pour me remercier de mes soins. Mon traitement n'avait rien changé à son absence de désir, mais il venait de suivre des cours de yoga et avait été incité à l'amour par son professeur. Cette dame l'avait guéri de son illusion d'impuissance, et il tenait à m'en informer. Depuis cette époque j'essaie d'aborder la question sexuelle sous un nouvel angle, en m'approchant aussi délicatement que possible. « Et avec d'autres personnes, pensez-vous que ça pourrait marcher ? » Noter le « ça », risqué ici dans son sens freudien. Sans recommander l'aventure extra-conjugale, je cherche seulement à m'informer et, la plupart du temps, j'arrive à la conclusion qu'il n'y a ni impuissance ni frigidité, mais état de malaise (de mal aise) dans le couple. Je me borne à le signaler et je m'arrête à ce point précis. Ce n'est ni mon rôle, ni ma philosophie d'intervenir au delà des problèmes de l'individu. Le partenaire ne m'a pas sollicité.

Les choses du sexe ne me gênent pas. Si mon patient a un vocabulaire un peu fruste, s'il ne comprend pas le terme d'érection, je lui demande brutalement : « Est-ce que vous bandez ? » Les hommes sont moins maladroits avec les mots grossiers. En revanche, j'ai plus d'hésitation à aborder le domaine des sentiments. « Est-ce que vous l'aimez ? », me paraît une question difficile à poser, encore que les jeunes y répondent très naturellement. A tout prendre, il y a peu de révélation à faire sur le sexe, l'amour sincère est le seul moyen d'accéder au plaisir. C'est la vie qui est comme ça.

La pornographie ne me choque pas en elle-même, sauf qu'elle nie la dimension amoureuse et c'est cela que je lui reproche. A Amsterdam où elle est évidente, je regrette qu'elle ait envahi le quartier des vieux canaux et des maisons étroites. En pleine rue, au bord de l'Amstel, un inconnu m'a proposé un jour de la cocaïne, cela m'a paru plus provocant que les filles déshabillées dans leurs vitrines.

L'homosexualité est un fait et non une maladie. Celui ou celle qui me parle de ses pulsions homosexuelles reçoit toujours la même réponse : « Je peux vous aider à accepter votre nature. Ne me demandez pas de la changer. » Les parents d'homosexuels, de travestis, de transsexuels, me font eux aussi des confidences. Je les incite comme je peux à accepter que leur fils ou leur fille soit une personne différente. Je les renvoie à la gêne qu'ils éprouvent, plus qu'à un comportement qu'ils ne peuvent changer.

Cela dit, avec un traitement homéopathique adapté à la personnalité, j'essaie de favoriser le retour du désir, le combat contre l'éjaculation précoce ou les douleurs qui peuvent survenir pendant l'acte. L'homéopathie en tant que thérapeutique n'a pas toujours des solutions, mais elle a souvent des réponses.

La contraception

En tant qu'homéopathe je ne peux être d'accord avec la pilule, qui perturbe la physiologie naturelle du cycle ovarien, bloque l'eau dans les tissus, fait prendre quelques kilos. Il s'agit d'un artifice et je lui préfère les moyens mécaniques : stérilet, protection masculine ou féminine. Cependant, sauf contre-indication médicale précise (antécédents de phlébite ou d'hépatite, cholestérol élevé), je n'interdis jamais la pilule. Je ne fais même aucune remarque à la personne qui la prend. Je me contente de donner mon avis lorsqu'on le sollicite. La question est d'ailleurs rarement : « Que pensez vous de la pilule ? », mais « Est-ce que je peux la continuer ? » L'homéopathie marche malgré la pilule et c'est généralement ce qu'on veut savoir. Bonne nouvelle, il existe des moyens homéopathiques pour combattre ses effets secondaires, mais, contrat-déception pour certains couples, la « pilule homéopathique » n'existe pas. Il n'y a d'ailleurs pas de solution idéale, le contrôle des naissances est toujours le résultat d'un compromis.

La stérilité

Je me trouve de temps à autre face à un problème de stérilité. Le couple doit d'abord consulter un spécialiste pour connaître la cause exacte et savoir s'il n'y a pas un obstacle mécanique à lever. Lorsqu'il s'agit d'une stérilité d'origine psychologique avec blocage de l'ovulation il m'arrive d'avoir des résultats. Bien sûr ils sont difficiles à prouver. On peut toujours dire que la grossesse aurait eu lieu de toute façon.

Le couple stérile est prêt à tout pour avoir un enfant et on le comprend. D'espoir déçu en espoir impossible, certains finissent par avoir recours à une « mère-porteuse ». Le couple stérile semble dire, chèque à l'appui, refusant par avance toute vie autonome à l'être en gestation : « Vous m'en mettrez bien un de côté ? » Je refuse le principe de l'enfant-chiot.

Le cancer

— Ma nièce a un cancer, me dit une cliente. Elle est perdue...

Perdue pour qui ? Pour elle, qui est encore jeune ; pour sa famille également, et c'est ce qui effraye. Nous ne pouvons facilement liquider notre contentieux avec la mort et le médecin n'est pas exempt de cette terreur secrète. Il se l'avoue peut-être un peu moins que les autres, afin de pouvoir continuer à comprendre et agir.

Le cancer n'est pas encore vaincu, mais les progrès sont nets. La médecine classique annonce déjà 30 à 40 % de bons résultats. La prolifération anarchique des cellules cancéreuses évolue pour son propre compte, comme un être autonome qui parasite l'organisme et l'homéopathie ne peut, à elle seule, en venir à bout. Elle soulage les douleurs, même au stade terminal, mais ne traite pas véritablement la maladie. J'utilise personnellement une méthode relativement proche de l'homéopathie, à base de gui, appelée « Viscum album fermenté ». Au début de ma pratique je cherchais surtout à faire un geste, à ne pas laisser mes malades sans thérapeutique naturelle. Je choisissais le gui, sans trop y croire, pour le fait qu'il est légalement autorisé en France. Par la suite j'ai pu constater son efficacité, et maintenant je le prescris par conviction, en injections sous-cutanées. Je m'en sers également chez les anciens cancéreux, lorsqu'ils se plaignent de fatigue, physique ou morale. C'est ainsi qu'un jour j'ai voulu en donner à Jeanne, une demoiselle de 55 ans, qui avait été opérée autrefois d'un cancer de la peau. Elle refusa les piqûres de Viscum d'un péremptoire : « Tout le village verrait que l'infirmière s'arrête chez moi. » L'indication n'était pas formelle, je n'ai donc pas insisté.

Le Viscum album fermenté nous a été transmis par Rudolf Steiner. Il voyait dans le gui un cancer de l'arbre, avec son aspect ramifié, sa prolifération à partir de substances puisées sur l'arbre lui-même. Il s'agit donc d'une thérapeutique par analogie, et non de la similitude expérimentale. Ajoutons à cela le souvenir des druides et de leur faucille d'or, l'immortalité des cellules cancéreuses que les biologistes savent cultiver indéfiniment, et le gui se présente à nous comme une thérapeutique ésotérique. Ce n'est pas la raison pour laquelle il m'intéresse. Tout ce qui est mystérieux est bon pour l'âme, on a envie d'y croire, mais le médecin ne peut adopter une démarche qui conduit à tous les débordements. En revanche, je ne fais pas partie de ceux qui condamnent un traitement à cause de ses origines, car ce scientisme pourrait nuire à mes patients. Je n'ai pas étudié les théories de Steiner. Je ne voudrais pas donner de faux espoirs, ou être en dessous de la vérité, mais je suis en mesure d'affirmer que le gui donne des résultats lorsqu'il est utilisé à temps. Il ne représente pas une thérapeutique radicale guérissant tous les cancers, et que les médecins pourraient prescrire les yeux fermés. A lui seul il n'est rien : c'est un moyen parmi d'autres.

Il a cependant fait la preuve de son activité chez l'animal. On a pu montrer en particulier que la fraction protéique du gui inhibe de façon significative la synthèse des constituants de base (ADN et ARN) des cellules cancéreuses du rat[1], sans freiner toutefois leur multiplication. Les études chez les patients indiquent une nette influence sur l'état général (amélioration de l'appétit et du sommeil, action stimulante sur le système immunitaire et le sang, meilleure tolérance de la radiothérapie).

Amélie a subi il y a dix ans l'amputation de son sein gauche, qui était le siège d'une tumeur cancéreuse grosse comme une amande. Elle vint me voir pour la première fois en sortant des mains du chirurgien. Nouvelle amazone, elle admettait mal sa mutilation et perdait ses cheveux depuis qu'on avait commencé les perfusions de médicaments anti-tumoraux (« Il faut croire en la vie pour supporter tous ces traitements », m'a-t-elle déclaré plus tard). Elle me raconta aussi ses démêlés avec sa fille. Celle-ci, caractérielle, changeait sans arrêt d'emploi, de garçon, et de ville d'Europe. J'ordonnai à Amélie des injections sous-cutanées de Viscum, et des doses hebdomadaires de Natrum muriaticum destinées à traiter sa dépression. Ses cheveux repoussèrent plus

(1) VESTER F. Ueber die kanzerostatischen und immunogen Eigenschaften von Mistelproteinen. Krebsgeschehen, 1977, 5, p. 106-114. Cité par le Docteur Jean-Hubert Guegen dans son livre « Le gui et le cancer » (A.D.A.B., 6 Place de la Fontaine - 56890 Plescop).

vite que chez les personnes qui n'ont pas ce type de traitement. Depuis cette époque son état nerveux est devenu acceptable : elle garde encore des moments de découragement selon les nouvelles internationales ou les visites de sa fille, mais n'est plus dans un état de désespoir permanent. Sa cicatrice est souple. Dix ans après elle se déclare guérie. Je lui prescris de temps à autre des injections de gui, qu'elle fait faire lorsqu'elle se sent fatiguée.

Le cancer du sein est un de ceux qui répondent le mieux à la thérapeutique, dans la mesure en tout cas où il est soigné à temps. Il y a quelques années je suis consulté par une vieille dame pour ce qu'elle appelle son « ulcère ». Il s'agit en fait d'une plaie à vif du sein droit ayant évolué lentement depuis cinq ou six ans, et qu'elle n'a jamais montré à personne. Nous parlons. Elle sent bien qu'elle a quelque chose de grave et refuse par avance toute hospitalisation. Elle vit avec ses enfants, fait leur ménage, prépare les repas. Bref, elle est indispensable. Elle réclame un traitement doux, et qui ne gênerait pas son travail quotidien. Respectant sa volonté — il est de toute manière trop tard pour tenter une thérapeutique radicale — je lui prescris du Viscum album. A la consultation suivante le cancer ulcéré est toujours là, mais son aspect est moins déchiqueté et les douleurs ont disparu. Un an plus tard je reçois un coup de téléphone d'un de ses neveux. La dame âgée est dans le coma, en train de mourir dans un hôpital. « Docteur pourriez-vous me dire pour quelle maladie vous soignez ma tante ? » Le ton est agressif, insistant. Le

médecin hospitalier a parlé de complications cérébrales d'un cancer du sein. Il a fait des commentaires
sur l'homéopathe qui s'est permis de prescrire exclusivement une thérapeutique parallèle pour une
maladie aussi grave, et le neveu me demande des
comptes.
— Votre tante a un cancer du sein. Elle le savait,
mais m'a demandé la discrétion. J'ai fait ce que j'ai
pu pour retarder l'évolution du mal.
— Merci, Docteur. C'est tout ce que je voulais
savoir.
Le ton est devenu calme. Je n'ai plus entendu
parler de cette famille. J'espère que mes explications
ont été transmises au médecin de l'hôpital.

Le meilleur traitement est polyvalent. Il faut faire
disparaître le cancer par les moyens les plus modernes : chimiothérapie, rayons, intervention ; je ne
discute jamais les décisions du spécialiste, au grand
regret de quelques-uns de mes patients. J'estime que
la tumeur ne leur appartient pas et qu'ils doivent
suivre aveuglément les règles de la thérapeutique
classique pour s'en débarrasser. Si on le peut on
conserve l'organe qui souffre, on enlève seulement la
masse tumorale. Par contre le terrain est le domaine
propre du cancéreux et il faut l'aider par un traitement général. Nous avons des cellules capables de
reconnaître les cellules tumorales et de les tuer, il est
possible que le Viscum agisse à leur niveau. Quant
aux médicaments homéopathiques, ils viennent en
complément lutter contre les symptômes occasion-
nels.

En parlant de cette défense multicentrique je n'ai encore rien dit. Si l'on considère l'organisme comme une micro-société, le cancer est le triomphe de l'asocial en nous, nous devons donc conserver notre force d'action pour mieux nous en protéger, ou en guérir. « Je crois que le cancer est une maladie de l'âme qui fait qu'un homme qui dévore tout son chagrin est dévoré lui-même, au bout d'un certain temps, par ce chagrin qui est en lui. » Ainsi s'exprime Fritz Zorn (un pseudonyme qui veut dire « colère » en allemand), ce jeune Suisse mort à 32 ans d'un cancer généralisé, après avoir souffert toute sa vie d'une névrose obsessionnelle dont il n'a pas su se libérer à temps[1].

Le cancéreux n'a pas le droit de céder à la peur. Si un jour on vous annonçait la terrible nouvelle, accordez-vous deux ou trois jours de panique : sacrifiez à la bête pour mieux la connaître et la combattre. Ne niez pas l'évidence, mais ressaisissez-vous dès que possible, votre guérison est à ce prix. Si vous avez des soucis, ne refoulez pas vos sentiments, explosez s'il le faut, sans ruminer.

Le secret pour guérir du cancer est de se battre sur tous les plans : chimie, chirurgie, rayons s'ils sont nécessaires, Viscum album, homéopathie, et de garder un moral d'acier afin de consolider le système de défense. Un de ces paramètres en moins et les chances diminuent considérablement. Il faut aussi

(1) Fritz Zorn. *Mars.* Edition Folio.

faire du régime, le meilleur étant celui que l'on établit soi-même. Suivez votre instinct, votre organisme sait très bien ce qui lui convient, mieux que vous, mieux que moi. Une de mes patientes, Eve, avait eu, pendant ses deux grossesses, l'aversion du café. Quand on lui a découvert un cancer de l'ovaire il y a un an et demi, elle a eu le même dégoût. Depuis qu'elle a été traitée, elle déclare qu'elle peut en consommer de nouveau, mais sans l'aimer vraiment. Je lui interdis d'en boire, ou plutôt je lui fais remarquer que son instinct lui interdit d'en boire.

A noter qu'Eve est venue me voir en déclarant : « J'ai un cancer de l'ovaire. » Comme ça, froidement, alors que bien sûr sa maladie ne la laisse pas indifférente. J'aime ces consultations placées sous le signe de la franchise. On doit la vérité au patient, ne serait-ce que pour l'aider à combattre le mal, à fabriquer des anticorps. Lui mentir c'est en même temps lui interdir toute stratégie. La société est d'ailleurs en train d'évoluer sur ce point. De plus en plus de personnes, comme Eve, savent depuis le départ qu'elles ont un cancer. La médecine a fait suffisamment de progrès pour que cette banalisation soit possible et que la dignité humaine y trouve son compte.

Le SIDA

Le paludisme tue un à deux millions de personnes par an et les journaux n'en parlent pas. C'est une maladie oubliée. Je ne sais encore si le SIDA (Syndrome immuno-déficitaire acquis) est la nouvelle peste ou un simple tueur sans avenir, une réalité qui cherche sa légende, ou un nouveau coup de l'internationale des singes verts. La maladie est récente, du moins dans sa forme mondiale. Les gens de laboratoires cherchent passionnément vaccin et thérapeutique efficace, un œil pointé sur le virus, l'autre sur le jury de Stockholm. Malgré ce strabisme divergent le SIDA m'intéresse. J'étudie à la fois ses symptômes et le phénomène de société qu'il représente. Ou bien le Sida est le soubresaut d'une société hyper-détectrice, paranoïaque, qui manipule sans bien les contrôler le sang, ie sexe et la mort, ou bien il est en passe de devenir le fléau du XXIe siècle. Dans les deux cas je dois être prêt pour un diagnostic et, pourquoi pas ?, pour un traitement où l'homéopathie aurait son mot à dire.

A New York j'ai eu l'occasion de voir trois cas avancés de SIDA, pour iesquels j'ai ajouté de l'homéopathie à la thérapeutique en cours. Tous trois sont morts, mais Richard, le médecin qui m'avait demandé de les examiner, m'a dit qu'ils avaient eu moins de souffrance que prévu.

En France j'ai en traitement des personnes atteintes de « pré-SIDA », c'est-à-dire « séro-positives », infectées par le virus mais ne présentant pas ae symptômes. Elles déclarent qu'elles se sentent mieux quand elles font mon traitement.

L'homéopathie, sur dossier, me semble être capable de guérir les cas récents, et peut-être de négativer les « porteurs sains ». On appelle ainsi les sujets ayant des test positifs, sans symptôme en évolution, mais qui peuvent malgré tout propager la maladie[1]. On sait les détecter grâce à des tests très fiables. Je pense, autrement dit, qu'on peut intervenir à la phase pré-clinique et au début de la phase clinique (quand les symptômes commencent à apparaître). Le virus du SIDA n'a pas encore colonisé toutes les cellules qui normalement luttent contre l'infection, et détruit l'ensemble du système immunitaire. Les lymphocytes auxiliaires conservent à ce stade leur avantage naturel sur les lymphocytes tueurs. La réversibilité, condition nécessaire à l'action éventuelle de l'homéopathie, est possible. Si nous devons être efficaces, conjointement aux traitements allopathiques en cours d'étude, ce sera avec des médicaments connus, déjà en notre possession. Il y a là de quoi surprendre, mais le mode d'action de l'homéopathie permet cette affirmation. Nous avons des médicaments pour tous les modes réactionnels possibles de l'organisme. Ce n'est pas le nom du virus qui fait la maladie, mais la manière dont le corps essaie de lutter contre elle.

J'ai bien conscience d'affirmer sans savoir. Il s'agit pour l'instant d'hypothèses de travail, mais je ne pense ni choquer, ni outrepasser mes droits. En tout cas je n'en ai pas l'intention. Dans un livre paru sur le SIDA on reproche à un homéopathe d'espérer que

(1) On peut concevoir une preuve capitale de l'efficacité de l'homéopathie à partir du traitement des sujets séro-positifs. On estime que 10 % de ces sujets feront véritablement un SIDA. Si on leur fait un traitement homéopathique systématique (individualisé pour chaque patient par un médecin qualifié) et que l'on retrouve moins de 10 % de SIDA après traitement homéopathique au long cours, on aura alors une différence significative.

l'homéopathie pourra quelque chose comme modificateur du terrain. L'auteur parle de son confrère comme d'un charlatan vers lequel les malades sont disposés à se tourner. Par ailleurs son livre est très compréhensif pour la communauté gay. Encore une pièce à verser au dossier : la société actuelle est plus répressive pour l'homéo que pour l'homo. La passion ne devrait pas avoir cours chez les médecins.

Si le SIDA disparaît ou devient exceptionnel, je ne regretterai pas de l'avoir étudié. Cela aura constitué pour moi un investissement intellectuel de valeur : j'aurai pu assister à la naissance d'un mythe et voir comment on le nourrit, comment il se perd. Si le SIDA devient une pandémie (une épidémie mondialement répandue comme la grippe espagnole de 1917) je serai prêt, avec mes confrères homéopathes, à aider les patients par tous les moyens raisonnables.

Les maladies organiques

Je ne dis jamais à un patient atteint d'une maladie sérieuse que je ne peux rien pour lui. Je lui laisse l'espoir, qui somme toute n'est pas nul, de voir un autre médecin le guérir. Je ne puis cependant être enthousiaste, et le patient (ou sa famille) doit me comprendre à demi-mots.

L'homéopathie trouve sa limite au niveau de la lésion, du tissu déformé, remanié, des maladies que le médecin appelle « organiques ». L'infarctus du myocarde, la phlébite, la déchirure du ménisque ont d'autres solutions. Elémentaire prudence, expérience, fruit de l'enseignement universitaire, dans l'intérêt de nos malades nous reconnaissons que nous ne soignons pas tout.

Il m'arrive cependant d'être consulté, en désespoir de cause, pour une affection dont il n'existe que cent cas dans le monde. Le malade n'a pu être guéri par les spécialistes et vient tenter sa chance chez l'homéopathe. Il s'agit en général d'une pathologie dont je n'ai jamais entendu parler, portant le nom du médecin qui a été le premier à la décrire et souvent le patient en sait plus que moi sur le sujet. J'ouvre une encyclopédie, et selon les symptômes je me risque à espérer, ou bien je pense que l'homéopathie a peu de chances. De toute manière je ne refuse jamais de donner un conseil thérapeutique, ne promettant rien, sauf de faire le maximum. On peut toujours estimer que j'amuse le client, mais ce n'est pas mon avis : chacun a le droit d'avoir une chance supplémentaire.

Echecs

Plus que d'échecs on peut parler de bonnes et de mauvaises indications du traitement. Quand le cas ne correspond pas aux possibilités de l'homéopathie on ne doit pas s'attendre à avoir des résultats. En revanche, je crois aux échecs de l'homéopathe. Nous ne sommes jamais complètement sûrs du diagnostic médicamenteux. Autant qu'au patient, il nous faut la preuve par la guérison. Nous le reconnaissons dans nos congrès, lorsque nous n'avons pas de résultats probants, c'est généralement que nous avons mal compris le cas. Il existe également des homéopathes moins entraînés que d'autres, personne, à tout prendre, n'étant parfait. Au départ il faut suivre un enseignement de trois ans, au bout desquels on a seulement fait le tour des problèmes de base. On se perfectionne ensuite pendant toute sa vie. Même l'homéopathe chevronné doit chercher pour chaque patient le traitement indiqué par l'ensemble des symptômes du cas. Rien n'est jamais gagné d'avance.

Dans la mesure où la maladie est habituellement guérie par l'homéopathie, un échec doit donc pousser le patient à consulter un autre homéopathe. Le diagnostic est un art difficile. Il ne peut se faire que dans la recherche permanente de la preuve, l'autocritique, et même le droit à l'erreur. Par nature le médecin doit avoir beaucoup de force de conviction, ne serait-ce que vis-à-vis de lui-même. Pris entre son instinct et les nécessités de la logique (son cerveau droit et son cerveau gauche), il lui arrive de se tromper ou de ne pas savoir. J'accepte les reproches lorsque je n'ai pas mis en jeu toutes mes connaissances, mais si j'ai la conviction d'avoir donné mon maximum, je ne puis que regretter mes limites, et celles de mon art. J'accepte qu'on me quitte, sachant que, malgré tout, la médecine garde ses chances de convaincre.

La guérison

Le médicament homéopathique n'est pas toxique et guérit 80 % des maladies courantes. Il est efficace, mais est-il vraiment innocent ? Vous venez me voir pour un eczéma et rapidement je vous fais parler de tout autre chose, de la douleur que vous avez à l'angle inférieur de l'omoplate droite, de l'augmentation qui ne vient pas, de vos parents qui vieillissent, de votre passion pour les tarots ou le gras de jambon. Parfois vous oubliez de signaler un symptôme et je le fais disparaître sans même connaître son existence (une faute de ma part : j'aurais dû vous poser la cent unième question).

Quand vous guérissez, vous êtes le même et différent. Vous êtes venu me consulter pour des migraines. Depuis qu'elles ont disparu vous avez enfin décidé de divorcer, décision que vous n'arriviez pas à prendre et que mon traitement a sans doute favorisé. Rassurez-vous : l'homéopathie — l'homéopathe — ne va jamais trop loin. Si vous vous êtes laissé influencer par le traitement (cette histoire de divorce est réellement arrivée à l'une de mes clientes), c'est que vous le vouliez bien. Entre le traitement et vous il y a seulement les affinités que vous décidez de mettre, le contrat que vous avez vous-même établi. En aucun cas le médicament homéopathique ne peut être coercitif. Il libère l'énergie qui est en vous, mais vous pouvez à tout moment refermer la porte.

Donnez-moi de vos nouvelles

Qu'est-ce qui a changé en vous ? Presque rien : vous gardez la même personnalité. Tout : vos symptômes ont disparu, en tout cas vous ne les ressentez plus ou vous les maîtrisez, et votre vie est plus calme. Quand il y a des progrès, dites-le moi. Certains patients vont mieux mais ne le reconnaissent pas, par peur sans doute de la rechute. Ma tâche, dans ces conditions, est difficile. Si je pars du principe que mon dernier traitement n'a pas agi, je vais le changer et c'est alors que rien n'ira plus. Si j'admets par erreur que leur santé a fait des progrès, je persisterai inutilement. C'est là tout le problème du traitement des symptômes subjectifs. Pour tourner la difficulté je cherche à savoir si mon patient peut faire des choses dont il était autrefois incapable : travailler malgré le mal de tête, diminuer les applications de pommade calmante, digérer un fruit qu'il ne supportait pas. Je lui demande également : « Est-ce que votre entourage vous trouve mieux ? » S'il est affirmatif, je continue à suivre ma première idée. Parfois j'entends : « Je ne leur dis pas que je suis souffrant », « Je ne le leur demande jamais si je vais mieux », réponses qui montrent un manque de communication au sein de la famille. Dans cette situation je suis mon instinct, tout en me méfiant de mes propres choix.

Médecine palliative ou médecine qui guérit ? Sous prétexte que le médecin homéopathe étudie soigneusement les symptômes de son patient, il est facile de l'accuser de pratiquer une médecine « symptomatique », ce qui sous-entend qu'il se contente de traiter les conséquences (les symptômes) sans s'attaquer à leur cause. En fait le médicament homéopathique est choisi d'après les symptômes mais agit en profondeur. L'organisme sait combattre la maladie : il est plus savant que le médecin.

Pour peu que vous m'ayez, volontairement ou non, en tout cas aussi clairement que possible, donné les clefs nécessaires, si vous avez suivi mon traitement de la façon indiquée, vous devez guérir. J'aime les clients qui me disent à la première consultation : « Je ne suis pas favorable à l'homéopathie mais je veux bien en tenter l'expérience. Je demande à voir. » Assez honnêtes pour ne pas faire semblant, ils le sont également pour me faciliter la recherche des symptômes. Ce sont en général des personnes avec lesquelles j'ai des succès thérapeutiques.

Si la maladie est ancienne, il faut savoir insister pour obtenir un résultat. Les patients ne guérissent pas tous d'emblée, même lorsque l'ordonnance est correctement établie. En revanche, dans les cas aigus le résultat est prompt. On peut même avoir des effets surprenants dans certaines urgences, telle cette histoire que j'ai vécue en 1979 et que j'intitulerai sans complexe : « Homéopathie contre Cortisone ». Foça, en Turquie, dans un club de vacances dont le nom est universellement connu. Il est midi sous les canisses. Nous déjeunons avec quelques amis de fraîche date, quand une jeune femme, Marie-France, est piquée par une abeille. Ses yeux s'agrandissent, son visage exprime soudain une véritable panique.

Quelques mots lâchés à sa camarade de bungalow me font comprendre la situation : « Va chercher la boîte, vite, tu sais quoi... ». Je suis déjà en route. Marie-France fait partie de ces personnes qui sont hyper-allergiques au venin d'abeille. Elle a sans doute eu quelques piqûres du même genre dans le passé, elle a dû avoir une réaction de plus en plus forte, et maintenant elle sait qu'elle risque sa vie. Je suis de retour le premier avec mon tube d'homéopathie, mais elle fait un signe de méfiance. La cortisone vient d'arriver. J'en prépare une seringue pour la rassurer et je promets de faire une piqûre intraveineuse à la moindre alerte. Dans ces conditions elle accepte mon médicament. Trois granules d'Apis mellifica 9 CH toutes les deux minutes pendant environ un quart d'heure : aucune réaction allergique ne se déclenche. La cortisone devient inutile et je finis par la répandre sur la terre turque. En vacances je ne révèle ma qualité de médecin que dans des circonstances exceptionnelles. Je ne regrette pas de l'avoir fait ce jour-là. Marie-France m'a d'ailleurs écrit pour me dire qu'elle est devenue une adepte de l'homéopathie.

Des faits spectaculaires comme celui-ci ne se produisent pas tous les jours dans la vie professionnelle d'un médecin. Habituellement la guérison est progressive. Certains malades ne savent pas dompter leur impatience et abandonnent trop tôt leur traitement, sous un mauvais prétexte : « Le médecin m'a prescrit de l'arsenic », « Les médicaments sont si petits qu'ils ne peuvent agir ». Je n'ai pas su les convaincre, ou bien ils n'étaient pas mûrs pour la guérison.

Les mécanismes de défense

L'homéopathie a deux siècles d'existence et pourtant son mode d'action reste inconnu. Que peuvent faire dans l'organisme ces petits grains blancs, ces doses pour maison de poupée ? Partons, afin de mieux approcher le phénomène, de la traditionnelle notion d'énergie vitale. Contestée, décriée, elle peut encore servir de base à notre raisonnement si nous arrivons à l'actualiser. « Force supposée qui présiderait aux fonctions des corps organisés vivants », elle nous vient du vitalisme, défendu au siècle dernier par Barthez, de Montpellier. Le vitalisme refuse de considérer le corps comme la simple résultante de nos échanges physico-chimiques (matérialisme) ou d'expliquer la vie par une présence supérieure en nous (spiritualisme). En observant de façon inductive les phénomènes vivants il donne à la biologie son autonomie (Canguilhem, Jacob) et fait de la force vitale une hypothèse nécessaire.

Nos cellules se renouvellent tous les sept ans et nous restons pourtant le même individu : quelle est cette force qui nous rend permanent à nous-mêmes ? On ne peut l'isoler, percevoir directement sa réalité. Mais de même qu'on objective un champ magnétique en plaçant de la limaille de fer près d'un aimant, de même nous pouvons pressentir en nous, derrière les mécanismes physio-pathologiques qui nous font aller de la santé à la maladie, puis revenir à la santé, l'existence d'un mouvement autonome.

L'énergie avant la création : « Au commencement était le verbe... ». L'explication biblique ne concerne pas le médecin. Je refuse également les théories mécanistes, et donc je ne suis pas loin d'admettre la force vitale, maîtresse de nos cellules. Il y a en nous quelque chose qui est distinct à la fois du corps physico-chimique et de l'âme pensante, et pour sacrifier à l'esprit de modernité je parlerai plus volontiers de « stimulation des défenses naturelles » que de force vitale. A mi-chemin entre le terre-à-terre et le céleste, l'organisme, pour son propre compte, sait conserver son équilibre. Lorsqu'il le perd, il est en état de maladie.

Mais qui dit « défense » dit « moyens ». Quels sont nos moyens de lutte contre les agresseurs ? Tout le système biologique est en jeu : fabrication d'anti-corps, action conjointe des réseaux nerveux sympa-thique et parasympathique, équilibre glandulaire. Tout se passe comme si l'inflammation, la douleur et l'angoisse nous protégeaient, comme si la maladie était déjà une première étape de l'organisme dans le processus de guérison. Le symptôme est un moyen bénéfique dont nous disposons pour lutter contre la maladie. Le médecin doit laisser agir le symptôme et n'intervenir que lorsqu'il devient vraiment gênant ou n'est pas suffisant par lui-même pour chasser la cause déclenchante. Le médicament homéopathique agit en favorisant ces mécanismes de défense, en aidant les symptômes : c'est ce que nous appelons le mode réactionnel de l'organisme. Comme nous ne connaissons pas encore le détail des opérations qui se déroulent dans l'intimité de nos organes, certains reprochent à l'homéopathie d'être une médecine empirique. Si l'empirisme est, comme on le veut trop souvent, le domaine de ce qui est sauvagement découvert, transmis sans contrôle et prescrit au juger, l'homéopathie n'est pas empirique. Si l'on entend par empirisme une méthode basée sur l'observation des faits, après expérimentation directe, sans passage par le raisonnement a priori, alors l'homéopathie est empirique. Nous avons là le sens que les philosophes donnent au mot, et cette définition s'applique parfaitement à la méthode homéopathique. L'empirisme a une définition positive dont nous nous réclamons.

La recherche en homéopathie

Bien qu'en médecine la guérison ne soit pas un critère suffisant pour juger de l'efficacité d'une thérapeutique, on ne peut nous reprocher de guérir les biens portants : les bébés, les animaux, les plantes, les cellules, sont nos témoins. Et surtout, à travers eux, les chercheurs.

Les progrès les plus marquants de l'homéopathie se font dans le domaine de la recherche scientifique. Sans véritable urgence, nous pensons qu'il est nécessaire d'asseoir notre médecine sur des bases solides, car pour l'instant nous sommes dans une situation délicate : la communauté scientifique nous rejette, et en même temps elle nous reproche d'être hors de son sein. En fait nous ne prétendons pas nous justifier mais apporter notre part de travaux à la pharmacologie et à la thérapeutique contemporaines. Les expériences de laboratoires et les études cliniques sont les meilleures réponses à l'argument placebo.

Le placebo est notre chance. Le fait qu'un produit neutre puisse se montrer actif dans environ 60 % des cas est la preuve des étonnantes possibilités de l'organisme, capable de croire contre vents et marées à sa guérison. Le placebo exige de nous des résultats supérieurs à ceux qu'il peut provoquer, ce qui est le cas avec l'homéopathie. Evidemment ces expérimentations ne sont pas faciles à mener. Nous devons établir des protocoles reproductibles et conformes à la méthodologie classiquement admise, et en même temps veiller à l'application stricte des règles de l'homéopathie. Il nous faut trouver des schémas expérimentaux qui satisfassent à la fois aux exigences de la science et de notre médecine.

Prenons d'abord un exemple d'expérimentation sur l'animal. On administre à des cobayes une quantité non mortelle d'un sel d'arsenic, l'arséniate de sodium. Puis on dose le toxique dans l'urine des animaux, jusqu'au moment où l'on constate un arrêt de l'élimination. Au bout de 90 heures on a ainsi recueilli 35 % de la quantité d'arséniate administré au départ. Le reste est resté fixé dans les organes. Lorsqu'ensuite on injecte à ces mêmes animaux une préparation homéopathique d'arsenic on provoque la réapparition du toxique dans les urines[1]. Cette

(1) Expérimentation de Lise Wurmser dans le service du Professeur Lapp à Strasbourg, reprise par Jean Boiron et collaborateurs avec de l'arsenic radio-actif.

expérimentation est une simple approche du problème car elle conclut de l'animal à l'homme, et utilise le même produit pour provoquer l'intoxication et la traiter. On peut cependant affirmer que l'infinitésimal est actif, même si l'on n'a pas ainsi prouvé la réalité de la loi de similitude.

Passons à un modèle immunologique réalisé sur des cellules humaines, les basophiles, une catégorie de globules blancs. Les basophiles utilisés proviennent de patients allergiques. En présence de certains antigènes (ceux que les sujets supportent mal dans la vie de tous les jours), il se fait une libération d'histamine, un des principaux constituants du basophile. C'est ce qu'on appelle la « dégranulation des basophiles ». Si on répète l'expérience en présence d'une préparation hahnemannienne d'Histamine 7 CH, la dégranulation est bloquée dans 76 % des cas. Le résultat est d'environ 60 % avec une préparation d'Apis mellifica 9 CH ou 15 CH (dilution d'abeille dont le venin contient entre autres de l'histamine)[1].

Voyons maintenant un modèle clinique, c'est-à-dire une série d'observations faites sur des patients. On a étudié 46 sujets atteints de polyarthrite rhumatismale, une affection sévère par les déforma-

(1) Références :
— Jean Sainte-Laudy, Philippe Belon : « Inhibition of bi-motal basophiles degranulation curve by histamine ». Volume des rapports du congrès de la « European Histamine Research Society », Odense, 1986.
— B. Poitevin, M. Aubin, J. Benveniste : Effet d'Apis mellifica sur la dégranulation des basophiles humains in vitro. L'Homéopathie française, 1985, 73, 193-198.

tions qu'elle entraîne. On a pu conclure que la mobilité articulaire, les douleurs et la vitesse de sédimentation (un des témoins sanguins de l'inflammation) sont améliorés de façon significativement meilleure chez les malades ayant reçu de l'homéopathie que chez les malades traités par placebo. Cette expérimentation est d'autant plus intéressante qu'elle a paru dans un journal scientifique allopathique[1].

Nous mettons rarement au point de nouveaux produits car les médicaments homéopathiques habituels, en nous permettant de stimuler l'organisme déficient, agissent même sur les maladies qui ont été récemment isolées. C'est la connaissance des malades, et non celle des maladies, qui nous sert de guide.

Nous sommes tentés de réexpérimenter les médicaments homéopathiques transmis par les générations précédentes afin de contrôler leur pouvoir thérapeutique, et nous avons la satisfaction de retrouver des symptômes que nous connaissons bien. En voici une illustration. Le Docteur Georges Demangeat fit faire en 1977 aux étudiants de l'Ecole d'Homéopathie Hahnemannienne Dauphiné-Savoie une réexpérimentation d'un médicament bien connu. Il s'agissait de voir les symptômes développés sur des personnes en bonne santé. Les expérimentateurs ignoraient le nom du médicament. Un étudiant vint trouver mon ami Georges pour lui expliquer qu'il

(1) Gibson, British Journal of Clinical Pharmacology, 1980, N° 9, p. 453 à 459.

avait dû interrompre l'expérimentation : un terrible mal de dents l'ayant contraint à prendre Chamomilla, ce qui enlevait toute valeur à son témoignage. Or Chamomilla était justement la substance en expérimentation. L'étudiant avait tout simplement développé, sans s'y attendre, les symptômes caractéristiques du médicament étudié.

La recherche en homéopathie a débuté il y a quelques dizaines d'années et les progrès, comme toujours dans les matières expérimentales, demandent beaucoup de temps et de réflexion[1]. C'est pourquoi on ne connaît pas encore le mécanisme intime de l'action des médicaments homéopathiques. On peut se demander si les scientifiques vont bientôt trouver le secret de l'homéopathie. Pour l'instant nous ne pouvons qu'espérer.

Les drogués de l'homéopathie

— Avez-vous envie de guérir ?
— Mais bien sûr, Docteur !

Je n'entends jamais d'autre réponse.
— Et votre comportement quotidien, cher Jean-Paul, chère Marie ? Les peurs que vous vous faites en cherchant ce qui ne va pas ? Je ne peux vous en libérer par le simple traitement. La solution est en

(1) Le meilleur livre pour faire le point sur la recherche en homéopathie est *Le devenir de l'homéopathie. Eléments de théorie et de recherche*, par Bernard Poitevin. Editions Doin. 1987.

216

vous, mais attention, elle n'est pas évidente. La guérison est une affaire de détermination personnelle.

Une personne en bonne santé croit toujours que le malade n'a qu'un battement de paupière à donner pour aller mieux, et ne comprend pas pourquoi il semble parfois s'y refuser. Les médecins savent bien que le processus est beaucoup plus compliqué. Il y a des clients que nous ne guérissons pas, malgré leur désir et le nôtre. Pour un certain nombre d'entre eux il s'agit d'une question de traitement mal déterminé, par notre faute ou celle de circonstances extérieures. Assez souvent la nature du patient est en cause, ou les « bénéfices secondaires » qu'il tire de la situation : pourquoi guérir quand on a par la maladie l'occasion d'attirer l'attention de l'entourage, quand on a un pouvoir presque magique sur lui ? Il est « commode » d'avoir des migraines par l'odeur du tabac, ce qui revient à empêcher le conjoint de fumer librement ; d'avoir mal à la jambe et d'éviter ainsi la sacro-sainte visite du dimanche chez la belle-mère ; ou de se plaindre du mal de dos quand le poste de travail oblige à porter des dossiers lourds.

Certains clients viennent me voir régulièrement depuis dix ans et trouvent toujours quelque chose à me dire. Ce sont des gens qui ont besoin d'un traitement pour authentifier les symptômes auxquels ils tiennent. Instinctivement ils sentent que l'homéopathie leur permet cet abus innocent, du fait qu'il n'y a pas d'effet « iatrogène », c'est-à-dire dû au médecin et à ses médicaments. L'absence de danger les attire vers l'homéopathie. Il y avait ainsi une Mireille que je soignais depuis plusieurs années pour ses troubles d'estomac. Tous les six mois, elle venait s'installer dans mon fauteuil Louis XV bleu et blanc (une copie moderne à l'épreuve de toutes les fatigues), et détaillait patiemment des symptômes toujours nouveaux. Malgré des médicaments apparemment bien indiqués j'avais droit à des plaintes bizarres : une fois c'étaient les pommes qui ne passaient pas, à la consultation suivante elle avait été rendue malade par un séjour à l'étranger, lors d'une troisième elle me montrait des plaques rouges qui lui barraient le front. A chaque fois, d'une voix lasse et en prenant l'air d'une petite vieille, elle me parlait de son fils qui n'arrivait pas à trouver du travail, à quitter la maison. Un jour elle me téléphone, épuisée :

— Docteur, j'ai une terrible crise de foie. Hier j'ai bu un café au restaurant. Le garçon m'avait pourtant juré qu'il était sans caféine.

Je lui donne le conseil qui s'impose, en l'occurence dix gouttes de Chelidonium composé à prendre trois fois par jour jusqu'à amélioration, dans un peu d'eau chaude sucrée. Sa voix d'outre-tombe est exactement celle qu'elle a habituellement dans mon cabinet. Je peux donc imaginer le visage de Mireille en ce moment : les traits tirés, le teint terreux, et les yeux cernés sous sa chevelure de fausse blonde. Je raccroche et je vais en ville faire les courses de Noël. Une demi-heure plus tard je la croise Rue de la République. Elle discute d'une voix claire avec une autre personne, et marche d'un pas alerte. Son visage est calme. Je la vois entrer dans un cinéma où l'on joue le dernier Woody Allen. Triomphe de l'imaginaire,

La rose pourpre du Caire va achever ce que Chelidonium a commencé. Je ne puis m'empêcher de plaindre Mireille qui a besoin de ses symptômes pour exister.

Je me demande parfois si la médecine ne crée pas chez certains le besoin d'être malade. Je sais que cette réflexion est dure, qu'elle est faite par quelqu'un qui est à peu près bien portant, qui a d'autres manières d'exprimer son angoisse existentielle. Je ne juge pas. Je dis ce que je ressens. Et surtout je continue à m'occuper de mes patients, car je pense leur faire plus de bien que de mal. Mon combat contre la maladie est fait de satisfactions et d'espoir. La déception s'y mêle parfois, mais jamais le renoncement.

Allégorie de la langouste

On raconte dans les milieux homéopathiques une savoureuse histoire de langouste. Une dame était persuadée d'avoir une langouste dans le ventre. Autant de médecins consultés, autant de déboires. Les uns après les autres ils se permettent de ne pas croire au mal, même lorsqu'elle insiste en pleurant. Le coin de bouche de ces messieurs exprime le doute. Certains sont un peu plus compréhensifs, plus aimables ou plus disponibles, mais aucun n'est capable de trouver le traitement qui la débarrasserait de son crustacé. Les guérisseurs eux-mêmes y perdent leurs convictions. La dame finit par aller voir un chirurgien réputé, le meilleur du département. Elle se sent enfin comprise. Le chirurgien accepte l'auto-diagnostic, reconnaît qu'il y a sûrement une langouste dans le ventre de sa cliente, et propose une opération. Quelques jours plus tard elle est endormie dans une vraie salle d'opération aux murs aseptisés. Elle sourit aux anges qu'elle va enfin apercevoir. Le chirurgien fait une magnifique incision, bien droite, peu profonde, mais suffisante pour préparer le réveil de la patiente et mettre un terme à ses souffrances. L'opération placebo, il fallait y penser ! Mais le chirurgien ne se contente pas de quelques agrafes. Il veut parachever son œuvre. L'après-midi, il rend visite à l'opérée, accompagné d'une infirmière. Sur un plateau d'argent celle-ci présente à la malade une magnifique langouste, remuante à souhait. On se félicite mutuellement. La guérison est assurée.

A quelque temps de là, la dame retourne voir son chirurgien. Son visage est figé. On peut y lire la plus grande déception.

— Mais, chère Madame, que vous arrive-t-il ?

— Docteur, tout est perdu, vous avez laissé les œufs !

Ne souriez pas. La nature est ainsi faite. Les anciens le savaient bien qui nous ont légué le mythe de Sisyphe. Ne souriez toujours pas, les modernes ont eux aussi des révélations à nous faire sur ce sujet. Aux USA on a fait réellement des interventions chirurgicales placebo. Et pas dans n'importe quelle maladie : il s'agissait d'étudier l'angine de poitrine. Cinquante pour cent des patients ont eu une véritable opération pour remplacer leurs coronaires (les artères qui nourrissent le cœur). Cinquante pour cent n'ont eu que la cicatrice correspondante, comme la dame à la langouste. Il y eut autant de résultats significatifs dans les deux groupes d'opérés. La nature humaine, inattendue, respectable, impressionnante, est un curieux sujet de réflexion. La médecine continue ses progrès, se charge d'espoir et de solutions nouvelles, mais ne fait que repousser les limites de l'inconnu.

LA MALADIE CHRONIQUE
SELON HAHNEMANN

Une affaire d'état (général)

Sans quitter vraiment l'allégorie de la langouste voyons un cas plus commun. Jules, ce cher vigneron qui chante des airs d'opéra dans son tracteur, est venu plusieurs fois à mon cabinet. Sa dysidrose remonte à plus de vingt ans et je n'ai pu me contenter, pour la guérir, d'un seul médicament. Rhus venenata calme ses démangeaisons, redonne à sa peau un aspect normal, mais ne tient pas compte de la notion d'allergie, du caractère du patient, ni de sa manière de vivre. Rhus a provoqué expérimentalement des petits grains caractéristiques comparables à ceux que Jules a sur les mains, mais il agit au coup par coup, c'est ce que nous appelons le traitement « symptomatique ». Si je m'étais contenté de cette prescription Jules serait revenu me consulter chaque été, avec un résultat de moins en moins probant. Pour le guérir sans rechute il m'a fallu définir son

« terrain », étudier ses réactions générales, ce qui m'a permis de lui donner un traitement « de fond ».

Il y a longtemps que Jules n'a plus besoin de mes soins, mais j'ai de ses nouvelles par sa femme. Il ne se gratte plus. Ses vignes beaujolaises se portent bien, elles aussi. Les douze bouteilles de Juliénas, gouleyant à souhait, qu'Aimée m'a apportée de sa part en sont le témoignage.

Une vieille notion

Dans mes précédents livres je n'ai étudié et donné des conseils que pour le traitement symptomatique car seul le médecin, par la connaissance qu'il a de milliers de cas, peut déterminer le médicament de fond. Ici j'essaie d'aller un peu plus loin. Je cerne le problème d'aussi près qu'il est possible afin d'aider le lecteur à mieux décrire ses troubles au médecin homéopathe, qui sera de toute manière consulté.

La notion de terrain remonte à Hippocrate et n'a jamais complètement disparu depuis son époque. Au XIXe siècle on parlait du « terrain neuro-arthritique », sans avoir de traitement efficace à lui opposer. La première approche biologique nous est venue avec les groupes sanguins, découverts en 1900 par Landsteiner.

De nos jours la médecine officielle cerne de mieux en mieux le problème, avec par exemple le système HLA (« à Sheila » disent les mauvais esprits). Le Professeur Jean Dausset, prix Nobel de médecine, a décrit à partir de 1952 les groupes tissulaires. Il a

224

montré que les tissus humains ne sont pas les mêmes d'un individu à l'autre. Il les a classés dans un système dit HLA (Human Leucocyte Antigens A : un nom anglais pour une découverte française, c'est le seul reproche que l'on peut faire, mais cette habitude est fréquente dans le domaine scientifique). Les applications pratiques de ce système sont les transplantations d'organes, une meilleure connaissance des maladies avec troubles immunitaires (en particulier les affections dites « auto-immunes » où l'organisme ne reconnaît plus ses propres molécules), la recherche de paternité, l'aide au diagnostic de certaines maladies comme la spondylarthrite ankylosante (90 % des patients atteints de cette maladie possèdent l'antigène HLA-B 27) ou le psoriasis, la maladie de Basedow et bien d'autres. On voit donc se dessiner ainsi, au delà de la vieille notion de terrain, l'individualité génétique[1].

Définition de la maladie chronique par l'homéopathe

La notion de maladie chronique représente la seconde idée géniale de Hahnemann, la première étant la loi de similitude. La maladie chronique, pour les homéopathes, correspond non seulement à la maladie qui dure, qui n'arrive pas à guérir spontanément, mais aussi aux enchaînements dans le temps de diverses maladies qu'on pourrait croire séparées

(1) Ce n'est pas moi qui l'affirme, mais le Professeur Claude Laroche, Médecin des Hôpitaux de Paris, dans *La Gazette Médicale de France* du 25-9-1981, page 3867, « Le système HLA et le médecin praticien ».

et qu'on montre généralement à des spécialistes de différentes disciplines, eczéma, diarrhée, asthme, migraine, etc. : l'une cesse, l'autre se manifeste. Il faut y inclure également les maladies à crises. Par exemple en cas d'infection urinaire récidivante on ne se contente pas de soigner au coup par coup chaque crise au moment où elle se manifeste, on étudie toute la personne, en partant du principe qu'elle ne fait pas par hasard des cystites à répétition. Le principe est le même pour les otites des enfants, qu'elles soient d'origine infectieuse ou allergique. Devant la répétition des épisodes aigus l'ORL propose la mise en place d'un « diabolo » ou drain trans-tympanique, voire une ablation des végétations adénoïdes. Le traitement de fond rend ces opérations inutiles dans la plupart des cas traités par l'homéopathie.

Pour les homéopathes l'étude de la maladie chronique est avant tout la prise en compte des faits qui, sans avoir obligatoirement de rapport avec le motif de la consultation, ont débuté à la même époque. Tous les domaines nous intéressent : habitudes alimentaires, état d'esprit, réaction aux changements de temps, sensations curieuses et inexplicables. Il ne s'agit pas de symptômes de la maladie, mais de caractéristiques du malade, même si l'on ne comprend pas toujours le lien entre les deux. Pourquoi, à partir du moment où l'on a un eczéma, se met-on à aimer le sel, ou à avoir toujours soif, ou à ne plus supporter le climat marin, ou à éprouver tous ces symptômes à la fois ? Nous n'avons pas d'explication valable, mais nous connaissons la réponse thérapeutique (Natrum muriaticum). Nous savons guérir les malades en même temps que leurs verrues, leurs bronchites, leur dépression[1].

Nous ne donnons pas un médicament pour chaque symptôme pris séparément, chaque crise, ou même chaque maladie considérée indépendamment des autres. Le médicament de fond englobe l'ensemble des renseignements recueillis. Pour nous, isoler une maladie de la notion générale de maladie chronique équivaut à opérer une « suppression ». Une pommade à la cortisone est « active » contre un eczéma, mais elle laisse intacte la maladie allergique profonde dont l'éruption n'est que le témoin, la partie émergée. Un asthme, des migraines, des angoisses ou une diarrhée vont faire leur apparition, puisque la peau est interdite.

La maladie chronique ressemble à l'hydre de Lerne, ce monstre de la mythologie grecque qui vivait dans une caverne près d'un lac. Il avait le corps d'un chien et neuf têtes (dont l'une était immortelle). Héraclès (Hercule) accomplit en le tuant le second de ses douze travaux. Il coupa d'abord une tête, mais aussitôt deux autres repoussèrent. Pour se débarrasser de l'hydre il dut brûler toutes les têtes, sauf celle qui était immortelle et qu'il enterra sous un rocher. Il ne s'agit pas pour moi, par cette évocation, de ranger l'homéopathie du côté de la tradition ou de l'ésotérisme, mais de rappeler un vieux fait de civilisation. Transmis sur le mode sibyllin, venu d'une époque où

(1) « En soignant le malade pour ce qu'il est l'homéopathe le guérit de ce qu'il a », dit Monique Mercier, pianiste et épouse d'un homéopathe, le Docteur Jacques Barbier. Il n'est pas étonnant que cette définition nous soit donnée par une artiste.

religion, médecine et magie n'étaient qu'une seule et même pratique, il garde encore toute sa signification humaine. On peut d'ailleurs exprimer la même notion en faisant appel à l'informatique. Dans l'ordinateur il existe une mémoire « tampon » qui conserve la trace de ce qui vient d'être supprimé à l'écran. Un nouveau texte apparaît, mais l'ancien peut être rappelé facilement à l'aide du clavier ou de la souris. Pour s'en débarrasser, il faut le vouloir explicitement.

La loi de Hering

Au cours du traitement homéopathique certains signes de guérison plaident en faveur de la théorie des maladies chroniques. On assiste souvent à une régression des troubles dans l'ordre inverse de leur survenue : la maladie la plus récente, un asthme par exemple, disparaît ; on s'aperçoit alors qu'un eczéma, qui avait précédé la période asthmatique, refait surface (c'est le cas de le dire) ; quand à son tour il cesse de se manifester on voit revenir une vieille diarrhée, qui avait précédé l'eczéma et que l'on croyait guérie. De couche en couche, la personne se trouve débarrassée d'un enchaînement clinique qui semblait devoir durer indéfiniment.

C'est ce que nous apprend la loi de Hering, cet homéopathe historique dont nous avons déjà parlé. Il affirmait que les maladies guérissent de haut en bas (la tête avant les membres inférieurs), de dedans en dehors (l'asthme, qui est une maladie interne, avant l'eczéma) et surtout en repassant par toutes les étapes antérieures. La dernière proposition est celle qui est la plus vraie. Souvent les patients ont oublié leurs anciens troubles et sont surpris de les voir revenir. Certains vont jusqu'à accuser le médecin de l'époque de les avoir mal soignés, ce qui est faux si l'on se place d'un point de vue strictement allopathique. Le médecin a agi selon les règles communément admises, mais le traitement n'a fait que masquer les troubles.

Une telle conception unitaire de la maladie permet le succès thérapeutique dans les cas anciens. En voici un exemple que je crois démonstratif. Aliette, 38 ans, quitte son Ardèche un jeudi matin pour venir me revoir à l'Hôpital Saint-Luc, après trois ans sans donner de nouvelles. Je l'ai traitée pour un eczéma qui a guéri rapidement, mais ses maladies d'autrefois se sont réveillées :

— Quand mon eczéma a disparu je ne savais plus où placer mon angoisse, dit-elle de façon imagée.

Mon premier traitement n'était pas complet. Une vieille colite a refait parler d'elle, ainsi que le terrain spasmophile déjà présent dans l'adolescence. Aliette a également un kyste du sein, bénin d'après les mammographies. Elle pleure et transpire des mains en me racontant ses symptômes. Le cas est typique. Je n'ai cette fois-ci aucun mal à trouver ce qui lui manque : Sepia, une dilution d'encre de seiche.

Le classement des maladies chroniques

Nous décrivons depuis Hahnemann trois maladies chroniques : la psore, la sycose, la luèse, qui correspondent chacune à un mode réactionnel fondamental de l'organisme confronté à une situation pathologique profonde. Ces termes vieillots, grecs, plutôt bizarres, ont le mérite de ne pas avoir de signification en dehors des milieux homéopathiques, et donc de ne pas être porteurs de notions qui fausseraient inutilement l'esprit. Ils restent donc toujours neufs et utiles. Chaque discipline a ainsi un vocabulaire particulier. Nous ne cherchons pas à nous singulariser mais à manier des concepts qui n'ont pas d'équivalent. Au delà des mots, ce sont les mécanismes que nous voulons décrire.

Psore

La psore est un mode réactionnel centrifuge, un moyen pour l'organisme de repousser les symptômes vers la périphérie. Il s'agit d'une maladie de nature explosive, avec retour périodique des crises, éruptions de type vésiculeux, atteinte des muqueuses et des séreuses (les fins tissus qui tapissent intérieurement ou extérieurement certains organes), alternances morbides, maladies répercutées à distance, troubles fonctionnels, tendance au parasitisme.

Cette notion de psore est la réponse à une question que me pose une de mes clientes, Anny, venue me voir pour des migraines remontant à l'enfance. Chère

Madame, vous m'écrivez : « Dans mon cas précis je ne vois pas ce que la gale vient faire avec mes migraines. » Je vous ai donné Psorinum, une dilution homéopathique de la sérosité tirée d'une vésicule de gale. L'extrême dilution vous permet de prendre ce médicament sans arrière-pensée, et il y a grâce à lui des chances plus que raisonnables de guérison. La première raison de ma prescription, la meilleure, est que vous avez les symptômes typiques de cette médication, en particulier un sentiment d'euphorie avant la migraine : c'est vous qui me l'avez déclaré à la première consultation, et les expérimentateurs de la substance l'ont eux-mêmes ressenti. L'autre raison est que le terrain migraineux correspond bien à la psore : troubles fonctionnels à répétition, périodicité des symptômes (dans votre cas une fois par semaine environ). Je vous ai donné Psorinum parce que votre maladie, au delà de la notion de migraine, est la psore. Il semble d'ailleurs vous réussir puisqu'en six mois, à raison de deux doses par semaine, vous n'avez eu que quatre crises. En outre vous pouvez faire votre travail malgré la crise, alors qu'autrefois vous vous mettiez au lit. Ne me demandez pas pourquoi un extrait de gale guérit la psore, je n'en sais rien. Notre classification est commode, efficace, mais nous n'en avons pas complètement la maîtrise. Je ne veux pas reprendre à mon compte la parabole « Les parents ont mangé des raisins verts et les enfants en ont eu les dents agacées », mais c'est aussi cela la psore : une maladie que vous avez apportée avec vous en naissant. Oublions le péché originel, l'idée générale reste valable.

Sycose

Contrairement à la psore qui se présente comme une maladie héréditaire explosive, la sycose est acquise au cours de la vie et s'installe lentement. C'est un mode réactionnel d'envahissement du milieu intérieur, de stagnation de l'espace entre les cellules, avec débordement vers la peau et les muqueuses. Ses principaux signes sont : obésité, catarrhe chronique des muqueuses (spécialement génitales), évolution lente et torpide, aggravation générale par le froid humide, tumeurs bénignes (verrues, condylomes, fibromes). D'ailleurs le terme de sycose vient du grec « sucos », qui veut dire « figue », il évoque les excroissances diverses que peut présenter le patient.

Luèse

La luèse est un mode réactionnel qui va de la périphérie vers les organes vitaux. Elle est responsable de maladies lésionnelles, spécialement par destruction cellulaire et ulcérations diverses. C'est l'aboutissement des deux autres maladies, quand elles ne sont pas soignées à temps.

L'affaiblissement du terrain

La maladie aiguë peut se soigner par l'allopathie ou par l'homéopathie : c'est une question de choix de la part du patient et de son médecin. Dans la maladie

232

chronique, au sens où l'entendait Hahnemann au XIX⁰ siècle et que nous confirmons par nos multiples observations, l'homéopathie est, par contre, irremplaçable. Elle seule, pour l'instant, propose un traitement de fond, capable de modifier le terrain, d'arrêter la maladie en évolution, de prévenir les rechutes. Dès qu'il est consulté pour une maladie qui dure, une maladie à crises, une maladie qui semble l'aboutissement d'une longue série de troubles, le médecin homéopathe décide de chercher le médicament de fond de son patient. C'est d'ailleurs la meilleure forme de prévention.

L'organisme est en permanence soumis à des coups de boutoir : les changements atmosphériques, les agents infectieux (microbes, virus), les agresseurs chimiques, les émotions ou la pire des maladies : la routine, la perte de la faculté d'étonnement, sont autant de facteurs d'usure, d'épuisement possible. Printemps pluvieux, surinfection, choc physique ou moral : tout est prétexte à décompensation d'une maladie chronique latente. Pourquoi les enfants ont-ils une rhino-pharyngite, une angine ou une otite la veille du départ de leurs parents en voyage ? Pourquoi Paule, une de mes clientes, a-t-elle eu les premiers symptômes de son herpès oculaire au cimetière, pendant l'enterrement de son beau-frère ? La famille est très unie, et cette maladie ne m'a pas vraiment surpris.

Le chagrin, le surmenage, le souci, au même titre que le traumatisme, le coup de froid, le mauvais fonctionnement des organes, représentent des sources d'affaiblissement du terrain. A la liste de ces causes occasionnelles et involontaires il vaut mieux éviter (sauf urgence, danger, ou atteinte lésionnelle majeure) d'ajouter les moyens artificiels que constituent les thérapeutiques chimiques. Les antibiotiques agissent pour le compte de l'organisme mais surtout à sa place ; c'est une thérapeutique qui relève de la prothèse, indispensable seulement dans les cas où le pronostic vital est en jeu. Dans tous les autres il faut donner à l'individu la chance de pouvoir guérir par ses propres moyens, en le stimulant par un traitement homéopathique adapté.

La lutte contre la cause déclenchante est un autre élément à considérer : de même qu'on ne guérit pas un abcès sans enlever l'écharde qui l'a provoqué, de même est-il souhaitable de modifier l'environnement allergénique d'un asthmatique, tenter d'arranger une situation familiale conflictuelle, apprendre à lutter contre le froid par un entraînement progressif. A la limite entre la défense et l'attaque se situe la vie, avec ses étonnantes possibilités. Nous ne savons pas toujours pourquoi une personne souffre, ni même de quoi. En allopathie il est alors difficile de trouver un traitement valable, en dehors de la palliation. L'homéopathe sait se tirer de ce pas difficile. La loi de similitude et la conception originale qu'il a du malade et de la maladie lui permettent de déterminer le traitement de fond sans avoir à passer automatiquement par un diagnostic précis. C'est une réalité de tous les jours, un espoir renouvelé en permanence, le principal intérêt de l'homéopathie.

Le choix du médicament

Pour traiter la maladie chronique, l'homéopathe applique, encore et toujours, la loi de similitude (les symptômes sont guéris par la substance capable de les provoquer). Il utilise les mêmes produits de base que lorsqu'il soigne une maladie aiguë, mais l'étude du cas se fait de façon différente. Pour le médicament occasionnel on ne retient que les symptômes les plus récents, les plus superficiels. Lorsqu'il s'agit de traiter un terrain on cherche à appliquer la loi de similitude de manière plus large. On considère toujours l'ensemble des symptômes du patient mais en remontant au début général des troubles. On prend en compte non seulement le motif de la consultation mais tout ce qui peut y être associé : si un sujet souffre d'eczéma depuis 20 ans, on essaie de déterminer avec lui les maladies qui ont précédé l'éruption, les modifications qu'il a pu remarquer dans son comportement alimentaire, sa résistance aux changements de climat ou de région, les symptômes qui n'ont « rien à voir » avec l'eczéma mais ont débuté sensiblement à la même époque. Puis on essaye de déterminer à quelle maladie chronique correspond l'ensemble retenu, et l'on donne de préférence un médicament choisi dans la liste des antipsoriques, antisycotiques ou antiluétiques (les homéopathes intellectuels disent « homéopsoriques », « homéosycotiques », « homéoluétiques »).

Le traitement est polyvalent, et ceci peut provoquer des situations surprenantes, du genre :
— Jean-Philippe grandit beaucoup. Pouvez-vous

lui donner un petit (noter l'adjectif « petit ») forti-
fiant ?

— Madame, il l'a déjà.

Je viens de lui prescrire Phosphorus qui couvre
bien les symptômes de son asthme, et aussi ses
saignements de nez, sa soif permanente d'eau glacée,
son tempérament anxieux. Une même réponse quelle
que soit la demande, Molière avait prévu cette situation dans *Le malade imaginaire.* Ici la réponse n'est
pas « Le poumon ! Le poumon ! », mais « Phosphorus ! Phosphorus ! ».

Une autre manière de dire les choses, et qui
n'arrange rien si l'on veut à tout prix être rationnel :
les médicaments les plus importants (que nous appelons « polychrestes ») ont de multiples indications.
On peut imaginer ainsi une famille où Nux vomica
serait nécessaire pour tout le monde : le rhume du
bébé, les hémorroïdes du père, la crise vésiculaire de
la mère, le tour de reins du grand frère. Il faut
admettre qu'en isolant cette notion de son contexte,
c'est-à-dire du pouvoir expérimental de Nux, on
puisse critiquer la médecine hahnemannienne.

Lenteur d'action de l'homéopathie ?

On dit souvent que l'homéopathie est d'action
lente. Pour une maladie aiguë, récente, l'affirmation
est fausse : on peut mettre en concurrence allopathie
et homéopathie sur ce plan car le médicament correctement déterminé d'après la loi des semblables agit
très rapidement ; quelques heures, un jour ou deux

dans un cas difficile, suffisent en général. Pour une maladie ancienne, chronique au sens hahnemannien du terme, l'affirmation est à la fois vraie et fausse : vraie parce que dans l'absolu il faut du temps pour guérir une personne lorsqu'on veut remonter à l'origine de ses troubles et pas seulement à la dernière manifestation apparue ; fausse parce que le malade n'aurait jamais guéri autrement et qu'un an ou deux, ou même trois, représentent un temps très court si on les compare à notre espérance de vie.

Avant la guérison : l'amélioration

La durée paraît toujours excessive à la personne qui souffre, et c'est normal, mais l'amélioration qui se fait jour progressivement doit l'aider à patienter. Il m'arrive cependant de voir des gens abandonner trop tôt leur traitement. Par exemple, on se soigne par l'homéopathie alors que l'entourage est contre. A force d'entendre des commentaires sur l'inefficacité des petits granules qui « ne contiennent rien », on se met à avoir des doutes, et à l'occasion d'une rechute, on finit par consulter un médecin allopathe. Certains patients reviennent cependant si ce nouvel essai a été infructueux. Ils regrettent d'avoir perdu un temps précieux : « Dans le fond c'est vous qui m'avez donné le plus d'amélioration, cette fois-ci je ferai scrupuleusement ce que vous me direz. »

Le traitement de la maladie chronique doit être suivi longtemps, deux ou trois ans sont parfois nécessaires. Quand c'est possible je recommande des arrêts momentanés, ne serait-ce que pour éviter la lassitude. Cela me permet également de montrer à mon patient que l'homéopathie agit. Elle finit par lui manquer, c'est donc qu'elle a un effet. Enfin arrive le moment où les crises ont disparu, où la personne ne se plaint plus que de minimes séquelles, d'un retour fugace des symptômes quand elle se met dans une situation déclenchante. L'homéopathie a joué son rôle. On le voit, je ne parle pas de guérisons extraordinaires. Mon cabinet n'est pas la succursale de la grotte miraculeuse mais un lieu où l'on cherche en commun, au cours d'une série d'entretiens aussi intimes que possible, d'examens rigoureux s'ils sont nécessaires, la manière de faire évoluer favorablement chaque cas particulier.

La notion de constitution

Il ne faut pas confondre « maladie chronique » et « constitution ». La notion de constitution est classique en homéopathie depuis le début de ce siècle, mais correspond à une classification faussement intéressante.

On décrit le carbonique comme un sujet au visage arrondi, aux membres courts et trapus, dont l'avant-bras fait un angle inférieur à 180° avec le bras. Ses dents sont carrées. Il est généralement de petite taille et a tendance à l'embonpoint. Il est obstiné et réalisateur.

Le phosphorique a le visage ovale, les membres longs. Son avant-bras et son bras sont dans le prolongement l'un de l'autre. Ses dents sont rectangulaires dans le sens vertical. Il est grand et mince. C'est un passionné, un enthousiaste.

Le fluorique a le visage plutôt triangulaire, les membres laxes. Son avant-bras fait avec le bras un angle supérieur à 180°. Ses dents sont asymétriques et plantées irrégulièrement. Il est intelligent et irritable.

Ces descriptions sont séduisantes mais ne servent à rien lorsqu'il s'agit de prescrire efficacement. Ne considérant que les médicaments ayant le radical « carbonique », « phosphorique » ou « fluorique »[1] dans leur nom, elles excluent tous les autres, en particulier les substances d'origine animale ou végétale.

Le type sensible

Sans tomber dans une classification aussi dogmatique, le médecin homéopathe s'intéresse aux caractéristiques physiques et comportementales de son patient. Il est fréquent de retrouver au cours de l'interrogatoire et de l'examen une allure générale commune aux sujets ayant le même diagnostic médicamenteux. C'est ce qu'on appelle le type sensible.

Toutefois il ne s'agit pas d'une obligation. Les symptômes correspondent à ce qui change dans l'individu, son devenir pathologique, ils dépendent des aléas de sa vie. Le type sensible représente au

(1) Comme Calcarea carbonica, Magnesia phosphorica, etc.

contraire ce qui est permanent. Il comporte deux éléments : la typologie proprement dite, c'est-à-dire l'aspect physique du sujet considéré ; et la caractérologie, l'ensemble des traits mentaux qui font de lui un être particulier. Ces caractéristiques préexistent à la maladie, et on les retrouvera après la guérison. Comme la notion de type sensible ne vient pas de l'expérimentation il n'est pas question d'en faire une méthode fiable de prescription. Elle constitue, avant tout, l'apport de l'homéopathie à la connaissance des êtres.

L'HOMÉOPATHE ET SES PERSONNAGES

Luc Pavillon n'a pas résisté. Il entrevoit déjà les retombées littéraires de ce qui vient d'être annoncé, et je dois reconnaître qu'il a raison : il est possible d'écrire un roman dont la clef serait la typologie et la caractérologie homéopathiques.

Cher poète, voici le moyen idéal de mettre en scène l'imaginaire, qui est aussi ma réalité quotidienne. Faites-en un roman si vous le voulez, il est certain que la vie y sera présente. Je vais donner à votre intention quelques portraits caractéristiques. Chacun d'entre eux sera la synthèse de nombreuses personnes, de gens comme vous et moi, juste un peu caricaturaux en raison des détails qui vont nécessairement s'accumuler. Je décrirai les attitudes les plus expressives. Voici mes clients, mes amis, « mon semblable, mon frère » : le moi prochain.

ARGENTUM NITRICUM ou La peur d'avoir peur

Je raccompagne une vieille dame aux joues pommées. Dernières recommandations, un sourire pour l'encourager à bien faire son traitement, et je me dirige vers la salle d'attente. C'est une des choses les plus difficiles de mon métier : sauter sans transition d'une histoire à l'autre, avoir moins de deux mètres pour recharger mes cellules nerveuses — et m'attaquer immédiatement à une nouvelle souffrance.

Le client suivant a dû nous entendre car son ombre chinoise se découpe déjà sur le verre opaque. J'ai à peine le temps d'ouvrir la porte : un homme que je vois pour la première fois, maigre, la quarantaine flétrie, le cheveu blanc avant l'âge, se dirige vers mon bureau. Il traverse le couloir en vacillant légèrement, les pieds en canard. Au passage il se tient à une commode, va s'asseoir sans y être invité, puis fait un bruit de gorge et commence à exposer son cas. Je n'ai pas encore eu le temps de rejoindre mon fauteuil.

— Détendez-vous, Monsieur. Donnez-moi d'abord votre nom, votre adresse, votre âge et le motif de la consultation.

Ça ne peut plus durer : il vient me voir parce qu'il a du mal à sortir seul de chez lui. S'il insiste il a l'impression de tourner dans le décor.

— Vous savez, la jeune femme dans la salle d'attente, elle n'a pas rendez-vous. C'est ma nièce. Elle m'a accompagné, sinon je n'aurais pas pu arriver jusqu'ici.

Tout a commencé quand il a fait bâtir sa maison. Il a repris cent fois les calculs, et cent fois il a vu qu'il arriverait à boucler son budget. Malgré tout, le doute s'est installé : Et s'il y avait une augmentation imprévue du coût des matériaux ? Et s'il se produisait un retournement dans sa situation professionnelle ? Et si la construction n'était pas finie à temps ? Le vertige ne l'a plus quitté. Finalement la maison a pu être achevée dans les délais, mais il ne va pas mieux. Depuis trois ans il traîne ce qu'il appelle une « dépression ». Le médecin généraliste lui a donné un anxiolytique mineur avec un suffixe en « um », mais cela le calme à peine.

Que me raconte-t-il exactement ? Qu'essaie-t-il de me faire comprendre ? Je le laisse parler, comme si j'entendais pour la première fois son histoire. En fait, je peux déjà mettre un nom sur sa souffrance : Argentum nitricum, le nitrate d'argent, qui était déjà connu des alchimistes sous le nom de « pierre infernale ». Le « mistral d'argent » m'a dit — très sérieusement — un autre client. Le mistral, le maître : une erreur qui tombe juste.

Je sais de quoi il se plaint, pour avoir entendu à de nombreuses reprises cette description, avec bien sûr des variantes individuelles. On se sent gêné dans ses symptômes, on consulte parce qu'il faut bien tenter de s'en débarrasser, mais on trouve qu'ils ont quelque chose de ridicule, et on regrette presque d'avoir à en parler. Ce malaise dans les embouteillages, cette impossibilité à prendre le métro ou les ascenseurs modernes, complètement aveugles, le trouble est tenace et inquiétant. Quelque chose d'invisible vous retient — si seulement on savait quoi...

Argentum nitricum continue, dans son langage précipité, comme s'il avait peur de ne pas avoir le temps de tout dire. Il sait bien que son élocution laisse à désirer. Il appelle cela, à tort, du bégaiement : les mots se bousculent dans sa bouche, mais il n'y a ni blocage sur une syllabe, ni redoublement des phonèmes.

— Voyez-vous, Docteur, le temps passe trop lentement. Je voudrais tout avoir terminé avant d'avoir commenté...

Il veut dire « commencé » : lapsus révélateur. Il est toujours pressé de finir et sa hâte lui joue des tours. Quand il était étudiant il s'arrangeait toujours, lorsque c'était possible, pour être interrogé le premier à l'oral.

Quelques questions pour le principe et je tiens de façon certaine mon Argentum nitricum. Il n'aime pas les tunnels routiers, ne met jamais sa ceinture de sécurité lorsqu'il conduit. Quant aux autoroutes, il y roule seulement si c'est indispensable, et toujours sur la file de droite. Il a horreur d'être prisonnier et veut pouvoir se dégager rapidement en cas d'accident.

A pied il ne se comporte guère mieux. Précipité, fébrile, il semble toujours courir après son ombre ; on a du mal à le suivre dans la rue. La foule ne lui plaît pas et encore moins les endroits déserts. Franchir la place Bellecour dans le petit matin de Lyon est pour lui un problème. La diagonale lui est interdite, il lui faut longer les murs, côté Hugo ou côté Zola. On appelle cela de l'agoraphobie. Il marche en titubant, les jambes molles et écartées : « élargissement du polygone de sustentation » est la définition appropriée. L'expression est élégante, médicale, aseptisée. Je la garderai pour moi. Les maisons dont Bonaparte a posé la première pierre en 1800 lui paraissent très hautes, semblent l'écraser, comme le

Mont-Blanc quand il a visité Chamonix. Il n'est bien qu'entre ses quatre murs. S'il parlait de ses troubles à son entourage, il s'apercevrait qu'il n'est pas unique en son genre, contrairement à ce qu'il croit. Il a des impulsions bizarres et s'en méfie. S'il marche sur un pont ou au bord du Rhône il se sent attiré par l'eau et a peur d'être contraint, par une force intérieure dont il ignore tout, à se jeter dans le fleuve. Un jour au Grand-Large, il a nagé très loin, voulant rejoindre des amis qui faisaient du pédalo. Quand il a tourné la tête vers la plage il a été saisi de panique : elle était si distante qu'il s'est demandé s'il n'allait pas se noyer. Il me rappelle une cliente dont l'état Argentum nitricum a commencé lorsqu'elle visitait une usine du Creusot : en passant devant la gueule d'un haut fourneau, l'idée lui est venue qu'on pourrait se jeter dedans. Elle ne l'a pas fait bien sûr, mais la maîtrise d'elle-même lui a échappé, jusqu'au jour où elle est venue me consulter.

« Je suis toujours dans l'état de quelqu'un qui attend un malheur », me dit Argentum nitricum pour expliquer l'état permanent d'anticipation dans lequel il vit. Lorsqu'il a obtenu son rendez-vous chez moi la perspective de venir me consulter est devenue aussitôt un problème. Dans les réunions il ne prend jamais la parole sinon ses jambes l'abandonnent, sa voix se met à trembloter, il est sans cesse obligé de se racler la gorge. Même les réunions de famille le rendent nerveux.

Il a besoin de sécurité et gare sa voiture au plus près de l'endroit où il va. Les balcons sont pour lui un lieu où il se sent les jambes molles, à cause du vide sous ses pieds. Il a même peur pour les autres : « J'ai fermé mes volets en voyant un enfant se pencher à la fenêtre d'en face », ou encore : « Dans un escalier je longe le mur, ou bien je tiens la rampe fermement ».

Curieusement il est resté calme au troisième étage de la Tour Eiffel : les vitres le protégeaient contre lui-même. De même il peut prendre un « œuf » à Courchevel pour se rendre sur la piste des Verdons sans avoir le vertige des hauteurs, puisque la fermeture et l'ouverture des portes sont indépendantes de sa volonté. Le mot « garde-fou » n'a pas été forgé au hasard, encore qu'Argentum nitricum ne soit pas fou, contrairement à ce qu'il imagine. C'est un anxieux qui a peur de ne plus se contrôler : la peur d'avoir peur est ce qui mobilise toute son énergie.

Sur le plan corporel sa symptomatologie est pénible : il a envie d'uriner avant un événement important, ou même se sent pris d'une diarrhée d'anticipation. Il a d'ailleurs demandé à mon employée de lui indiquer les WC dès son arrivée chez moi. Au restaurant il repère d'emblée « les lieux », pour le cas où il en aurait besoin. Quand il est ému il a des tremblements, des mouvements mal coordonnés, des éructations involontaires. Son estomac le fait souffrir deux fois par an, quand son ulcère gastrique se réveille. Il a également une petite hernie diaphragmatique. Pendant l'examen, tandis que je lui prends le pouls, je sens les muscles de son poignet se contracter spasmodiquement. L'émotivité l'empêche de vivre comme tout le monde.

Qu'est-ce qui fait courir Argentum nitricum ? Quand on l'étudie de près on s'aperçoit qu'il n'a pas peur du vide, mais peur de se jeter dans le vide. Plus que de ses idées bizarres, qui après tout appartiennent de plein droit à l'imaginaire de chacun, il s'effraie à l'idée de passer à l'acte, comme s'il se méfiait de son propre instinct. La preuve en est cette repartie d'un autre Argentum nitricum : « Quand je vois le vide j'ai l'impression que je vais *me* tomber. » Il le dit à plusieurs reprises, on peut donc éliminer la maladresse. L'emploi illégal du pronom personnel réfléchi avec un verbe non pronominal devient ici l'aveu d'une détresse cachée.

Il a le subconscient au bord des gestes, et la peur d'en être l'esclave. Il voudrait bien retourner à l'intérieur de ses propres sentiments, ne plus avoir peur de l'inconnu en lui. Il lui faudra, pour cela, se soigner patiemment. Il ne suffit pas que je lui conseille le traitement approprié, en l'occurence le nitrate d'argent dilué, pour qu'il sache instantanément dominer ses symptômes. Seul un entraînement progressif lui permettra d'abandonner ses nombreux comportements automatiques, car il ira bien avant de savoir qu'il va bien. Pendant longtemps encore, quand il sera dans une situation anxiogène il commencera, simple réflexe pavlovien, par se laisser aller, mais avec le temps il apprendra à se ressaisir. Cette reprise de soi sera de plus en plus facile, les « Et si... », « Et si... » abandonnant progressivement sa pensée :

— Je me sens en pleine forme, je pourrais monter sur la colline de Fourvière, jeter un coup d'œil aux toits de Lyon. Et si dans une heure la panique me prend ? Je ferais mieux de ne pas y aller...

La partie sera gagnée quand il commencera par agir, positivement et efficacement, et qu'ensuite il pourra se dire :

— Tiens, j'ai pris le funiculaire sans y penser. J'ai oublié d'avoir peur.

ARSENICUM ALBUM ou Le désespoir de guérir

Cet homme d'un âge certain, bien habillé, recherché même, mais en retard de trente ans sur la mode, avec ses revers de pantalon et son gilet à fleurs, doit certainement souffrir. Maigre, pâle, les traits tombants, le souffle court, il s'exprime avec lenteur. On dirait qu'il choisit ses termes :

— Je me demande pourquoi je suis ici. Mes enfants vous ont prié de me recevoir, mais je ne voulais pas consulter. Mon asthme ne partira qu'avec moi.

Je tente de lui expliquer pourquoi il ne doit pas abandonner avant d'avoir essayé l'homéopathie, mais je vois à son air indifférent que rien ne peut le convaincre. Je l'interroge cependant. Son asthme a commencé il y a une dizaine d'années, tout de suite après une mauvaise bronchite, et l'a conduit plusieurs fois à l'hôpital. Il est gêné presque toutes les nuits. Voici maintenant qu'il sort de son porte-documents un dossier bleu, l'ouvre à la première page et me le tend d'un geste las. Je ne prétends pas que le diagnostic est déjà fait, mais c'est tout juste. Je dois donc par principe me méfier de cette idée préconçue et je griffonne « Ars Alb » dans un coin de ma fiche afin, pour l'instant, de mieux l'oublier.

Qu'est-ce qui m'a soufflé le nom de ce médicament ? Son habillement « à quatre épingles » (au moins une, sous la perle de sa cravate), le fait qu'il se

248

croit incurable, et maintenant l'aspect matériel du dossier bleu. Trois signes, un commencement de preuve. Le dossier porte son nom en écriture ronde. A l'intérieur, des sous-dossiers dont chacun renferme divers documents médicaux classés par genre et datés : radiographies, ordonnances, résultats d'analyses. A chaque fois la même écriture soignée, le souci du rangement, la précision. Je vais essayer de gratter sous le vernis, de lui tirer quelques confidences, sans avoir l'air d'insister. J'apprends ainsi qu'il ne tient pas en place, principalement la nuit au moment des crises, quand la brûlure de la poitrine est trop forte. Il souffre de l'estomac, sauf lorsqu'il boit son café très chaud. Il finit par m'avouer sa peur de la mort, et le fait qu'il a du mal à rester seul.

C'est un homme anxieux, au teint de cire, que je convie dans ma salle d'examen. Vais-je trouver ce que je cherche ? Après les manœuvres habituelles, prise de la tension artérielle, des pouls aux poignets et aux jambes, auscultation du cœur et des poumons, palpation du ventre, j'examine sa peau. Les « stigmates » d'Arsenicum album sont présents : enflure des paupières supérieures, qui sont pâles, froides au toucher et porteuses d'une fine poudre visible à jour frisant. Il s'agit d'un eczéma sec et chronique, et il me précise qu'il en a depuis l'enfance. L'examen est fini, je m'éloigne en l'observant sans en avoir l'air. Au moment où il se lève de la table d'examen il rajuste discrètement la serviette en tissu éponge sur laquelle il était étendu. Je ne doute plus du diagnostic, sa maniaquerie, son obsession de l'ordre sont flagrantes. Chez lui il ne doit pas supporter les tableaux de travers, ni les couverts disposés à la hâte. Il critique

249

certainement les membres de sa famille au moindre détail qui ne lui plaît pas. Je n'ai pas besoin de me faire confirmer ces faits. Il ne comprendrait pas mes questions sans rapport avec son asthme et j'aurais du mal à conserver le peu de confiance qu'il commence à m'accorder. Pendant qu'il remet ses vêtements, calculant minutieusement la place de sa cravate à équidistance de ses deux pointes de col, je retourne à mon bureau. Je peux souligner « Ars alb » sur ma fiche.

Est-il possible de le guérir ? La réponse n'est pas seulement dans ma prescription. D'abord rien ne prouve qu'il la suivra. De l'arsenic ! Le nom est clair. Si ça se trouve il n'ira même pas chez le pharmacien.

Nous n'allons pas déclencher une nouvelle affaire Lafarge avec cette ordonnance. Un jour, un policier trouva un tube d'Arsenicum album 9 CH auprès d'une personne morte dans l'isolement. Il se demanda si ce médicament avait pu servir à un empoisonnement, volontaire ou involontaire. Il n'en était rien bien entendu, le médecin homéopathe sut l'en persuader. L'enquête conclut d'ailleurs à un décès naturel.

Le rhabillage est terminé. La consultation, somme toute un peu triste, s'achève sans que je ne trouve réellement les paroles qui pourraient rassurer mon client. Je ne m'attendais tout de même pas à sa dernière question. Je sais qu'Arsenicum album n'aime pas dépenser son argent, mais on ne m'avait encore jamais demandé un rabais, surtout en langage aussi choisi : « Quel est votre prix le plus aimable ? », seront ses derniers mots. Il s'en va, aussi roide qu'il est entré.

250

Va-t-il passer à côté de sa chance ?

AURUM ou La perte de l'élan vital

Encore un personnage triste, bien que d'aspect complètement différent. Aurum a la figure rouge, d'un rouge presque cuivré. Il vient me voir parce qu'il s'ennuie, au sens fort du terme. Mes premières questions sont impersonnelles, car je veux éviter d'entrer trop vite dans son histoire. Parlons d'abord des troubles physiques qu'il traîne avec lui depuis longtemps. De sa vieille hypertension plutôt bien contrôlée par les médicaments classiques (je n'ai pas l'intention de les supprimer), de ses palpitations, de ses difficultés visuelles. Il les décrit volontiers, bien qu'au fond de lui-même il sache sûrement qu'il n'est pas venu pour cela. Abordons enfin le vrai problème :

— Est-ce que tout ceci vous rend malheureux ?

Il est irritable, intolérant à la contradiction, difficile à supporter, il veut bien le reconnaître, et sa famille se désintéresse de son sort. Personne ne cherche à l'aider.

Le voici maintenant en confiance, je peux donc prudemment lui faire raconter son angoisse, sa vie pesante.

— Y a-t-il quelque chose que vous regrettiez particulièrement ? Vous arrive-t-il de penser : « Jamais je n'aurais dû dire ceci, entreprendre cela... ? »

— Bien sûr, Docteur. Je passe le plus clair de mon temps à me faire des reproches.

Nous sommes maintenant dans une phase décisive

de l'interrogatoire. Je vais l'aider à me révéler sa plus intime disposition d'esprit, la préparation de son suicide. Affaire délicate. Autrefois je n'osais pas aller trop loin. Je me disais que poser la question du suicide, c'était peut-être pousser les gens à agir. Aujourd'hui je sais qu'il est possible d'en parler sans aggraver le risque : il ne m'a pas attendu pour y penser.

Il s'en veut, il me l'a dit. S'il m'avoue sa plus secrète *volupté* je serai au cœur du noyau dur que je cherche. Une dernière question, peut-être la plus difficile à formuler car elle est sans doute proche d'une vérité inacceptable :

— Certaines personnes s'intéressent plus à la mort qu'à la vie, elles se sentent fascinées par la mort...

Le style indirect est celui qui a le plus de chance de succès. La réponse arrive, aussi tranchante que porteuse d'espoir puisque je connais la parade : Aurum metallicum, l'or en dilution infinitésimale.

— Bien sûr, Docteur : je refais ma mort tous les jours.

L'angoisse d'Aurum peut tuer. Il ne s'agit pas d'un être suicidaire par appel. Il ne va pas rater sa mise en scène, histoire de renouer l'impossible dialogue avec la vie. Si je ne parviens pas à l'aider il va aller jusqu'à l'extrême de son unique désir.

Fort heureusement, Aurum tue l'angoisse. Le patient est venu me consulter à temps et, s'il suit régulièrement sa prescription, il reprendra pied sur notre rive. Evidemment je dois m'entourer de pré-cautions. Je vais « monter » très lentement les dilutions du médicament qui porte le même nom que lui, afin d'éviter une aggravation fatale de son état. Je préviendrai un membre de sa famille d'avoir à le surveiller pendant les premières semaines, sans jamais le laisser seul, à faire l'effort de le comprendre et de lui parler.

La maladie dont souffre ce patient se nomme la « mélancolie », terme qui possède un sens médical précis. Ce n'est pas la simple tristesse romantique, mais une cruelle fureur de mort, alors qu'apparemment « on achèterait sa santé ». Son teint florissant ne permet pas de deviner qu'il a perdu tout élan vital.

L'idée de la mort sensuelle, la fascination de la mort, se retrouvent dans notre littérature. « Je suis le ténébreux, — le veuf, — l'inconsolé... » écrit Gérard de Nerval dans « El Desdichado ». D'ailleurs l'auteur d'*Aurélia* ne s'est-il pas pendu un soir d'hiver 1855, veuf depuis longtemps de son amour pour Jenny Colon ? Charles Baudelaire était lui aussi un Aurum. Dans *les Fleurs du mal*, « Le mort joyeux » trahit une authentique volupté qui tire sa source, à peine transformée par le génie, dans l'être même qui écrivit : « Voyez venir à vous un mort libre et joyeux »[1].

Voici encore une vieille légende que l'on pourrait

(1) Si vous vous sentez en résonance profonde avec ce poème, consultez, et de préférence un homéopathe. Vous aurez sans doute à prendre Aurum metallicum. Ne l'utilisez pas sans avis médical. Ne vous isolez pas. Ne cédez pas au désespoir, vous allez bientôt changer de subjectivité sous l'influence du médicament et vous retrouverez une autre joie.

appeler « Histoire d'or ». Au siècle dernier un homéopathe est appelé très loin de chez lui, au chevet d'un malade désespéré. Après interrogatoire et examen, le médecin recommande la prise d'Aurum, indiqué par l'ensemble des symptômes. La famille est satisfaite, demande à régler la consultation et mon confrère réclame un louis. L'homéopathe a prescrit de l'or en dilution infinitésimale et reçu pour sa peine le même métal sous une forme plus substantielle. Simple anecdote mais qui nous montre, sans la trahir, l'étonnante alchimie de l'esprit humain.

BARYTA CARBONICA ou L'enfant en retard

Il a une tête large, avec de gros yeux qu'il cache derrière sa main tout en écartant les doigts pour me regarder. Sa face est inexpressive et son corps petit. J'ai beau l'interroger, aucun son ne sort de sa bouche. Il ne semble pas concerné par la consultation. Je lui prête une petite voiture, une Mercedes dorée : il la tient dans la main, la regarde de façon machinale mais n'a pas l'idée de la faire rouler sur ses genoux.

C'est le petit canard de la famille, en retard dans toutes ses acquisitions. Ses parents me l'amènent pour savoir si je peux lui donner sa chance. Il a marché vers deux ans, parlé vers quatre. Ses jeux sont plus infantiles que ne le voudrait son âge. Il lui arrive de manger ses cheveux, en tout cas, à dix ans, il met encore tout à la bouche. A la maison il se cache derrière un meuble dès qu'il aperçoit des invités. Très sensible au froid, il a de grosses amygdales et des angines à répétition. Son ventre est gonflé.

Cet enfant est en état de retard mental, affectif et scolaire, mais il y a encore quelques possibilités de lui faire acquérir un comportement normal. Le cas est léger et sous l'influence de Baryta carbonica, le carbonate de baryum, son esprit va pouvoir évoluer. Je vais sans doute l'arracher à la classe dite « de perfectionnement » où il est confronté chaque jour à des enfants plus profondément atteints que lui, et dont le contact ne peut que le tirer vers le bas. Il est urgent de lui donner un traitement, sinon il ne pourra jamais rattraper le temps perdu dans l'acquisition des connaissances.

J'aurais aussi pu prendre pour modèle ce vieillard qui commence à relâcher son contact avec la vie, à perdre par petits accidents vasculaires successifs des pans entiers de sa mémoire, à devenir infantile. Il ne peut sortir seul, se perd dans les rues qu'il connaît bien, n'a plus la notion du temps. Sa fille répond pour lui à mes questions, l'aide à se déshabiller. Il obéit par gestes mesurés et lents. Baryta carbonica ne fera que retarder l'involution de ce personnage autrefois actif mais dont la compréhension est devenue faible. Je pourrai seulement pallier les inconvénients liés à sa grosse prostate et à son hypertension artérielle.

Ainsi Baryta carbonica est indiqué aux deux extrêmes de la vie, quand l'état des patients est fait de cette indifférence médiocre. Il y a longtemps que l'homéopathie ne m'étonne plus dans ses subtiles coïncidences. Il n'est pas question pour moi d'attendre pour prescrire d'avoir une explication valable à ce détour thérapeutique. J'obéis à la loi des semblables.

CALCAREA CARBONICA ou Le bébé de concours

Ce gros bébé joufflu, tranquille, à la figure pâle, est confortablement calé dans les bras maternels. Les yeux ronds et calmes, il me regarde sans bouger.

Le voici sur ma table d'examen. Il ne pleure pas, ne paraît pas inquiet quand sa mère, qui prépare une nouvelle couche, a disparu de son champ visuel. Je palpe ce petit corps chaud et nu de deux mois, à la chair douce. Finalement tout va bien en dehors des croûtes de lait pour lesquelles il est entre mes mains. Les glandes de son cuir chevelu ont fabriqué de grosses squames épaisses et blanchâtres qu'un simple traitement avec Calcarea carbonica fera partir définitivement. Elles n'ont rien à voir avec l'eczéma, ni d'ailleurs avec la qualité du lait.

Calcarea carbonica est un médicament homéopathique fabriqué à partir de la couche moyenne de la coquille d'huître. Il s'agit de carbonate de chaux presque pur, mais pas tout à fait. Nous tenons à cette petite différence, héritée d'Hahnemann et qui donne au produit toute son originalité. Si nous prescrivions du carbonate de chaux en provenance de l'usine nous aurions affaire à un autre médicament, avec des variantes pour certains symptômes.

Nous sommes justement à l'heure de la tétée. Sa

mère me demande si elle peut le nourrir pendant que je prépare l'ordonnance.

J'assiste du coin de l'œil à ce rituel. Le mamelon est vite englouti. Bébé gonfle ses joues rebondies avec des gloussements de satisfaction. Il s'endort un peu pendant l'acte, mais une main douce le réveille et il reprend son activité favorite. Il transpire un peu de la tête ; j'apprends que cela lui arrive également lorsqu'il s'endort.

Je connais une partie de son avenir. Quand il sera un peu plus grand il adorera les œufs, aura tendance à manger n'importe quoi, non seulement à mettre les choses à sa bouche, mais à avaler de la terre, du papier, etc., s'il ne reçoit pas régulièrement des doses de son médicament. Celui-ci lui évitera également, joint à la vitamine D que je lui prescris de toute façon, les jambes arquées, en « X » ou en parenthèses. La mauvaise assimilation nutritionnelle de cet enfant vorace n'est qu'un risque hypothétique car sa mère me l'a amené dès le début de sa vie.

Beaucoup de bébés correspondent à Calcarea carbonica. Ce sont, somme toute, des enfants d'apparence pléthorique qui furent jadis des héros de concours. Le bébé Cadum d'autrefois aurait pu s'appeler tout aussi bien Calcarea carbonica.

IGNATIA AMARA ou Le besoin de griffer

Voici un personnage très particulier, fréquemment rencontré au cabinet médical. Jeune femme brune — jeune flamme brune — elle a le teint mat, presque iodé, et l'art du paradoxe. Elle consulte pour ce que nous appelons une « dépression nerveuse réactionnelle ». Il s'agit d'une réponse de tout l'être à une situation conflictuelle. La vie lui est devenue très pénible car son mari la trompait ouvertement et elle a préféré demander le divorce. La conciliation, le mois dernier, a été une formalité inutile.

Elle n'en peut plus. Ce matin elle a eu une discussion à propos des enfants. Elle voulait sortir avec eux mais leur père est venu les chercher comme toutes les fins de semaine. Je l'entends soupirer :

— Il les emmène à la campagne ou au tennis. Ils n'ont avec lui que de bons moments.

J'essaie d'en savoir plus, de lui faire décrire ce qu'elle ressent quand ils partent sans elle. Je ferais la même chose si elle s'était coupé l'index avec un ouvre-boîte, ou si elle avait acheté un caniche Toy au marché aux chiens de la place Carnot dimanche dernier. D'emblée elle m'agresse, alors que mes questions sont aussi neutres que possible :

— Vous n'êtes pas mon confesseur. Je viens pour mon insomnie et mes fringales.

Tant pis pour les symptômes. J'en trouverai d'autres, moins personnels, peut-être moins utiles. Continuons la recherche sans nous vexer.

— Parlez-moi de votre boule dans la gorge...

Un peu surprise parce qu'elle ne me l'a pas signalée, elle m'explique qu'elle la ressent à chaque période de contrariété ou de chagrin, et qu'elle doit alors faire des efforts pour avaler ou respirer. La première fois c'était à l'enterrement de son père : elle a retenu ses larmes, et tout son corps s'est bloqué. Il lui a fallu trois mois pour retrouver un souffle normal.

La partie n'est pas gagnée, mais il me devient plus facile d'obtenir des confidences. Quand ça ne va pas elle a des bâillements répétés. Elle adore le café, mais elle le supporte mal ; lorsqu'il lui donne une « crise de foie » elle sait que son état nerveux n'est pas bon.

Me voici en plein dans le vif d'Ignatia. Tout, chez elle, est paradoxal : le café qu'elle adore la rend malade ; elle digère à peine les plats simples, mais le mois dernier elle a dîné chez Bocuse avec des amis et le foie gras et le loup en croûte n'ont eu aucun mal à passer. Question d'ambiance. Au restaurant de Collonges elle était en bonne compagnie, elle arrivait à oublier ses soucis. Le steak-frites proteste surtout les jours où, comme aujourd'hui, tout va mal.

Elle n'est pas très facile à vivre, j'arrive à le lui faire reconnaître :

— J'ai des sautes d'humeurs pour des choses futiles, une assiette mal rangée, un bonjour distant. Mes collègues de travail disent que je suis pleine d'imprévus parce que, très souvent, je leur souris et peu de temps après je rumine en silence. J'évite autant que possible de me montrer telle que je suis, mais c'est difficile.

Elle « nourrit sa peine ». Quand elle a bien res- sassé ses problèmes elle finit par éclater, par faire des reproches à son entourage. De temps en temps elle se met en colère contre son fils ou sa fille. « Une bonne saignante et ça va mieux. » Je note « saignante » pour apprendre un mot, avoir une idée du contexte socio-culturel de ma patiente, retrouver la formule à sa prochaine consultation. Il lui faut griffer par la parole, trouver une certaine détente dans l'agressivité.

Je me méfie un peu d'elle car elle essaie de me manipuler, de changer la conversation à son avantage (si par hasard je me trompe de traitement c'est en même temps son désavantage, mais ça elle ne peut le deviner). Elle répond à la moindre de mes remarques. Je reviens à la charge pour être sûr de ma prescription :

— Comment supportez-vous le tabac ?

— J'ai horreur qu'on fume à côté de moi, ça me donne des migraines. Avec les parfums et la peinture, c'est pareil. Je suis toujours la première à détecter une mauvaise odeur.

Ce qu'elle oublie de préciser, c'est que cette intolérance aux odeurs lui est très utile. Elle s'en sert pour empêcher son entourage de fumer. Au fil des années ce handicap est devenu une arme.

Pour finir je lui pose quelques questions sur ses antécédents. Petite fille elle avait le « spasme du sanglot ». Quand elle était contrariée elle poussait un cri, devenait bleue, tombait en syncope. Vingt secondes plus tard elle était sur pied et jouait comme si rien ne s'était produit. Ses parents en étaient quittes pour une belle et inutile frayeur. Elle croit même se souvenir qu'elle arrivait par cette technique à obtenir d'eux ce qu'elle voulait.

Mon Ignatia est plus oppressée que lorsqu'elle est arrivée mais je sais maintenant ce qu'il faut lui prescrire, une dilution homéopathique de fève de Saint-Ignace. La période du divorce se terminera plus calmement qu'elle n'a commencé. Je peux lui affirmer qu'elle guérira.

LACHESIS MUTUS ou La ménopause fleurie

La cinquantaine, le cheveu blond cendré, elle veut que je l'aide à passer harmonieusement le cap du retour d'âge. Tout en elle est violet : son visage finement veiné, sa robe à fleurs, la pierre de sa bague : « Une améthyste au doigt et sa poudre sur les joues... », me souffle Luc Pavillon, quand je lui parle de Lachesis.

Elle n'est pas avare de symptômes, a plutôt tendance à se raconter, à parler pour le plaisir. Chez elle, une idée en entraîne une autre.

— Je viens vous voir pour ma ménopause. Elle a commencé l'an dernier, au moment où ma fille s'est mariée. Il y avait une quarantaine d'invités au repas de noce et je m'en souviens comme si c'était hier. La famille adverse nous plaisait plus ou moins. J'ai eu les premières vapeurs au moment de la pièce montée. Ma fille et mon gendre ont maintenant un petit garçon. Il vont bientôt le mettre à la crèche.

J'essaye de recentrer la conversation, de lui faire décrire ses bouffées de chaleur. Au moment où cette insupportable révolution interne se déplace depuis la taille jusqu'au front, elle ouvre la fenêtre et il lui arrive de prendre froid. La nuit elle rejette draps et couvertures. Si par hasard ses règles reviennent tout va mieux.

Son sommeil est un problème. Elle suffoque au moment où elle s'endort, rêve de morts et de serpents. Malgré moi je suis obligé de faire un rapprochement entre ses rêves et l'origine de la substance que je vais lui prescrire. Lachesis est du venin de

261

serpent, le Lachesis mutus. Lachesis « muet », médicament pour une personne au verbe facile...

Assez parlé de Lachesis : l'essentiel est qu'elle ait une ménopause harmonieuse et sans hormone, et qu'elle oublie ce qui la mine actuellement : son refus de vieillir.

LYCOPODIUM CLAVATUM ou L'intellectuel précoce

Lycopodium vient me voir pour ses difficultés de digestion. Il ne supporte pas l'idée de sauter un repas, ou même de le prendre en retard. Midi-sept heures, l'heure du manger, il se met à table avec une faim impérieuse. En revanche, les aliments restent longtemps dans son estomac : à cinq heures du soir ils n'ont pas encore passé la barrière du pylore. Parmi ceux qui le rendent malade : les huîtres, le choux, les oignons. Il a sommeil après les repas, mais la sieste l'abrutit, ou alors il faut qu'elle dure trois heures. Seul l'exercice physique, la marche, le jardinage, quand il peut s'y adonner, lui permettent de combattre cet état de torpeur digestive.

Poussant plus loin mon enquête j'apprends qu'il adore le sucre en morceaux, qu'il a toujours un pied plus froid que l'autre, que son sang contient un peu trop d'acide urique. Il est un rien hypertendu. Tout en lui posant des questions j'observe sa peau bistre comme l'or de la monnaie du pape. Même s'il le voulait, il ne pourrait cacher longtemps la vivacité de son regard sous son front haut. Passons au tempérament. D'un mot, sa femme me fait comprendre que c'est un bulldozer. Il n'impose rien, il agit. L'entourage suit, pour ne pas être écrasé par son activité débordante. Il n'aime pas l'échec. Très volontaire et sûr de lui, il veut toujours être le meilleur, le premier, le plus performant. Son excellente mémoire lui permet de retenir les mots scientifiques les plus compliqués, et il ne s'en prive pas.

Enfant, il avait déjà ce tempérament. Il paraissait toujours un peu plus âgé qu'il n'était en réalité. Il voulait être le premier en classe et ne supportait pas les mauvaises notes. L'esprit de compétition le poussait à toujours prendre sa revanche sur les camarades lorsqu'ils arrivaient à le dépasser. Turbulent, dominateur, particulièrement doué pour les mathématiques, il avait le défaut d'aller à l'essentiel, de donner la réponse aux problèmes sans passer par les étapes intermédiaires du raisonnement. Il posait des questions avant la fin des explications, troublait la classe par son intelligence vive, ce qui le rendait impopulaire auprès de certains enseignants. Le français le rebutait ; d'ailleurs il avait un peu de dyslexie. En gros, le profil d'un surdoué.

A la maison il était très agité, se mêlait de la conversation des adultes, voulait tout savoir sur tout. Il n'avait peur de rien. « C'est la peur qui a peur de lui », disait sa mère. Quand il invitait des camarades il commandait les jeux.

Le voici maintenant ingénieur. Il réussit bien dans sa profession car il a autant d'ambition pour lui-même que pour la société dans laquelle il travaille.

Un personnage historique était de toute évidence un Lycopodium : Charles de Gaulle. Rien de plus orgueilleux pour un petit colonel, même ancien Secrétaire d'Etat, que de vouloir s'identifier à la France. Et cependant il a eu raison de le faire : l'orgueil n'est pas obligatoirement un défaut. On peut se poser la question : que se serait-il passé si de Gaulle avait pris du Lycopodium en 1939 ? Sans doute la même histoire de gouvernement en exil, de coordination de la résistance, de repli à Colombey comme un loup solitaire (autre trait caractéristique de Lycopodium). Le médicament ne change pas la personnalité : c'est plutôt un indicateur de tendance.

La substance qui sert de base à la préparation est une mousse. Il s'agit des spores du pied-de-loup. Jusqu'à leur utilisation en homéopathie on les croyait inertes. Elles servaient à talquer les fesses des bébés, à assécher les excoriations, elles intervenaient en pharmacie pour rouler les pilules et empêcher qu'elles n'adhèrent les unes aux autres ; on les utilisait dans la composition des feux d'artifice à cause de leur caractère inflammable. Hahnemann nous a appris à broyer leur coque épaisse dans un mortier ; l'huile ainsi libérée, une fois diluée et dynamisée, a une action puissante sur l'organisme. Lycopodium ne trahit jamais le médecin homéopathe qui sait en reconnaître l'indication.

MERCURIUS SOLUBILIS ou Le fou du beurre

A dix ans il est déjà chef de bande. Il me montre sa plaque de shérif et un écusson cousu sur son épaule droite. Manifestement il cherche à m'impres-

264

sionner. Pas de chance : aujourd'hui je suis le juge fédéral.

— Il est méchant, me disent ses parents d'une seule voix. Quand il est énervé il cherche à nous pincer, à nous mordre. Il fait mal à son petit frère si on ne le surveille pas. Chez ses grands-parents, il a tué un lapin, comme ça, pour le plaisir.

Je tente un commentaire. Ne le fixez pas dans son attitude, méfiez-vous des réflexions du genre « Pascal est méchant ». Son comportement est le seul moyen qu'il ait trouvé pour attirer l'attention, mais le fond n'est pas mauvais. Certes il est autoritaire, mais en ne le prenant pas de front, on doit pouvoir en faire quelqu'un de bien, d'autant plus qu'il semble intelligent. Vous êtes venu me voir pour ses angines blanches à répétition, qui sont effectivement du domaine de l'homéopathie. D'ailleurs mon logiciel me le confirme : aussi bien pour ses angines que par son tempérament, votre enfant est un Mercurius. Il a besoin du « vif-argent » dilué. Encore quelques questions à vous poser et j'en serai sûr.

Est-ce qu'il bave sur l'oreiller ? A-t-il mauvaise haleine ? Est-ce que sa transpiration est d'odeur désagréable ? Oui, sur toute la ligne. Vous reconnaîtrez qu'à dix ans tout cela n'est pas courant, nous avons donc de bons symptômes. A l'examen, son cou est truffé de ganglions. Ses dents ont laissé leur empreinte sur le bord de la langue qui est enflée. Parlez-moi de ses goûts alimentaires.

— Pascal adore le beurre. Le morceau de beurre est plus gros que le radis.

C'est définitivement un Mercurius. Nous allons tout faire pour qu'il ne se bloque pas à ce stade.

Rassurez-vous, il ne deviendra pas un nouvel Al Capone.

NATRUM MURIATICUM ou Le désir d'absolu

Natrum muriaticum est mon ami sans le savoir. En famille, au bureau, dans le cabinet du médecin, sa grande réserve lui joue des tours et sa pudeur le rend malheureux. Distrait, replié sur lui-même, vulnérable à cause d'une grande richesse de sentiments, il se crée en permanence un mur de protection. Il sait consoler, alors qu'il est lui-même peu sensible à la consolation (ou bien il faut qu'elle vienne d'une personne en qui il ait particulièrement confiance). On vient vers lui, on lui raconte ce qui ne va pas. En revanche, on peut travailler vingt ans à ses côtés sans jamais rien connaître de sa vie privée.

Son introversion le pousse à ressasser, à vivre hors du présent, à vérifier tout ce qu'il fait. Il tourne trois fois autour de sa voiture pour s'assurer que les portières sont verrouillées. Le soir il va voir à plusieurs reprises s'il a bien fermé la porte de la maison, les volets, le gaz. « J'aime aller jusqu'au bout des choses », déclare-t-il volontiers. Il est tout intérieur, sauf quand le fou-rire le saisit.

Etre d'absolu, à la pensée binaire (tout est bien ou mal, blanc ou noir, pour ou contre), il veut toujours remonter à la cause des causes, atteindre un équilibre dont il se sent privé. A la fois excessif et ambivalent, épris de justice pour lui-même et pour les autres, il vit dans un extrême qu'il cherche à fuir. Il s'empêtre parfois dans son propre comportement : « La peur de faire une bêtise me fait faire des bêtises », me dit un jour une cliente. Elle paraissait malhabile, faussement inintelligente. Il a fallu que je la fasse parler d'autre chose que de ses symptômes, pour m'apercevoir tout ce que je pouvais retirer sur le plan humain d'une conversation avec elle. Le lieu où Natrum muriaticum pourrait se « retrouver » : le divan du psychanalyste, mais il en déteste jusqu'à la pensée. Se raconter ? Il n'y a rien de plus indécent.

L'enfant Natrum muriaticum ne demande pas de caresses, câlins, et autres moments intimes. Il repousse les signes extérieurs de tendresse. C'est un exclusif qui a peu de camarades. En classe il est relativement passif, et n'aime pas lever la main pour répondre aux questions. Une fois rentré à la maison il ne raconte jamais les détails de sa journée. D'après sa mère « il faut lui tirer les vers du nez ». Il a peur des voleurs, mais est trop secret pour le dire. La nuit il regarde sous son lit, dans les placards et derrière les rideaux, mais ses parents ne le savent pas. Pas tout à fait sûr de ses gestes, surtout quand il est énervé, il verse l'eau de la carafe à côté du verre, ou manque la table sur laquelle il veut poser une assiette.

Fréquemment Natrum muriaticum est un homme d'entre vingt et trente ans, plutôt maigre et voûté, à la peau grasse, au front dégarni, comme s'il s'agissait d'un mauvais tour de la nature, d'une imparable condamnation génétique. Cet aspect physique constitue seulement un point de repère : le médicament ne peut pas modifier la programmation, tarir les glandes sébacées, faire repousser des cheveux dont la racine a disparu. Trop discret pour rougir du visage, Natrum muriaticum trahit son émotivité pendant l'examen médical par une roseur marbrée de la poitrine, dite « érythème pudique ». Quand on veut explorer sa bouche on constate souvent de petites perles de salive sur le bord de la langue, mais il faut bien s'approcher car il la tire peu, encore un signe de repli sur lui-même.

« Natrum mur » a souvent des boutons de fièvre, de l'allergie au soleil, une tendance à la spasmophilie, des maux de tête quand il se livre à un travail intellectuel prolongé, toutes choses qui se soignent facilement. Il est attiré par le pain, les huîtres, ce qui est amer ou relevé. S'il ne se retenait pas il resalerait les plats sans même les goûter. Or il se trouve que derrière le nom de Natrum muriaticum se cache une préparation de sel de mer non raffiné. Comment se fait-il qu'un sujet Natrum muriaticum puisse avoir besoin de consulter le médecin homéopathe pour qu'il lui donne du sel, alors qu'il en consomme journellement ? La réponse est simple. Le médicament homéopathique subit une préparation spéciale, la dynamisation, qui lui donne sa puissance thérapeutique. Il y a une différence entre le médicament homéopathique et le sel de cuisine. Ce n'est pas le même produit.

Si vous êtes « Natrum mur » vous ne supportez pas le climat marin, surtout celui de la Méditerranée, même si vous ne voulez pas le reconnaître. N'avez-vous pas fait la remarque : « Il y a trop de monde à la mer » ? Vous y allez pour la famille, et aussi parce « vacances = mer + soleil ». Abandonnez cette équation si vous voulez partir sur des bases solides à la prochaine rentrée.

Sur le plan de la vie intérieure, essayez de rester dans le juste milieu. Apprenez à masquer votre embarras au lieu de l'exposer. Ne dites pas, comme une de mes clientes : « Excusez-moi je suis mal coiffée... » L'aurais-je remarqué sans cette allusion ?

Méfiez-vous de votre bon sens logique. Evitez d'intellectualiser vos troubles. Laissez agir votre cerveau droit. Oubliez votre tendance à rechercher une conception mécaniciste de la maladie, à préférer le langage technique, trop réducteur. Gardez un minimum de connotations affectives dans votre manière de vous exprimer. Vous les ressentez comme tout le monde, laissez-les affleurer.

Vous vous croyez insomniaque et vous ne l'êtes pas. Votre sommeil a un rythme très particulier. Il faudrait vous coucher à deux heures du matin et vous lever à dix. Comme c'est rarement possible, vous êtes tenté par les somnifères. En fait vous êtes inadapté au rythme social actuel. Ne parlez plus d'insomnie. Ne vous étonnez pas si les somnifères sont inefficaces : vous n'en avez pas besoin.

Si vous avez un « Natrum mur » dans votre entourage, respectez sa réserve. Sachez qu'il n'est pas indifférent, même s'il ne sait pas toujours montrer ce qu'il ressent. Acceptez quelques réactions extrêmes. Donnez-lui le temps de prouver sa valeur.

NUX VOMICA ou le rêve d'Alexandre

Je reçois en général mes clients à l'heure. Il peut m'arriver d'avoir une demi-heure de retard sur mon horaire, mais ceci est exceptionnel (de l'ordre d'une à deux fois par mois) et toujours en raison d'un cas difficile. Plus que d'une habitude il s'agit d'un besoin. Aujourd'hui j'ai quatre minutes de retard à cause d'un coup de téléphone et j'entends des bruits dans le couloir : mon prochain client s'impatiente, déclare à haute voix qu'il a d'autres rendez-vous, plus importants qu'une consultation chez le médecin. Il est temps que je raccroche et que j'aille le chercher.

Air décidé, joues congestives, cheveux noirs : la typologie d'un homme d'affaires à l'activité débordante. Il vient me voir pour son estomac. Il en souffre tous les jours, une demi-heure après les repas. Je pourrais déjà lui déclarer : mangez et fumez moins, revenez à une quantité raisonnable de café, prenez de l'exercice. Je pourrais ajouter une prescription homéopathique de Nux vomica, la graine du vomiquier, un arbre oriental. Je préfère d'abord l'interroger, l'écouter, être aussi sûr que possible avant de rédiger mon ordonnance. Un peu agacé par mon interrogatoire — il est venu seulement pour avoir un traitement — il regarde sa montre sans complexe.

Faisons-le raconter son ventre. « La tripe », disait mon maître Charles Rousson qui avait des formules saisissantes pour toutes les occasions. « Les malades parlent volontiers de la tripe. Commencez toujours par là. » Nux vomica est constipé et hémorroïdaire.

Il adore le gras, les yeux lui sortent de la tête quand il en parle. Tabac, alcool, bonne chère, café (dix tasses par jour ne lui font pas peur), il surmène son tube digestif, encrasse ses poumons. C'est un excessif. Même le sexe est pour lui une hygiène stimulante, un prétexte à consommer.

Sur le plan « somatique » (les symptômes corporels) il paye ses excès d'une tendance à l'hypertension artérielle, aux crampes de toutes sortes (notamment digestives). Il est frileux sous des dehors pléthoriques. Il s'enrhume au moindre courant d'air, éternue facilement le matin, comme s'il s'agissait d'une toilette quotidienne du nez.

Venons-en à sa personnalité. Pour ne pas le mettre en cause, mes questions se font indirectes :

— Dites-moi comment vos amis vous décrivent ?

— Il paraît que je suis ambitieux et intelligent. J'ai aussi le sens du devoir, le souci du détail. Personnellement je pense être avant tout un pragmatique. D'ailleurs mes affaires marchent bien. Notez que je m'en donne la peine. Je travaille 15 à 16 heures par jour. Quand je suis fatigué je sors une bouteille de bourbon du réfrigérateur caché dans ma bibliothèque et je continue. Je ne comptabilise pas les voyages en avion, ni les dîners que j'offre à mes principaux clients.

— Et vos collaborateurs ? Comment les considérez-vous ?

— Je suis très humain avec eux : je leur donne l'exemple du travail.

Il néglige de dire cependant, mais je le sais par quelques indiscrétions de son entourage, qu'il est du genre impulsif, violent, autoritaire. Il est l'exemple type du patron exigeant, peu sentimental et qui ne supporte pas la contradiction. Sa secrétaire doit noter ses désirs avant qu'il ne les ait formulés. Une fois ou deux il a réveillé son directeur général en pleine nuit pour lui communiquer d'urgence une idée de politique commerciale.

A la maison, au cours de ses apparitions furtives, il arrache, frappe, commande. Despotique, il est toujours sûr d'avoir raison. S'il lui arrive d'être une torture morale pour son entourage c'est parce qu'il n'a pas le temps de vivre autrement. Il passe ses rares moments de détente à écouter Wagner (son dieu) ou à la chasse, ou encore à piloter nerveusement sa BMW. Un tel débordement d'activité est possible chez lui parce qu'il sait récupérer. Un banc d'aéroport, le fauteuil du coiffeur : il dort par à-coups, n'importe où. Quelques minutes de sieste suffisent pour le rafraîchir.

Si je lui disais que Nux vomica est l'idée que je me fais de Hitler (tant pis s'il y a des Nux qui me lisent) il ne serait pas content. Le souvenir de Napoléon lui plaira mieux : ambitieux volontaire, dormant sur le champ de bataille et se réveillant à l'heure qu'il avait décidé, l'empereur des Français était un « Nux ».

Ainsi mon malade poursuit le rêve d'Alexandre : conquérir le monde. Il cherche comme nous tous sa tranche d'orange bleue, mais ne le sait pas. Ce n'est pas moi qui l'empêcherai de vouloir.

272

PHOSPHORUS ou La passion récompensée

Grand, élégant, l'œil noir et mobile, il y a en lui un être de passion qu'on ne peut s'empêcher de trouver sympathique dès la première rencontre, et ces dehors ne sont pas trompeurs. Il aime que tout le monde soit heureux autour de lui, c'est sa façon d'exister. Très sensible au malheur des autres il est prêt à payer de sa personne, donnerait tout ce qu'il possède pour une cause humanitaire. Il connaît par cœur, pour le cœur, le Compte-chèque postal 150-Paris, celui de l'UNICEF. La cause animale ne le laisse pas non plus indifférent.

Cette prédisposition peut cacher, chez certains êtres particulièrement à vif, l'inverse de ce qu'elle semble dire. Elle équivaut à un égoïsme sublimé, transformé en son contraire pour qu'il soit moins cruel. Car Phosphorus a peur. Simplement peur. L'angoisse nue est ce qui le fait agir. Préoccupé de sa santé, il croit avoir les maux dont il entend parler. Il s'inquiète du moindre bobo qu'il se découvre, de la maladie, de ce qui pourrait arriver à l'un des siens. S'il apprend que le fils du boucher est mort dans un terrible accident de voiture il sera ému aux larmes, même s'il ne le connaissait pas. La lecture des journaux est pour lui un supplice.

Son regard direct a besoin de notre regard. C'est un intuitif, qui aime l'ésotérisme, les passes magnétiques et raconte volontiers ses rêves prémonitoires. Je ne suis pas loin de penser que les rêves prémonitoires représentent une caractéristique de l'esprit plus qu'une réalité. On rêve, et le lendemain on retrouve un signe confirmant l'action de la nuit. La prédisposition à retrouver des signes que l'on considère — après coup — comme avant-coureurs est la particularité psychique de celui qui dit avoir ces avertissements. Si j'ai tort ce n'en est que plus beau.

Le mal-être de Phosphorus se manifeste non seulement par ses prémonitions mais aussi, comme chez Natrum muriaticum, par l'angoisse du crépuscule et la peur des voleurs. Il ne peut rester seul. Une de mes clientes Phosphorus n'envoyait pas son enfant de quatre ans à l'école maternelle les jours de panique ; elle avait l'impression qu'il pourrait la secourir en cas de besoin.

Phosphorus est hypersensible aux odeurs, au temps électrique, à l'orage. Il a toujours grande faim, grande soif. C'est également un sportif, mais il ne peut faire d'efforts prolongés. Vite fatigué, il lui faut choisir le 100 mètres contre le cross.

L'enfant Phosphorus est très populaire dans sa classe, c'est le camarade par excellence. Dès qu'il arrive quelque part il sait se faire des amis. Craintif, lorsque je l'examine il ne me quitte pas des yeux sous ses longs cils. Affectueux, extraverti, c'est un enfant qui sait faire le bonheur de sa famille.

Le médicament Phosphorus est efficace en cas d'hémorragies, d'hépatite sévère, de pancréatite, même chez des personnes qui n'ont pas les caractéristiques que je viens de décrire. Le patient a souvent des sensations de chaleur, de congestion locale, à la paume des mains ou entre les omoplates.

Le Christ a-t-il ressenti ce type de brûlure ? Personne ne le sait. En tout cas il est le symbole de la générosité, du sacrifice, de la pitié pour le monde.

C'est la passion au sens fort. Je ne sais comment était le personnage historique connu sous le nom de Christ, mais le personnage de la tradition est à coup sûr un Phosphorus.

PLATINA ou L'imaginaire au pouvoir

Dans son orgueil suprême, Armande, des Femmes savantes, se comporte avec Clitandre de manière méprisante et tyrannique. Elle veut bien de lui comme adorateur (à ses pieds), mais elle lui refuse le mariage qui est indigne d'une femme d'esprit. Révoltée contre la condition féminine de son époque, elle déconseille également à sa sœur Henriette de l'épouser. Tous les ingrédients sont réunis ici pour faire d'Armande une Platina, selon la terminologie des homéopathes.

Platina vit dans la romance. Elle pense être d'une classe sociale supérieure, jusqu'à se demander s'il n'y a pas eu un échange d'enfants à la maternité lors de sa naissance. Elle ne peut véritablement être la fille d'un cadre moyen ou d'un ouvrier, même spécialisé. Elle aime ce qui est beau, ce qui est grand. Si ses moyens le lui permettent elle se pare de bijoux précieux, de vêtements griffés. Elle aime les restaurants réputés, les mets les plus chers. Elle ferait bien son quotidien de la langouste, du foie gras et du champagne.

Platina a une mise élégante, pas forcément voyante, mais toujours raffinée. Quand elle déprime elle va s'acheter une nouvelle robe. C'est ainsi qu'elle essaie d'oublier son état de perpétuelle déception. Ses parents sont, hélas, Monsieur et Madame Toulemonde, et son mari n'est pas le prince charmant. Elle constate, jour après jour, que la vie n'est pas un conte, elle en est très malheureuse et se réfugie dans un féminisme contraignant.

Elle a aussi des problèmes avec le sexe. Elle en parle beaucoup, aime ce sujet de conversation, mais ne sait pas trouver de plaisir véritable dans l'acte lui-même. Elle est frigide, ou parfois nymphomane. La nymphomanie n'est pas ce qu'on croit généralement. La quête incessante d'un nouveau partenaire est la preuve d'une insatisfaction permanente, la forme la plus haute de la frigidité, et qui flatte à tort l'imagination populaire. Messaline était malheureuse.

Afin de m'assurer qu'une femme est vraiment Platina, qu'elle a besoin du métal précieux dilué, je l'amène à parler de sa tristesse, puis de la manière qu'elle a d'y réagir. « Comment trouvez-vous les autres ? » est ma question clef. Si elle trouve l'entourage sans intérêt, y compris (et surtout) son mari, si elle montre une estime particulière pour elle-même, je sais ce que je dois lui prescrire. Je la plains sans le lui dire. Il faut savoir respecter l'imaginaire en lutte avec le quotidien.

PULSATILLA ou Le besoin d'amour

Pulsatilla : un regard cherchant mes yeux, une pudeur résignée qui demande à être saisie, reconnue, comprise, et — pourquoi pas — percée à jour. Sa main fond dans la mienne au premier contact. Enfant fragile, à la tête penchée sur le côté, véritable chien fidèle et silencieux, il s'arrange pour que je m'occupe de lui : il fait le tour de mon bureau et vient me prêter un petit jeu électronique. Je le remercie solennellement, fais mine de récupérer une ou deux balles dans le filet qui apparaît sur l'écran, puis je demande à ses parents la raison de cette visite familiale. Il pleure un peu en apercevant ma salle d'examen, mais il est vite consolé par un petit baiser qu'il va chercher sur les lèvres de sa mère. Il sourit déjà. Son attitude rapidement changeante fait penser à la coquelourde ou anémone-pulsatille, cette fleur dont la tête, trop pesante pour la tige, suit les humeurs du vent d'avril.

Il m'est amené pour sa trop grande émotivité, toujours en alerte, qui lui joue des tours en classe et dans ses rapports avec les autres enfants. Il est si sensible qu'on pourrait le faire rougir sur commande, en lui faisant les gros yeux ou en lui parlant fort, histoire de distraire les amis en visite. En même temps il sait exploiter cette sensibilité, demande constamment à ses parents s'ils l'aiment, ne se lasse jamais d'entendre la réponse. « Nous avons un enfant abusif », me dit son père.

Avec des côtés attachants, spontanés. Il faut, bien sûr, qu'on le cajole, le console, le caresse, mais en contrepartie c'est un enfant docile, obéissant, aimant faire des cadeaux. Par la tendresse on peut obtenir de lui ce qu'on veut. Il raconte facilement ses petites misères, déteste les brouilles, à la limite il préfère céder. Sa puberté se passera sans révolte.

Quand je veux savoir si l'être rose et plaintif, sagement assis dans le fauteuil d'en face, est vraiment un Pulsatilla, je demande comment il se comporte devant une tranche de jambon. Il trie le gras au millimètre, le détecte sous la langue lorsqu'il en a mis par inadvertance dans sa bouche. Par contre il aime le fromage au point de commencer son repas par du camembert crémeux, croûte comprise, ou un morceau de gruyère frais.

Il a de l'intolérance à la chaleur d'une pièce trop chauffée, et une grande variabilité de ses symptômes : un jour le rhume, le lendemain mal au ventre, la semaine suivante des douleurs au fond de son oreille.

Je vais lui éviter de devenir un adulte fragile, aux joues rosées, à la voix haut perchée, une sorte d'enfant monté en graine, influençable, timide, pleurant facilement et en perpétuelle demande d'amour. En le raccompagnant je lui serre la main de façon marquée, comme à la personne la plus importante de la journée : je sais qu'il prendra scrupuleusement ses doses de Pulsatilla.

SEPIA ou Le besoin de sécurité

Sepia est, curieusement, très proche de Platina, la rêveuse élégante et qui trouve tout le monde sans intérêt. C'est souvent la même personne qui a besoin de l'un ou de l'autre médicament selon les phases de sa vie. Platina a une bonne opinion d'elle-même. Sepia, au contraire manque de confiance dans ses possibilités. Dans une réunion elle ne prend pas la parole, persuadée qu'elle n'a rien d'intéressant à dire. Elle se sent inhibée, physiquement et moralement. Il n'y a que la danse pour neutraliser le pouvoir inquisiteur de son cerveau gauche.

Sepia arrive chez moi sans maquillage, le regard lointain, le vêtement sombre. Elle s'assoit épuisée et se met à pleurer à ma première question. Elle vient raconter sa fatigue. Elle la ressent le matin dès qu'elle ouvre les yeux, même lorsqu'elle a bien dormi, en même temps que des douleurs dans le dos qu'elle attribue à de l'arthrose, et qui sont en fait un simple avertissement de ses muscles épuisés. D'ailleurs les radiographies de la colonne ne montrent pas de becs de perroquets. Cette fatigue la rend irritable, imperméable à la consolation. Il n'y a que par le mouvement qu'elle retrouve son corps. Une heure après s'être levée elle commence à se sentir un peu plus en forme. Elle profite de ce mieux pour ranger la maison. A minuit elle y est encore, car elle ne supporte pas le désordre. C'est sa manière d'exprimer son amour.
Sepia ne peut cacher longtemps qu'elle est avant tout une mère de famille. C'est sa vie. Plus que sa vie, son univers. Elle est épuisée par ses grossesses qui chaque fois ont été marquées par une dépression post-natale, la progression de ses varices, des insomnies quand le bébé pleurait la nuit. Toutes les mères de famille ne sont pas Sepia, mais Sepia en est le propotype, celui que l'on peut mettre en avant, donner en exemple. Elle adore ses enfants et en même temps elle a du mal à les supporter, à leur exprimer la tendresse qu'elle ressent. Quoi de plus

naturel ? Ce sont eux qu'elle a en permanence sous la main. Elle aime aussi les enfants des autres, d'ailleurs elle a commencé sa vie comme institutrice. Elle aime son mari, mais c'est une exclusive qui a du mal à être simultanément mère et épouse. Elle est négative malgré elle. Frigide parce que mère, agressive avec ses enfants quand le mari a besoin de tendresse, elle semble avoir perdu le pouvoir d'aimer, mais ceci est purement extérieur. Elle ne le vit pas comme cela.

— Je prends la pilule pour m'immuniser contre une éventuelle grossesse, me déclare une jeune femme en pleine dépression. S'immuniser, sécréter des anticorps contre le corps de l'enfant à venir ? Tristesse de l'expression, et sans doute détresse morale de la patiente. Même s'il s'agit d'une simple erreur de langage je ne peux m'empêcher de penser à Sepia. « M'immuniser » : les mots ne sont pas gratuits, nous les choisissons pour tromper notre souffrance. C'est particulièrement le cas de Sepia, dont les paroles sont comme un nuage d'encre de seiche, la substance qui a fourni son médicament.

Elle prend la pilule mais ne la supporte pas. Il y a des jeunes femmes qui ont ainsi des ennuis avec la contraception, quel que soit le moyen employé : la pilule leur donne des nausées, le stérilet les fait saigner ; la « protection masculine » provoque une allergie de la muqueuse vaginale. Il n'y a rien là de complètement fortuit.

D'ailleurs les Sepia ont souvent des troubles gynécologiques, des bouffées de chaleur (en dehors de toute ménopause) dues à une irrégularité dans la distribution circulatoire, une tendance à la spasmophilie. Elles gonflent et sont énervées — elles sont particulièrement Sepia — avant les règles. Pendant la période menstruelle elles ont une pesanteur du ventre comme si elles allaient encore une fois accoucher. Elles peuvent aussi être porteuses d'une infection urinaire chronique.

Leur spécialité : la crise de foie, avec non seulement des nausées, maux de tête, vertiges mais surtout une grande fatigue, mauvais moral, des traits tirés, les yeux cernés. Elles ont une grande sensibilité aux odeurs, spécialement aux odeurs de cuisine. La seule chose qui leur fait du bien : une grande tasse d'eau chaude avec un sucre et du jus de citron.

Les Sepia aiment ce qui est acide. Leur salade est parfois difficilement supportée par l'entourage tellement elle est vinaigrée. Lorsqu'elles la goûtent elle ne s'aperçoivent pas de cet excès. Pour elles le degré d'acidité est tout à fait normal. Les Sepia aiment aussi l'orage. Elles apprécient, confortablement installées dans leur maison, de regarder les éclairs derrière la vitre. Ce type de symptôme inexplicable est très précieux au moment de prescrire. Par contre le climat marin aggrave leurs troubles.

Je dis « elles » mais il existe des hommes Sepia, quoique moins fréquemment. Leur figure couleur de liège, leurs yeux cernés, leur comportement réservé ne trompent pas. Ils sont eux aussi victimes de « crises de foie » et reconnaissent avoir besoin de sucre, d'acide et de sécurité. Il faut être malade ou médecin pour connaître les ravages de la fatigue chronique, et, qui sait ?, homéopathe pour savoir que faire de telles confidences.

SILICEA ou Le candidat à l'encouragement

Un des fantasmes de Fellini est particulièrement intéressant pour l'homéopathe. Dans « La Strada », des enfants se moquent d'un petit garçon rabougri, aux yeux vifs, intelligent comme un diable, trop malade pour participer au repas de noces qui se déroule dans la cour de la ferme. Je cite toujours ce personnage à mes élèves comme le prototype de Silicea, la silice diluée. J'aurais voulu en parler avec Fellini dans une soirée à Rome où j'étais invité, lui demander si ce petit garçon sentait mauvais des pieds, mais l'occasion ne s'y prêta pas. Deux cents personnes dînaient dans le jardin d'un hôtel particulier, la veille de l'attentat contre le Pape Jean-Paul II. Il y avait là un curieux mélange de gens de la bonne société italienne et d'homéopathes connus internationalement. J'ai eu juste le temps de serrer la main du maestro avant qu'il ne soit happé par son clan.

Silicea est un être de petite taille, par défaut d'assimilation minérale. Il est tellement frileux qu'il ne se couvre pas. A quoi bon, puisque ce froid vient de l'intérieur ? Il supporte mal les vaccins, souffre d'une otite chronique, cicatrise mal. Il a les pieds froids, humides, d'une odeur repoussante, même s'ils sont bien lavés, et c'est ce qui permet en général de confirmer le diagnostic. Ses mains sont également froides et humides, avec des ongles parsemés de taches blanches.

Enfant ou adulte, il est timide, craintif, et paraît manquer de confiance en lui. En fait il est particulièrement doué, porte beaucoup d'intérêt à ce qui l'entoure, mais son organisme ne suit pas. Il manque d'énergie, physique et morale et se retrouve ainsi largement en dessous de ses possibilités intellectuelles. La peur injustifiée de l'échec est son ressort. Il se croit incapable de réaliser ce qu'on attend de lui. L'enfant part à l'école avec un moral de perdant, convaincu qu'il ne sait pas sa leçon. Une fois rentré à la maison il déclare que le contrôle n'a pas marché. La note, cependant, sera une des meilleures de la classe.

Quand on a un Silicea à la maison, il faut l'aider à se retrouver. L'obliger par exemple à constater, lorsqu'il récite sa leçon, qu'il s'en sort très bien quand le professeur n'est pas là :

— Tu sais tout par cœur. Tu auras une bonne note, si tu es interrogé.

Encourager Silicea est un devoir d'intérêt familial.

STAPHYSAGRIA ou La révolte mal contenue

Staphysagria est le médicament de ceux qui savent plus ou moins bien contenir leur révolte. Des êtres au jugement direct, mal à l'aise dans leurs rapports avec la société, et qui cherchent vainement le calme intérieur par le silence.

Le poing dans la poche. Officier en Algérie, on a obéi sans être complètement d'accord avec les ordres. Plus de vingt ans après il en reste des séquelles : eczéma, démangeaisons de la peau, troubles urinaires alors que les analyses reviennent toujours strictement normales.

Tous ceux qui un jour ou l'autre sont restés sans

voix, ont été vexés par leur chef de service, ceux qui s'estiment victimes d'une administration, les cadres supérieurs qui travaillent dans l'affaire de famille sans avoir la possibilité de faire entendre leur avis personnel — toutes les personnes qui doivent se soumettre ou se démettre ont besoin de Staphysagria. L'herbe aux poux, dont les graines furent utilisées depuis l'antiquité jusqu'au début de ce siècle en application externe comme anti-parasite, est entre nos mains le médicament de la vexation, de l'indignation à la moindre injustice.

Certains se replient sur eux-mêmes, deviennent indifférents, tristes, susceptibles. Ils perdent la mémoire, ont sans cesse des idées sexuelles et ruminent en silence. D'autres éclatent, ne se contrôlent plus, font du scandale à tout propos et hors de propos. Ils jettent des objets à la figure de l'entourage, ne mesurent plus la portée de leurs paroles, sont capables de faire un scandale public. L'élément passionnel est au premier plan : tous ont besoin de Staphysagria.

« Docteur, guérissez-moi de ma cystite nerveuse. » Et tout l'être y passe, non seulement les voies urinaires, le sexe (qui s'ennuie un peu dans la tête), mais tout l'arrière-plan nerveux, responsable et témoin de la situation actuelle. D'un excès à l'autre le médecin doit ainsi ramener les patients vers la norme, même ceux qui ne sont pas conscients d'en être sortis.

SULFUR ou Le philosophe déguenillé

Sulfur ne peut s'empêcher de théoriser. Il reconstruit le monde, cherche à tout « comprendre », au sens fort du terme : appréhender ensemble. Il sait harmoniser les systèmes philosophiques, réconcilier les tenants de la raison et ceux de la réalité sensible. Il spécule pour la joie de spéculer. D'aspect rond, dilaté, avec une figure rouge et joviale, Sulfur donne l'image de la pléthore. L'abord est somme toute agréable, mais il devrait se méfier de sa propre euphorie.

— Le moyen de faire autrement ? me dit un Sulfur typique, cherchant en quelque sorte à se justifier. La vie est trop triste pour qu'on en fasse un drame. D'ailleurs tout malade bien portant est un médecin qui s'ignore...

Rien n'est trop parfait pour Sulfur. Dépensier, il achète ostensiblement le plus beau modèle de la gamme, que ce soit un ouvre-boîte, une machine à laver ou un tracteur. Il pousse l'estime de lui-même jusqu'à l'égoïsme le plus intransigeant et à l'hypertrophie du moi. Il est, naturellement, le meilleur de sa spécialité. Je connais des homéopathes de ce style mais je ne les décrirai pas car ils pourraient se reconnaître, et il y en a certains auxquels je tiens.

— Heureusement que vous êtes venu me voir, disent-ils à leurs clients. Je suis le seul à pouvoir comprendre votre cas.

Mais cet aspect grandiose du personnage masque parfois une profonde détresse ; c'est sa manière de réagir, de lutter contre les événements. On dit que les clochards sont parfois des intellectuels ayant délibérément choisi leur condition. En observant leur aspect physique et leur comportement dans la rue, on peut penser qu'il y a parmi eux un certain nombre de Sulfur : rouges, plein d'humour, sales et déguenillés, avec un gros penchant pour le vin.

Sulfur recherche l'alcool sous toutes ses formes, ainsi que le gras, le sucre, les crudités. Le Sulfur a peu près socialisé s'habille correctement, se lave et se rase, mais il aime bien, de temps à autre, traîner dans ses vieux vêtements et oublier le chemin de la salle de bains.

Sur le plan pathologique il a une tendance au diabète, à l'infection, à la suppuration, à l'eczéma. Ses éruptions sont aggravées par l'eau et la chaleur. On peut dire que Sulfur ne supporte l'eau ni par la voie interne ni par la voie externe.

L'enfant Sulfur ne manque jamais de sauter dans une flaque d'eau, de tomber comme par hasard dans la poussière. Son plaisir est de rentrer crotté à la maison. C'est un imaginatif qui s'invente un compagnon, bâtit des châteaux en Espagne. Il est volontiers kleptomane. Je me souviens ainsi d'une Jeanne-Marie qui visitait régulièrement le porte-monnaie de sa mère. En revanche, elle faisait bien ses devoirs, en silence, sans rechigner. Jusqu'au jour où ses parents reçurent un mot alarmant du professeur de français, un mois après l'entrée en sixième : « Jeanne-Marie rend des copies impeccables, mais ne fait pas le travail demandé. A la place de l'exercice de grammaire N° 2 de la page 12, elle m'a apporté hier le 5 de la page 20. » Sulfur, du soufre en dilution homéopathique, et tout rentra dans l'ordre.

L'euphorie, le contentement de soi, sont des qualificatifs qui conviennent bien à Sulfur. Avouez qu'il manquerait à la galerie des portraits si la nature ne l'avait pas inventé.

THUYA OCCIDENTALIS ou Les perceptions erronées

Passé la quarantaine nous prenons généralement une certaine rondeur, d'esprit et de corps. Aggravation de cette tendance, Thuya présente, sans toutefois ressembler à la Vénus de Lespugne, ce qu'on appelle de l'obésité « gynoïde ». Il s'agit là d'une définition statistique et non d'une interprétation personnelle, et qui correspond pour les médecins à une silhouette aux formes pleines, rappelant la féminité. « La médecine est tenue par les machos », penseront certaines.

Thuya a également les lèvres couleur lilas et des tumeurs bénignes un peu partout sur le corps. La plus caractéristique siège au pli naso-génien, ce creux qui va des ailes du nez au coin de la bouche, encadrant de façon plus ou moins marquée la partie proéminente de notre visage. En homéopathie nous appelons « fics » ces petites excroissances, du grec « sukos », « figue ». Il s'agit de formations proches de l'aspect des verrues, sans en être véritablement. Elles correspondent à la sycose, maladie chronique décrite par Hahnemann. Thuya peut avoir également d'authentiques verrues, avec un aspect particulier que les dermatologues nomment « molluscum », petites boules de chair appendues à la peau.

Les médicaments homéopathiques ont des indications précises. Aucune prescription systématique n'est permise, sous peine d'échec. Il y a quelques années un professeur lyonnais de dermatologie fut informé par un malade que ses verrues avaient disparu sous l'effet de Thuya. Le professeur se mit à ajouter systématiquement Thuya à toutes ses prescriptions pour les verrues. Il fut imité par ses élèves. Voilà pourquoi les dermatologues de la région lyonnaise recommandent systématiquement Thuya en dilution homéopathique à leurs patients et sont étonnés d'avoir des résultats inégaux. Thuya ne guérit que les verrues de Thuya.

C'est un bon médicament de rhumatismes, à chaque fois que le sujet présente les symptômes particuliers de Thuya, c'est-à-dire quand ses os lui semblent de verre, comme s'ils allaient se briser. Ces sensations subjectives ne s'inventent pas. Elles ont été rapportées par les expérimentateurs de la substance et par certains rhumatisants. Une autre caractéristique de ces rhumatismes est leur aggravation par l'humidité. Thuya sait dire quand le temps est à la pluie.

Il souffre aussi, spécialement par temps humide car tout se tient, de catarrhe des muqueuses : rhumes, sinusites, bronchites. Parfois il a une sensation bizarre de quelque chose de vivant dans le ventre, sans doute une protestation de son intestin. Il a également de l'inflammation des muqueuses génitales, éventuellement des séquelles de blennorragie.

Hahnemann, doué d'un sens aigu de l'observation, découvrit par hasard l'usage médicamenteux de Thuya. Il est consulté pour un écoulement urétral chronique et rebelle à tout traitement par un ministre du culte qui certifie ne pas avoir enfreint la règle du célibat. Hahnemann décide de l'observer dans son cadre habituel afin de mieux comprendre la nature de son affection, et se rend au presbytère. La visite s'éternise, l'interrogatoire et l'examen soigneux ne donnent pas la solution attendue, non plus que l'étude des faits et gestes du patient. Hahnemann finit par prendre congé. Le prêtre raccompagne son visiteur jusqu'à la porte du jardin. Machinalement il arrache en passant une petite branche de l'arbre de vie, Thuya occidentalis, et la porte à sa bouche.

— Vous livrez-vous souvent à ce jeu innocent ?

— Chaque fois que je traverse mon jardin.

A partir de ce jour le prêtre cessa de mâchonner du thuya et la prompte disparition de son écoulement prouva qu'il avait dit la vérité. C'est ainsi que le fondateur de l'homéopathie décida d'expérimenter l'arbre de vie et put nous transmettre un médicament important de l'arsenal homéopathique.

Thuya a une solide réputation comme antidote des vaccins. On peut en prendre une dose en 30 CH le soir même de l'injection ou de la scarification, ce qui assure des suites simples.

Le sujet des vaccinations est inévitable. Quand je donne une conférence il y a toujours quelqu'un pour se lever et demander :

— Les homéopathes sont contre les vaccinations. Pourquoi ?

La réponse mérite d'être nuancée. Nous ne sommes pas systématiquement contre les vaccinations.

Nous avons remarqué que dans les suites d'une vaccination le sujet présente des complications, des modifications de son état général (fatigabilité, tendance à s'enrhumer notamment). Il s'agit donc de peser les avantages et les inconvénients. Si la maladie est grave (ou si l'on est en période d'épidémie) il vaut mieux vacciner. Si la vaccination a plus d'inconvénients que la maladie elle-même, il vaut mieux s'en abstenir. C'est le cas notamment de la vaccination contre la grippe et la rougeole, dans le contexte courant. La coqueluche est grave chez l'enfant de moins d'un an mais elle guérit très bien par l'homéopathie, même chez le nourrisson. La tuberculose est devenue rare alors que le vaccin anti-tuberculeux n'est pas innocent ; on vaccinera donc uniquement les sujets exposés. En fait, il faut voir cas par cas ce qu'il y a lieu de faire. Entre le risque collectif et le risque individuel, il nous faut choisir à chaque fois.

Une autre question souvent posée : le traitement homéopathique est-il un vaccin ? Pour assimiler l'un à l'autre on se base sur le fait que l'homéopathie et la vaccination utilisent la maladie contre elle-même. C'est un peu vite conclure. Le vaccin est le même pour tout le monde : microbe, virus, atténués ou tués, ou encore préparation de toxine microbienne, alors qu'en homéopathie on individualise les cas. Le vaccin a pour origine le véritable agent de la maladie, alors que la substance à usage homéopathique donne un ensemble de symptômes ressemblant à la maladie. Enfin il y a un problème de quantité : le vaccin est atténué mais reste à dose pondérale, alors que l'homéopathie est prescrite à dose infinitésimale.

Thuya est un arbuste, un poison, un médicament. Toute la nature en un seul personnage.

LE RÉEL ET L'IMAGINAIRE

Vous êtes-vous senti proche de l'un des tableaux qui précèdent ? Y avez-vous reconnu quelqu'un de votre entourage ? J'ai soulevé le masque pour mieux vous aider à réfléchir, à choisir des attitudes conformes à ce que vous êtes, à aimer la vie dans ce qu'elle peut vous apporter d'authentique.

Avez-vous l'impression que seuls certains traits vous ressemblent, hésitez-vous entre plusieurs profils ? C'est normal. Pour un tableau donné, j'ai opéré la synthèse de nombreuses personnes, les plus « typées », ayant chacune leur aventure individuelle, leurs motivations, qui ne sont pas forcément les vôtres.

Vous ne vous êtes pas senti concerné ? Je n'ai pas décrit tous les personnages, tous les médicaments possibles. Je n'ai donné ici que les plus caractéristiques, ceux que nous rencontrons à de nombreux exemplaires.

De toute manière ne prenez pas votre médicament de fond sans consulter un médecin homéopathe.

Bien sûr il n'y aurait pas de danger à le faire, mais il vous faudrait être vraiment sûr pour vous passer d'un avis médical. Vous compliqueriez le diagnostic du médecin en effaçant certains éléments caractéristiques.

La réalité observable

Ce n'est pas mon imaginaire qui vient de défiler dans cette galerie de portraits, seulement le quotidien de chaque médecin homéopathe. Ignatia, Lycopodium, Sulfur, font partie de notre paysage mental, sans toutefois nous appartenir. Nous les fréquentons, étudions leur comportement dans les diverses circonstances de la vie, mais ils suivent leur propre destin.

Il m'arrive parfois de deviner l'histoire des gens que je rencontre dans les dîners entre amis. Un teint pâle ou floride, un mouvement hésitant ou impérieux, un battement de paupières, peuvent m'en dire long sur mon voisin. Je n'abuse pas de cette faculté de voir au delà de l'apparence sociale, et jamais je ne donne mes conclusions à personne, même pas à ma famille, et surtout pas à l'intéressé, sauf s'il me demande un jour une consultation.

En regardant certaines émissions de télévision, je repère malgré moi les tempéraments : « Voilà un Nux vomica », ou bien « Pourquoi n'a-t-elle pas pris Ignatia avant d'entrer sur le plateau ? ». Il ne faut pas croire que c'est là mon unique passe-temps, ni que ce type de diagnostic est infaillible. J'observe, en essayant de ne pas inventer. Je tente de trouver le médicament de nos hommes politiques, de deviner la nature essentielle d'un comédien, je classe les champions, les présentateurs. Avant tout, j'essaie de découvrir la personne sous l'image de la vedette. Les émissions en direct sont les meilleures pour ce diagnostic sauvage, car elles permettent de surprendre les gestes spontanés, non retenus, les intonations de voix, les reculs, les remarques sincères. Cette activité n'est cependant jamais un tic. Je sais aussi apprécier le Concerto pour la main gauche de Ravel sans avoir le besoin compulsif d'analyser la mimique du pianiste, même s'il se veut inspiré.

D'où viennent ces types humains ? Ils existent à l'état naturel, nous ne faisons que les décrire depuis deux cents ans. L'homéopathie nous aide à donner des noms nouveaux à Alceste (Lycopodium), Harpagon (Arsenicum), ou Emma Bovary (Platina ou Sepia, selon les moments de sa vie). N'attendez pas de moi des ressemblances avec des personnages vivants car le secret médical s'impose aux faits que le médecin a l'occasion de deviner.

La typologie et la caractérologie représentent une morpho-psychologie stable, préexistant à toute expérimentation homéopathique. Un peu de sel, de venin de serpent ou de dilution de noix vomique exaltent des tempéraments déjà constitués, aident à mettre en évidence leurs caractéristiques les plus frappantes. Chaque consultation les précise un peu plus et nous finissons par avoir une image mentale complète de ces Natrum muriaticum, Lachesis, Nux vomica. Il ne s'agit pas pour nous de prescrire d'après l'aspect du patient, mais de nous en servir pour confirmer un diagnostic. Un exemple : j'ai décrit Pulsatilla comme étant rose, timide, fragile. Ce type de sujet donne expérimentalement les signes les plus valables pour la connaissance de la substance et développe plus facilement dans la vie de tous les jours les maladies de type Pulsatilla. Il est Pulsatilla avant et après l'expérimentation, avant et après la maladie. Son allure et son expressivité représentent le complément d'information nécessaire pour savoir comment le débarrasser de ses symptômes.

Des personnages ?

Les êtres que nous rencontrons dans nos cabinets sont tout sauf des personnages. Ils représentent la vie dans ce qu'elle a de quotidien, de cruel, d'anecdotique, mais aussi d'important à défendre. Ils souffrent et essayent de le dire. Leur dialectique instinctive est celle du réel en lutte avec lui-même.

Cependant je reconnais que la littérature est à réinventer en accord avec les principes homéopathiques, sans bien sûr en faire un système. Mieux que la caractérologie de Le Senne, la classification de Sheldon, la typologie de Kretschmer, ou les névroses freudiennes, les homéopathes ont sous les yeux des types humains, non pas calqués sur la réalité, mais constituant la réalité même. A ce titre ils ont acquis le droit d'être les serviteurs de l'imaginaire.

MES SECRETS OU LES VOTRES ?

Chaque fois que les circonstances extérieures pèsent sur notre vie quotidienne ou sur notre santé, quand il nous faut changer l'une pour rétablir l'autre, choisissons l'homéopathie, c'est la médecine qui est le mieux à même de nous aider. Il nous suffit de savoir discerner en nous les symptômes les plus personnels et les plus subjectifs, et surtout ceux qui appartiennent à notre manière d'être, de réagir. Les médicaments homéopathiques ne se contentent pas de soigner les maladies : ils rassurent, exaltent le pouvoir curatif que l'organisme possède de façon spontanée, l'incitent à se retrouver. Grâce à eux la chasse à l'essentiel est possible.

Vous n'avez pas à me croire quand je déclare que l'homéopathie est active, seulement à l'essayer, ou à approfondir vos connaissances. L'homéopathie ne doit pas être un alibi mais un choix sincère. Si elle est votre voie vous le saurez rapidement. Sélectionnez avec précaution l'homéopathe, encore plus que l'homéopathie, en sachant que certains font de l'homéopathie comme complément de leur exercice allopathique, d'autres de l'homéopathie en même temps que des thérapeutiques qui lui ressemblent. Les vrais homéopathes se reconnaissent à leur efficacité et à leur patience. Renseignez-vous auprès de votre pharmacien qui est à même de vous orienter. Soyez aussi informé que possible.

Si vous refusez d'être réduit à la somme algébrique de vos organes, faites le traitement de la première chance (plutôt que celui de la dernière), et quand vous guérissez, dites-le. A vos amis bien sûr, mais cela vous le faites déjà, également à votre médecin allopathe. De nombreux témoignages favorables lui donneront peut-être envie de nous rejoindre. Vous êtes la seule personne à pouvoir parler de ce que vous vivez dans votre corps, témoigner de la disparition de vos symptômes, et surtout à pouvoir dire, quand c'est le cas : « Je suis mieux dans ma peau. »

Tenez compte de chaque avertissement de votre organisme. Prenez-vous en charge en essayant de changer ce qui est négatif. Gardez votre faculté d'étonnement. Cultivez votre subjectivité, mais sachez en même temps la maîtriser, prendre du recul par rapport à ses exigences. Faites-la évoluer, s'il le faut, dans le sens d'une meilleure adaptation à la réalité. Demandez-vous si vous avez besoin de la maladie. Aimez-vous un peu, au même titre que vous aimez ceux qui vous entourent. Développez votre sensibilité (cerveau droit) plus que votre tendance à l'intellectualisme (cerveau gauche). Une nouvelle hygiène de vie, un changement de mentalité, sont parfois nécessaires. Partez, si ce n'est déjà fait, à la conquête de vous-même.

Mon expérience de médecin me permet d'affirmer que le malade est mieux soigné s'il est passif. Vous souffrez : soyez un objet. Si mes propos vous choquent, tant mieux, refusez ce statut, et dites-vous que je soigne aussi par les métaphores. Si vous voulez demeurer un sujet, agissez positivement, identifiez-vous à l'image de l'être en bonne santé, arrangez-vous pour ne pas tomber malade. Cette affirmation est moins brutale qu'il n'y paraît. Bien sûr il y a la malchance, les maladies congénitales, les accidents ; mais il y a aussi vous qui devez éviter au maximum tout ce qui peut être générateur de maladie : surmenage, recours aux médicaments chimiques pour des incidents mineurs, sentiment qu'on n'a pas de chance, ou qu'on ne peut rien contre l'adversité.

J'ai choisi de tout dire dans ce livre, et spécialement ce que je crois être la vérité. J'ai rapporté certaines confidences, uniquement des cas vécus. Ai-je expliqué, ou seulement décrit ? De toute façon j'ai voulu agir, c'est mon risque. Je suppose que quelques-uns de mes patients me liront, une question est alors en suspens : comment vont-ils réagir ? Certains auront à cœur de mieux m'aider à les soigner, d'autres chercheront la distance entre ce que je dis et ce qu'ils vivent. Je ne cherche pas à esquiver la difficulté. J'ai plus donné ici que dans mon cabinet, car l'écrit permet de formuler patiemment ce qui tient à cœur. Si j'ai menti, je me suis surtout menti à moi-même.

Ce livre est également le témoignage de l'homéopathe en devenir. L'imaginaire y joue son rôle, il me permet de rechercher la cohérence entre ce que je sais (la réalité de la maladie) et ce que je sens (les principaux types humains) car la médecine est aussi une manière de s'exprimer, l'art de faire parler les symptômes. J'ai certainement changé en l'écrivant, mais cela je ne le saurai que plus tard. C'est donc également un peu pour moi que je l'ai écrit, pour apprendre, pour définir mon quotidien, peut-être pour repousser mes limites. J'espère m'y être un peu moqué de moi pour mieux prendre au sérieux la médecine.

En me racontant j'ai aussi parlé — sans mandat — au nom de mes confrères, car à travers mon exercice professionnel, c'est l'activité des homéopathes en général que je voulais montrer. Quand je dis « je » dans ce livre, c'est le « je » du médecin, et aussi, dans une certaine mesure, le « jeu » du philosophe.

J'aime mon métier parce qu'il ne m'impose aucune compromission, qu'il me permet d'accéder à l'intimité des êtres, de croiser leur regard. La maladie n'a pas que des petitesses. Elle donne une leçon de dignité, de courage. Elle peut être, je n'hésite pas à le dire, un exemple. Elle m'aide chaque jour dans le secret de mon cabinet. Bien sûr il y a aussi les incrédules, et ceux qui ne veulent pas me donner la chance de les guérir. Avec eux, pour eux, je n'hésite pas à me mettre en cause : quand le traitement ne réussit pas, c'est moi qui me suis mal prescrit, qui n'ai pas su expliquer. Toute autre affirmation serait une projection, au sens freudien du terme.

Parfois j'ai envie de tout rejeter en bloc, de déclarer : Quelle est la signification de la maladie, du médicament homéopathique, de votre démarche lorsque vous venez me demander un traitement ? Je préfère ne pas répondre, agir, avoir encore des questions à me poser. Vivre. Car l'homéopathie me permet d'être moi-même tout en appartenant aux autres, c'est la médecine de mes semblables. On ne peut me reprocher d'exploiter la maladie, ce n'est pas elle qui est la source de mes revenus mais la santé, l'espoir, le mieux-être. Au musée international d'Horlogerie de La Chaux de Fonds, en Suisse, on peut voir un automate appelé « Le petit magicien », par Jean-David Maillardet, présenté en 1826 au roi d'Angleterre George IV. Le magicien est en bleu avec un col de dentelle, il porte un chapeau pointu recourbé vers l'avant. Sous ses pieds un tiroir est resté ouvert, dans lequel on peut lire sur un petit carton blanc : « Quel est de tous les trésors le plus précieux et le plus mal gardé ? » La réponse apparaît dans un guichet placé au dessus du magicien : « La santé ». Ce fut un jouet pour adulte du XIXe siècle, mais le temps l'a arrêté sur une question qui nous préoccupe encore.

Je n'ai pas la prétention de tout soigner, ni d'être efficace chez tous mes patients. Je leur appartiens jusqu'à ce qu'ils aillent mieux. Je mets à leur disposition tous les moyens que je connais, mais j'accepte le cas échéant qu'ils ne guérissent pas. Contrairement à eux, qui doivent obligatoirement se révolter contre la souffrance, il y a un moment où j'accepte de ne pas savoir. Le patient peut me le reprocher, mais il doit se souvenir que sa guérison tient autant à son aide qu'à mon action, ainsi qu'à l'avancement de la médecine au moment où il consulte. Au cours d'une conversation chez le coiffeur mon voisin de fauteuil me dit : « Je n'irai pas vous voir car l'homéopathie ne peut pas soigner mon eczéma. » Il affirme, mais ne pose pas de question, je n'essaie donc pas de le convaincre. « Je peux vous soigner » n'aurait aucune signification pour lui, qui doit mériter sa chance. Il ne viendrait pas et je serais inutilement soupçonné de raccolage de clientèle.

Après ces propos durs mais réalistes, j'affirme en revanche que j'essaie de rester en état d'écoute permanente, même lorsque je ne le montre pas. Comme l'acteur cherche en lui le don de soi, la puissance ou l'humilité, l'hystérie ou le mensonge, j'étudie sur moi-même la meilleure manière de pratiquer la médecine, de servir la nature humaine. L'engagement m'est nécessaire car chaque nouveau cas mérite d'être considéré avec soin. J'essaie d'incorporer les symptômes de mes malades, de les vivre le temps d'une consultation, de retrouver leur subjectivité à travers la mienne. Ensemble nous luttons. La médecine est à la fois une science et un art. Il est important pour le médecin, après avoir entendu et répété cent fois cette banalité, d'en arriver à la percevoir en lui-même, à sentir de l'intérieur son importance, sa pérennité.

— Quoi de nouveau depuis la dernière fois ?
— Mes analyses sont meilleures...
Voilà le type de réponse qui me fait toujours un peu mal, chère Violaine. Je n'oublie pas que je suis aussi un technicien et qu'un résultat objectif a quelque chose de satisfaisant, de palpable, de rassurant. Cependant la consultation n'est rien sans un certain degré de confidence. Je suis heureux de constater que vos prélèvements de gorge et de sang sont en train de revenir à la normale, mais pourquoi les mettre en avant ? Vos streptocoques ont disparu, vos anticorps reviennent à un taux acceptable, mais cela ne me suffit pas ; les résultats de laboratoire ne représentent qu'une étape, à tout prendre la plus anonyme. Ils forment un écran entre vous et ma faculté de discernement. C'est l'être en vous que je souhaite entendre. « J'ai moins d'angines », « Je me sens mieux », « Je suis guérie », selon le cas, auront plus de résonance que « Mes analyses sont meilleures ». Parlez vraiment. Vous allez vous déclarer en bonne santé ou déçue, mais je ne douterai pas de vous. Je prendrai vos affirmations au premier degré et vous écouterai, cette fois, sans arrière-pensée.

Mes secrets appartiennent à tout le monde. Ce ne sont pas les secrets de l'homéopathe mais ceux de l'homéopathie, pas mes secrets mais les vôtres. Je les restitue ici pour aider mes lecteurs à mieux se connaître, à mieux vivre leur consultation chez l'homéopathe. Du dialogue entre le patient et son médecin naît

303

la solution aux problèmes de santé. L'un cherche la disparition de ses symptômes, l'autre la connaissance de la nature humaine. Dans un livre que Luc Pavillon m'a fait découvrir, Jacques Oudot[1] nous explique la communication interhumaine. L'important ce n'est pas moi, ce n'est pas vous, c'est qui se passe — ce qui passe — entre nous ; un processus interactif en quelque sorte. Nous ne sommes que « les conséquences de ce fonctionnement d'échange ». Cette approche synthétique convient parfaitement à l'homéopathe. Je suis tel que vous me faites, vous correspondez, en tant que patient, à ce que j'attends de vous. J'essaie de changer votre souffrance, mais vous, par miroir, avez en face de vous le médecin que votre comportement génère. L'image que vous avez de moi vous appartient.

C'est cette richesse du « colloque singulier », comme certains qualifient la consultation, qui nous fait tenir l'un à l'autre le temps d'un traitement. L'homéopathie, par sa quête de l'individu dans son essence même, est particulièrement apte à répondre à une telle définition. C'est une médecine de l'être, de la sensation. Elle aide l'organisme dans son rôle défensif au lieu de se substituer à lui, respecte la biologie individuelle, refuse de réduire la maladie à ses symptômes. Ses médicaments (ses médicalmants, j'aime trahir la langue française pour mieux l'aimer) sont efficaces, même s'ils gardent pour l'instant une partie de leur mystère. Certains

(1) Jacques Oudot. Les biolimites. Presses Universitaires de Lyon, 1981.

304

d'ailleurs ont besoin de cette dimension pour se convaincre et l'on peut se demander si l'homéopathie est une médecine pour initiés. Je répondrai seulement qu'elle convient au poète puisqu'elle laisse à l'Homme sa part de rêve[1].

Il ne s'agit pas, cependant, d'une thérapeutique par l'imaginaire. Elle a des bases rationnelles et commence à offrir au monde scientifique des modèles nouveaux. Soyons en accord avec les faits observables, négligeons leur interprétation possible, et tout sera clair. Je ne suis ni un moraliste ni un sociologue, tout au plus un homme de l'être. Vous n'êtes pas seulement un patient, mais quelqu'un qui cherche à changer ce qui, en lui, souffre le plus.

Evidemment je représente « le pouvoir médical », comme on dit maintenant. Je ne l'ai pas fait exprès : j'en ai pris conscience au fil des années, en constatant que mes décisions peuvent à la fois changer la vie des mes clients et défendre l'intérêt collectif. Je n'y peux rien. Je me sens souvent au carrefour dialectique où l'individu et la société me demandent des comptes, sans être à même de pouvoir s'opposer à ce que je sais. Si je n'étais pas d'accord je changerais de profession. Or j'accepte. Ce pouvoir médical, que certaines écoles de pensée nous jettent à la

(1) Elle n'en a pas le monopole. La médecine est une, et l'on peut retrouver une certaine inspiration en étudiant la biologie dans ce qu'elle a de plus scientifique : il y a, par exemple, une définition immunitaire du « soi », témoin de l'individualité de chacun. Si l'on est en bonne santé chaque molécule étrangère est rejetée, les groupes sanguins et tissulaires, et toute l'immunologie, nous le rappellent.

figure, n'est ni un fardeau ni un droit. C'est simplement la règle du jeu. Le pouvoir médical appartient à ceux qui ont acquis par l'étude une certaine efficacité. A eux de ne pas abuser de leur position et généralement ils s'en gardent bien, car le pouvoir médical ne vaut rien sans la déontologie. Que dire du pouvoir de ceux qui ont la mission de nous nourrir comme Jules dans son tracteur vitré, de nous livrer des automobiles fiables, de former l'esprit de nos enfants ? Chacun possède un fragment de pouvoir. Le médecin n'en a pas plus que les autres, mais le sien est plus immédiatement contesté parce qu'il gère en partie les échecs de l'être humain.

Et vous, au milieu de ces disputes, revendiquez-vous le statut social du patient ? Avez-vous un esprit de consommateur de médecine ? Si c'est le cas je ne vous suivrai pas sur ce terrain car vous y perdez votre sécurité. Ne pas avoir confiance dans son médecin, qui a plus de chance que tout autre d'avoir des notions thérapeutiques, revient par définition à mal se soigner.

Finalement, il nous est assez facile de nous entendre sur une préoccupation commune, la santé. Or voici que la société intervient entre nous, ne nous laisse pas seuls, donne à la biolimite que nous constituons une dimension inattendue. Elle nous oblige à nous situer, vous demande pourquoi vous m'avez consulté, tamponne mes ordonnances dans le but de rembourser les médicaments. Elle nous aide, acceptons-la, bien qu'elle ait distribué nos rôles par avance.

Elle facilite l'information médicale. Ce qui s'imprime chaque jour dans les journaux de grande diffusion, les revues, les livres de vulgarisation scientifique, vous aide à faire votre choix. Vous ne pouvez plus ignorer l'homéopathie. Vous possédez maintenant toutes les clefs, même si elles ne sont pas dorées. Vous connaissez la loi de similitude, ses limites, la manière dont nous l'appliquons. Vous pouvez donc vous situer par rapport aux chances qu'elle vous offre[1].

La société actuelle exige également de nous des performances économiques. Le médicament homéopathique est une réponse : il représente une part non négligeable du marché global du médicament, alors que 20 à 30 % des Français se soignent régulièrement ou occasionnellement par l'homéopathie, et que l'ordonnance de l'homéopathe est en moyenne deux fois moins chère que celle de l'allopathe. N'oublions pas cependant que la définition de l'homéopathie passe par une prescription judicieuse et ne se réduit pas à la simple distribution des médicaments.

L'Académie de médecine, la Faculté, l'Ordre, la Sécurité sociale, le Ministère de la santé s'intéressent à nous. Faisons, médecins et patients, avec l'aide des pharmaciens, des laboratoires, des journaux spécialisés, des associations, une homéopathie de qualité et nous saurons trouver notre place dans la société.

(1) Décrypter, par exemple, le marché des produits réputés « homéopathiques » et qui ne le sont que par la grâce de leurs fabricants. Le dernier né est un chewing-gum « homéopathique », que l'on trouve même dans les stations-services...

Certains veulent faire de l'homéopathie un mythe moderne, l'utiliser contre la médecine officielle. D'autres, afin de se sentir à l'aise dans leur rationalisme, cherchent à prouver, et d'abord à eux-mêmes, que l'homéopathie est seulement une pourvoyeuse d'espoir, un placebo savamment manipulé par des médecins en mal d'originalité. On nous reproche d'exploiter l'animisme latent de ceux qui cherchent « autre chose », ont au fond d'eux-mêmes une attirance pour le merveilleux. Nous pouvons facilement nous en défendre en montrant que le bien-être de nos patients est durable.

Ceux qui critiquent l'homéopathie le font généralement sans la connaître. Ils analysent point par point nos théories, nos remarques, les expériences que nous décrivons, sans se demander — sans éprouver le besoin de savoir — si globalement l'homéopathie tient la route. Pour l'instant le patient peut encore percevoir une rupture pendant la consultation homéopathique, dans la mesure où il n'est pas préparé aux questions qui lui sont posées. Dans quelques décennies il sera moins étonné car la rupture aura été socialement consommée. La société implose, nous en sommes tous conscients. Nous quittons la société de l'hémisphère gauche pour entrer dans celle de l'hémisphère droit. De l'analyse à la synthèse, du discours à l'image, nous sommes en train de retrouver d'anciens modes de pensées, ceux qui étaient les nôtres avant Descartes et ses exégètes. Notre esprit commence à fonctionner par associations d'idées, par images juxtaposées. Cette « nouvelle » manière de sentir convient à la communication médecin-patient, domaine de l'infra-verbal, et spécialement quand le médecin est homéopathe. Et aussi à la relation patient-médecin, si le patient ne veut pas seulement être « un dossier ». L'idéal : la société où le cerveau gauche et le cerveau droit sont en harmonie et fonctionnent l'un par l'autre, l'un pour l'autre. Lorsque cette société existera l'homéopathie sera banalisée. On peut la critiquer actuellement pour ce qu'elle n'est pas, à condition de ne pas oublier ce qu'elle est véritablement : une méthode de soins, une culture, un espoir. Son avenir dépend de nous.

Certains se protègent contre la nouveauté, refusent en bloc l'ordinateur, l'architecture du Centre Pompidou, les nouvelles sources d'énergie. Bien sûr l'homéopathie n'est pas nouvelle, mais après deux siècles d'existence elle vient juste à point pour répondre à notre changement d'esprit. Elle nous aide à devenir ce que nous sommes vraiment.

GLOSSAIRE

310

Cet ouvrage a été composé par Franc-Comtoise
et imprimé par la S.E.P.C. à St-Amand-Montrond (Cher)
Achevé d'imprimer en janvier 1988

Le Rocher
28, rue Comte-Félix-Castaldi
Monaco

Dépôt légal : janvier 1988
N° d'Édition : CNE section commerce et industrie Monaco 19023
N° d'impression : 148

Imprimé en France